"十四五"职业教育国家规划教材

（第2版）

ERP沙盘模拟实训教程

ERP SHAPAN MONI SHIXUN JIAOCHENG

主编　常　勇　安甜甜

北京邮电大学出版社
www. buptpress. com

内容简介

本书共包括五个学习情境，分别为初步认识ERP沙盘模拟、用友ERP手工沙盘的模拟环境、用友ERP手工沙盘的模拟过程、用友ERP商战电子沙盘模拟过程、新道“约创”电子沙盘模拟经营过程。

本书可作为高职高专院校财经管理专业的实训用书，也可作为企业相关人员的培训用书。

图书在版编目（CIP）数据

ERP沙盘模拟实训教程 / 常勇，安甜甜主编. -- 2版. -- 北京：北京邮电大学出版社，2022.4（2024.1重印）

ISBN 978-7-5635-6619-8

Ⅰ.①E… Ⅱ.①常… ②安… Ⅲ.①企业管理—计算机管理系统—高等职业教育—教材 Ⅳ.①F272.7

中国版本图书馆CIP数据核字（2022）第045623号

策划编辑：赵亚飞　　**责任编辑**：边丽新　　**封面设计**：刘文东

出版发行：北京邮电大学出版社

社　　址：北京市海淀区西土城路10号

邮政编码：100876

发 行 部：电话：010-62282185　传真：010-62283578

E-mail：publish@bupt.edu.cn

经　　销：各地新华书店

印　　刷：三河市骏杰印刷有限公司

开　　本：787 mm×1 092 mm　1/16

印　　张：14.5 插页 1

字　　数：300千字

版　　次：2022年4月第2版

印　　次：2024年1月第4次印刷

ISBN 978-7-5635-6619-8　　定　价：45.00元

第2版前言

PREFACE

2019 年 1 月 24 日，国务院印发了《国家职业教育改革实施方案》(以下简称《方案》)。《方案》以习近平新时代中国特色社会主义思想为指导，认真贯彻落实党的十九大精神、习近平总书记关于教育的重要论述和全国教育大会精神，提出了一系列新目标、新论断、新要求，是办好新时代职业教育的顶层设计和施工蓝图。在经济高速发展的当下，应用沙盘进行管理对企业的经营来说非常重要。在此背景下，编者梳理全书内容，结合近些年沙盘方面的新发展，对第 1 版教材进行了修订。

1. 本次修订的主要内容

(1) 加入了党的二十大报告内容。学生在企业经营模拟训练中领会习近平新时代中国特色社会主义思想，贯彻伟大建党精神，自信自强、守正创新，踔厉奋发、勇毅前行。

(2) 融入课程思政内容，实现立德树人目标。课程思政是指以构建全员、全课程育人格局的形式将各类课程与思想政治理论课相结合，形成协同效应，把“立德树人”作为教育的根本任务的一种综合教育理念。本次修订在每个学习情境的开始增加了【素养目标】，旨在引导学生养成与本学习情境相关的职业素养。在正文中增加了【思政园地】，目的是引用思政材料引发学生讨论，最终实现立德树人的目标。

(3) 新增新道“约创”电子沙盘。新道“约创”电子沙盘主要从人员的操作模式上做了更大的升级。“约创”电子沙盘的操作需要组员按照自己的职务登录系统，每个角色成员在操作中按照操作流程完成自己的任务，使得每一位成员的参与感更强。而在前几代电子沙盘中主要是由 CEO 将群体决策结果录入操作系统中。“约创”电子沙盘每个角色的工作界面更具人性化，交互性更强，更易操作。

2. 本次修订体现的特色

(1) 价值引领，育人育德。本次修订主要在原有 ERP 沙盘模拟经营的内容中融入了社会主义核心价值观，在【思政园地】中引入了课程思政材料，用沙盘模拟企业经营，并不断改进管理方法。

(2) 紧追 ERP 沙盘发展的新趋势。本书引入了用友新道最新的“约创”电子沙盘的操作规则，让学生能够第一时间掌握 ERP 沙盘模拟经营中的最新趋势。分工协作的流程规范化、操作人性化、任务化、交互性和趣味性将是 ERP 沙盘模拟经营软件发展的方向。

本书的学时分配建议如下。

内　　容	学　　时
学习情境一　初步认识 ERP 沙盘模拟	4
学习情境二　用友 ERP 手工沙盘的模拟环境	6
学习情境三　用友 ERP 手工沙盘的模拟过程	20
学习情境四　用友 ERP 商战电子沙盘模拟过程	12
学习情境五　新道“约创”电子沙盘模拟经营过程	12
总学时	54

本书由鞍山师范学院高等职业技术学院常勇、安甜甜任主编。

由于编者水平有限，书中难免存在疏漏和不足之处，敬请广大读者批评指正。

编　者

第1版前言

PREFACE

企业经营沙盘模拟实训课程起源于瑞典，于 1978 年推出后便迅速风靡全球，成为世界 500 强企业广泛采用的经理人培训方法和众多 MBA 学院设立的必修课程。沙盘最初应用于军事，之后应用于日常生活中。房地产开发商在销售中心设置的小区规划布局便是沙盘的实际应用。

本着企业经营管理知识与 ERP 思想和理念相融合的原则，本书以仿真的企业经营管理环境和运营操作流程为主线，通过模拟实践使学生置身于一个仿真企业的经营环境中；运用独特、直观的教具，使学生亲自参与企业经营管理，领会企业经营中的决策要点和团结协作精神。

本书对用友物理手工沙盘和用友商战电子沙盘进行了详细的讲解，使教师在授课中能够顺利地从手工沙盘过渡到电子沙盘，既能够满足 ERP 沙盘模拟实训或培训的最基本要求，通过手工沙盘的培训达到课程最基本的目的，也能够通过对电子沙盘的深入讲解使实训或培训过程得到技术上的提升，为学生参加相关 ERP 沙盘模拟经营大赛提供帮助。

本书分为四部分，学习情境一是对 ERP 沙盘模拟经营的初步认知，使学生对 ERP 沙盘模拟企业经营产生兴趣；学习情境二是用友 ERP 手工沙盘模拟经营环境认知，通过相关教具、盘面的介绍，使学生对手工沙盘有初步的了解；学习情境三讲解用友 ERP 手工沙盘模拟经营过程，这是本书的主要内容，使学生能够领略到生产企业在六年的经营过程中不同阶段的经营决策重点；学习情境四讲解用友 ERP 商战电子沙盘模拟经营过程，这也是本书的重要内容，使学生通过该情境的学习熟练操作用友商战沙盘，探索新的经营策略和竞争策略。

本书的特色体现在以下几个方面。

1. 本书对模拟企业发展规划进行了详细阐述

以往的 ERP 沙盘模拟经营教材注重企业经营流程的介绍，忽视了对企业发展规划的讲解，这样学生在实训过程中需要花费很长时间才能开始进行企业发展的规划，对学生的管理能力、规划能力提升不大。而本书在学习情境二中对模拟企业的发展规划进行了讲解，能使学生在经营之初就有规划的概念，并将其运用到整个实训过程。

2. 本书规范了模拟经营的信息传递流程

学生由于缺乏在企业中沟通协作的经验，因此在进行模拟经营时经常会出现信息传递不畅、导致企业遭受损失的现象。本书将各职务间信息的传递过程和传递内容用图表的形式简单明了地列出，使学生可以清晰地记住传递信息的任务，并将其应用到模拟经营的过程中，降低了模拟企业因沟通问题造成损失的概率，也为学生进入企业后更快地适应企业沟通环境打下了基础。

3. 本书应用了 ERP 沙盘模拟实战案例进行策略分析

编者曾带领学生参加过 10 多年的用友 ERP 沙盘模拟经营大赛，对赛事比较了解，因此在本书中加入了沙盘模拟经营比赛的案例，在特定环境下进行经营策略分析，增强了本书的可读性和实用性。

本书各学习情境的学时分配建议如下：

内　容	学　时
学习情境一　初步认识 ERP 沙盘模拟	4
学习情境二　用友 ERP 手工沙盘的模拟环境	8
学习情境三　用友 ERP 手工沙盘模拟过程	20
学习情境四　用友 ERP 商战电子沙盘模拟过程	16
总学时	48

本书由鞍山师范学院高等职业技术学院常勇、安甜甜任主编。在编写本书的过程中，编者参阅了一些有关的著作与教材，在此向相关作者表示衷心的感谢。由于编者水平有限，加之时间仓促，书中难免存在疏漏和不足之处，敬请广大读者批评指正。

编　者

目录

CONTENTS

学习情境四　用友 ERP 商战电子沙盘模拟过程

学习情境五　新道“约创”电子沙盘模拟经营过程

附录

学习情境一 初步认识ERP沙盘模拟

学习目标

了解ERP沙盘模拟的发展史及实训目的；
进行模拟企业组织机构的设立及组员的职位分工；
树立团队合作观念。

素养目标

从ERP沙盘模拟经营的发展史中体会事物发展的规律，体会工匠精神；
从中国古代思想家的分工思想中领会组织机构职务分工的核心思想；
领会企业家精神的内涵。

情境引入

企业沙盘模拟培训源自军事上的战争沙盘模拟推演，近代发展为企业及商科专业学生的培训课程。企业沙盘模拟实训具有游戏性、竞赛性，寓教于乐。因此，培训对象能够深刻领会企业管理中的相关理论，并将其应用到实际工作中。

模块一　了解 ERP 沙盘模拟

一、什么是 ERP 沙盘

ERP(enterprise resource planning)即企业资源计划，是一种主要为制造行业企业设计的,对企业物质资源、资金资源和信息资源进行一体化管理的企业信息管理系统;是一个以管理会计为核心,可以提供跨地区、跨部门甚至跨公司整合实时信息的企业管理软件;是针对物资资源管理(物流)、人力资源管理(人流)、财务资源管理(财流)、信息资源管理(信息流)集成一体化的企业管理软件。

ERP 沙盘模拟是针对代表先进的现代企业经营管理技术——ERP 设计的角色体验实验平台。利用 ERP 沙盘模拟实物可以直观、形象地展示企业的内部资源和外部资源,如企业的厂房、设备、仓库、库存物料、资金、职员、订单、合同等各种内部资源;企业上下游的供应商、客户和其他合作组织,以及为企业提供各种服务的政府管理部门、社会服务部门等外部资源。一般来说,ERP 沙盘模拟经营展示的重点是企业的内部资源。

ERP 沙盘模拟在操作中以一套沙盘教具为载体。沙盘教具主要包括沙盘盘面六张,代表六个相互竞争的模拟企业。沙盘盘面按照制造企业的职能部门划分为四个职能中心,分别为营销与规划中心、生产中心、物流中心和财务中心;各职能中心覆盖企业运营的所有关键环节,如战略规划、市场营销、生产组织、采购管理、库存管理、财务管理等。因此,一个沙盘盘面是一个制造企业的缩影。

二、ERP 沙盘模拟的发展史

企业沙盘模拟培训源自军事上的战争沙盘模拟推演。战争沙盘通过模拟推演军队在战场上的对抗与较量使得作战指挥员不需要亲临现场就能总览全局,发现双方战略、战术上存在的问题,从而运筹帷幄,做出决策。由于沙盘节省了实战演习的巨大经费开支,不受士兵演习时间与空间的限制,因而在世界各国运用广泛。

自 1978 年瑞典皇家理工学院的克拉斯·梅兰(Klas Mellan)开发了企业沙盘模拟训练课程后,该课程迅速风靡全球。20 世纪 80 年代初期,该课程被引进我国,率先在企业的中高层管理者培训中使用并快速发展。

21 世纪初,用友软件公司率先将沙盘实验引入中国高校 ERP 教学实验中,将其命名为用友 ERP 沙盘企业经营模拟仿真对抗实验。而后国内的金蝶公司也开发出自己的创业者沙盘。最初的沙盘形式均是物理沙盘,即参与者用手工教具进行沙盘模拟经营的操作。随着电子信息技术的发展,用友、金蝶、中教畅享等软件公司逐步开发出 ERP 沙盘模拟的软件,将手工教具的模拟情况以软件操作的形式进行表现。由于物理沙盘和电子沙盘各具特色,因此教学用 ERP 沙盘大多采用两者结合的形式。

思政园地

沙盘最初起源于中国

据《后汉书·马援列传》记载，公元 32 年，汉光武帝刘秀想征讨陇西（今甘肃东部一带）的隗嚣。但他对西北地区地形地貌及隗嚣兵力部署不是很了解，于是光武帝便找马援了解。马援本是隗嚣的手下，被刘秀成功策反，收归己用。马援对陇西一带的地理情况很熟悉，但那么大的西北，也不是一两句就能说清楚的，说了半天，光武帝也没听明白。马援很是着急，回家后召集幕僚商讨该如何让光武帝听明白，可一时也没人想到好办法。

第二天，马援早起练剑，偶然看见一群孩童在堆沙子，一个个沙包星罗棋布，上面还插着木棍，好像一个个军营。马援顿时感觉眼前一亮，他立刻回家，让随从打扫出东厢房，让人找来一块木板，再搬来几袋沙土倒在木板上，凭记忆让随从堆沙堆，并用竹牌刻上字插在沙堆上，标明隗嚣的军事部署。三天后，一个与实地地形相似的模型便做成了。马援把光武帝请到家里，对着模型为光武帝答疑解惑。光武帝这回听明白了，非常高兴地对马援说："敌人全在我的眼中了！这个东西不错，叫什么？"马援一时语塞，灵机一动请光武帝给赐个名字。光武帝思考了一会儿，便对马援说："这是一个大木盘子，里面装的是沙子，就叫沙盘吧。"马援连忙叫好。

1 700 多年后的 1811 年，普鲁士国王的军事顾问冯·莱斯维茨也采用了同样的方法给威廉三世介绍战场情况，只不过，他的沙盘较马援的沙盘已有了很大的进步，完全是一个标准的、真实的战场缩微模型。首先，用胶泥制作一个比例为 1∶2 373 的精巧的战场模型，模型布局与真实的战场情况相差无几。其次，这个模型不仅有山包，还用各种颜色把道路、河流、村庄和树林表示出来。最后，还用小瓷块把军队部署和武器装备标了出来。

三、ERP 沙盘模拟的实训目的

在 ERP 沙盘模拟中将学员分成若干组，每组成员的任务是在股东投资相同的条件下，在同一个市场环境中竞争，学员通过生产管理、市场营销、财务管理等技能经营自己的企业，时限为六年，使本企业在与其他组别的竞争中取得优势，并使本企业的所有者权益、固定资产、无形资产得到最大限度的提升。最后根据经营六年后企业的所有者权益、固定资产和无形资产的情况对小组进行综合评分，其中，所有者权益项是决定性的因素。所有者权益是指企业资产扣除负债后由所有者享有的剩余权益，即企业股东在企业中拥有的资产价值，该数值越高，说明企业为股东的投资赚取的利润越高。

党的二十大报告指出，"必须坚持科技是第一生产力、人才是第一资源、创新是第一动力，深入实施科教兴国战略、人才强国战略、创新驱动发展战略，开辟发展新领域新赛道，不断塑造发展新动能新优势。"我们的模拟企业在经营中也一定要注重创新的重要性，我们会看到创新型企业发展模式才是能够持续增长、持续盈利的。

因此,每个小组成员都围绕着一个目的而努力。成员在模拟经营过程中不是单独的个体,而是一个团队。只有团队赢了才能体现出成员的成功,否则再有能力的成员都是失败的。通过这种评价方式可以最大限度地培养参与人员的团队合作意识和沟通协调能力。

微实训

企业家应具备的精神有哪些?请将你的观点填入下框中。

【参考】企业的领导者、决策者,是企业的核心人物。企业家应具有的精神主要如下。

(1) 具有胸怀天下的爱国情怀。商业贸易是全球化的,但企业家是有国籍的,拥有国家和社会赋予的使命和担当,在危难关头要以国家利益为重,挺身而出。例如,大家都熟知的"孟晚舟事件",其本质是中美高端科技技术之战,孟晚舟和任正非的坚持不仅关乎华为的前途命运,还关乎中国5G技术的发展进程,更关乎中国高科技发展的话语权。

(2) 善于授权,选优配强管理队伍。放手让专业的人去做专业的事,充分授权,创建优秀强大的队伍,最大程度节约人力资源成本,才能推进企业行稳致远。

(3) 要勇于创新。创新是企业家精神的内核和灵魂。惟创新者进,惟创新者强,惟创新者胜。企业家应该具有开拓性思维,能打破常规,革新思维。当Apple占据大部分市场份额时,雷军果断放弃外观、音质等硬件优化,专注数据配置提升,吸引大批技术粉,引领新潮流,迅速占领市场份额。

(资料来源:https://www.mbachina.com/html/zx/202011/264875.html,有删改。)

模块二 ERP沙盘模拟企业组织结构的设立

一、设立模拟企业

在ERP沙盘模拟实训中,要将所有成员分成若干个团队。在通常情况下,团队是自愿组建的,学员按照自己的性格特征分别担任首席执行官、财务总监、营销总监、运营总监。要打造一支高效的团队,应注意以下几点。

1. 有明确的共同目标

团队成员必须对模拟企业的经营目标有深入的了解,这样才能激发每一位成员的积极性，使团队成员的能力发挥到最大，为实现团队目标贡献自己的力量。

2. 确保团队成员有互补的能力

党的二十大报告中指出人才是第一资源，我们在选择自己的团队成员时应以同学的能力服务于企业经营为根本标准，同时要注意团结团队成员，这样才能产生合力，让每位成员产生更大的绩效。

担任不同职位的成员需要具备不同的性格特征和不同的能力，团队必须发展成一个完善的能力组合。例如，担任首席执行官的成员要果敢、有魄力，思考问题具有前瞻性，具有领导能力；担任财务总监的成员要细心，对数字比较敏感；担任营销总监的成员要打好心理战，对市场有一定的洞察力；担任运营总监的成员要极其谨慎，不能有一丝差错，同时要具备应对突发状况的能力。

3. 各成员要履行好各自的职责

各成员应该做好自己的本职工作，按照自己的岗位职责进行经营活动。此外，作为团队中的一员，为了更好地与团员协作，要做到以下几点。

（1）尊重别人。在一个团队中每位成员都会有自己擅长的方面，所以在讨论过程中应尊重每个人的想法，营造一个畅所欲言的环境，这样才能使每个人发挥自身优势，为实现团队目标贡献力量。

（2）能够接受批评，从批评中寻找积极成分。如果团队成员对你的错误大加批评，即使带有强烈的感情色彩也不要与之争论不休，而应该从积极方面来理解他的抨击。这样，不但有助于自己改正错误，而且也能避免语言敌对场面的出现。

（3）善于沟通。由于知识、能力、经历等不同，成员间在对待问题、处理问题时会产生不同的想法。这时需要及时沟通，把自己的想法说出来，并听一听其他成员的想法。只有沟通才能使问题得到有效的解决。

二、设立企业组织机构

模拟企业为直线式组织结构，在首席执行官的领导下，财务总监、营销总监、运营总监分别掌控企业的财务、市场与生产环节，如图 1-1 所示。

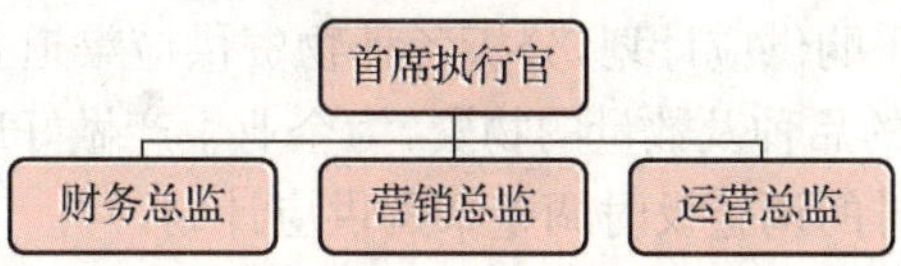

图 1-1　模拟企业的组织机构

三、企业的员工分配及员工各自的岗位职责

1. 首席执行官

（1）负责制定和实施企业的总体战略与年度经营计划。

（2）建立健全企业管理制度和管理结构。

（3）主持企业的日常经营管理工作，协调企业各职能部门之间的关系。

（4）带领团队实现企业每一年的经营目标和六年的总体战略目标。

首席执行官的人选需由团队成员一致选拔通过,这样才能使其成为企业的精神领袖。

2. 财务总监

(1) 负责日常现金收付的记录,定期核查企业的经营状况。

(2) 每年核算企业的经营成果和经营状态,按时报送综合费用明细表、利润表和资产负债表。

(3) 对成本数据进行分类和分析。

(4) 定期清查现金,盘点存货,确保账实相符。

3. 营销总监

(1) 负责分析市场环境,把握市场机会,制定企业市场营销战略和制订每一年的实施计划。

资料
我国的企业经营环境

(2) 对企业市场营销计划进行监督和控制。

(3) 负责市场的开拓,稳定现有的市场。

(4) 通过分析每年的市场需求量、价格预测和企业的生产能力进行合理的广告投放,并取得合理的客户订单。

(5) 沟通生产部门按时进行交货。

(6) 监督货款的回收,进行客户关系管理。

(7) 负责对企业的竞争对手进行分析,明确竞争对手的动向以取得竞争的主动权。

4. 运营总监

(1) 负责生产计划的制订和落实。

(2) 组织落实质量管理制度,监控质量目标达成情况。

(3) 组织新产品研发,使产品研发与市场需求、企业生产设备建设进度相协调。

(4) 规划、优化配置,调动生产资源,保证及时交货。

(5) 组织优化生产过程,推动工艺方法的改进,扩充并改进生产设备,不断降低生产成本。

(6) 做好车间现场的管理,包括生产设备的维护、变更,管理成品库等。

(7) 负责各种原材料的采购和安全管理,确保企业生产的正常进行。

(8) 负责编制并实施采购供应计划,分析各种物资供应渠道及市场供求变化情况,确保在合适的时间点采购合适的品种及数量的物资,为企业生产做好后勤保障。

(9) 根据企业生产安排的调整及时调整采购供应计划。

5. 商业情报人员

在用友 ERP 沙盘模拟过程中,每年年度经营结束后还有商业间谍环节。因此,下面简单介绍兼任商业情报人员的工作职责。

情报工作在现代商业竞争中有着非常重要的作用,不容小觑。在受训人数较少时,此项工作可由首席执行官或营销总监承担;在受训人数较多时,可设专人协助首席执行官或营销总监完成此项工作。商业情报人员应在规定时间内完成对竞争对手以下经营结果的调查。

(1) 对手的产品研发、市场开拓、质量认证情况。

(2) 对手的生产线建设情况,以及产品的产能与接单能力。

(3) 对手的融资状况、现金状况和应收款状况。

思政园地

用人思想

清朝雍正皇帝云："治天下惟以用人为本，其余皆枝叶事耳。"意思是说，如果将用人比作一棵大树的根和干，其余的事只能算作枝和叶了。可见用人对于治理天下是多么重要的事。其实，治理企业也一定要重视识人、用人。

《吕氏春秋》有这样一则故事：战国时期魏国的君主魏文侯以卜子夏（孔子的学生）为师，同田子方（贤者）交朋友，对段干木（贤者）以礼相待，于是"国治身逸"。《吕氏春秋》接着评论道："凡是贤明的君主，又何必亲自操劳辛苦、愁闷忧虑呢？只要抓住用贤这一要务就可以了。"

毛泽东曾经说过："在这个使用干部的问题上，我们民族历史中从来就有两个对立的路线：一个是'任人唯贤'的路线；一个是'任人唯亲'的路线。前者是正派的路线，后者是不正派的路线。"

因此，在模拟企业组建选人的时候也不能只找和自己关系好的同学，而是应按照各个职务需求和每位同学自身的特长来选择适合和自己合作的人。

情境小结

培训学员应领会 ERP 沙盘模拟实训的精髓——团队合作精神，并在合作中为实现企业的目标而努力。在企业组建期间，应按照民主推荐选举原则及自愿原则进行组员的工作分工，培训学员按照自身能力特点分别担任首席执行官、财务总监、营销总监和运营总监。在以后的企业模拟经营过程中，培训学员应与团队成员相互配合，争取最快、最好地完成任务，最终实现企业目标。

微实训

请各位同学在自己的任职能力上进行评分（每项能力评分范围为 1～5 分），结果可作为之后模拟训练的角色分配依据。

1. 首席执行官评分

首席执行官评分表如表 1-1 所示。

表 1-1　首席执行官评分表

能力项目	能力项目权重	评　分	折算后评分
规划能力	0.4		
沟通能力	0.4		
号召力	0.2		
合计			

2. 财务总监评分

财务总监评分表如表 1-2 所示。

表 1-2　财务总监评分表

能力项目	能力项目权重	评　分	折算后评分
核算能力	0.3		
数据分析能力	0.3		
预算能力	0.3		
沟通能力	0.1		
合计			

3. 营销总监评分

营销总监评分表如表 1-3 所示。

表 1-3　营销总监评分表

能力项目	能力项目权重	评　分	折算后评分
市场分析能力	0.3		
数据分析能力	0.3		
灵活性	0.3		
沟通能力	0.1		
合计			

4. 运营总监评分

运营总监评分表如表 1-4 所示。

表 1-4　运营总监评分表

能力项目	能力项目权重	评　分	折算后评分
规划能力	0.4		
核算能力	0.4		
协调能力	0.2		
合计			

5. 商业情报人员评分

商业情报人员评分表如表 1-5 所示。

表 1-5　商业情报人员评分表

能力项目	能力项目权重	评　分	折算后评分
记忆力	0.4		
数据分析能力	0.4		
沟通能力	0.2		
合计			

学习情境二 用友 ERP 手工沙盘的模拟环境

学习目标

熟悉用友 ERP 手工沙盘的盘面；
了解用友 ERP 手工沙盘的操作规范；
能够对特定市场环境进行分析；
能够根据市场环境及企业现阶段状况进行相关发展规划。

素养目标

了解当前经济环境及公平竞争法制观；
了解规则的重要性，树立规则意识；
了解计划的重要性，“凡事预则立，不预则废”。

情境引入

用友 ERP 手工沙盘是学习企业模拟经营沙盘的入门，通过手工操作的方式可以使学员更容易理解相关的模拟企业经营规则，更容易领会企业经营管理中的相关要点。手工沙盘简单明了，能够直观地反映出 ERP 沙盘模拟经营的要点。

模块一　用友 ERP 手工沙盘的操作指南

一、用友 ERP 手工沙盘的工具

1. 资金

资金用灰色币表示,每一个币代表 1M(100 万元),如图 2-1 所示。

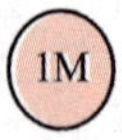

图 2-1　资金

2. 贷款标识

贷款用标有 10M 的红色币表示,放在长期贷款或短期贷款处,如图 2-2 所示。

图 2-2　贷款

3. 产品设置

原材料 R1 用红币表示,原材料 R2 用黄币表示,原材料 R3 用蓝币表示,原材料 R4 用绿币表示。

产品 P1 由一个 R1 原材料和 1M 加工费构成,即一个红币和一个灰币构成;产品 P2 由一个 R1、一个 R2 和 1M 加工费构成,即一个红币、一个黄币和一个灰币构成;产品 P3 由两个 R2、一个 R3 和 1M 加工费构成,即两个黄币、一个蓝币和一个灰币构成;产品 P4 由一个 R2、一个 R3、两个 R4 和 1M 加工费构成,即一个黄币、一个蓝币、两个绿币和一个灰币构成,如图 2-3 所示。

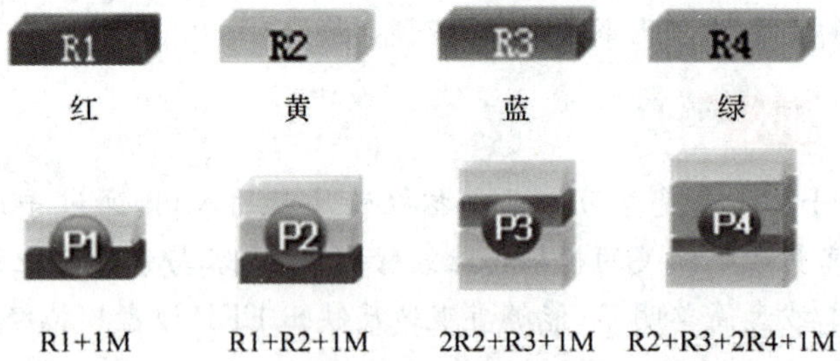

图 2-3　产品构成

P1、P2、P3、P4 产品均有自己的标识图,将其放在生产线下方,用于标识生产产品的种类,如图 2-4 所示。

图 2-4　产品标识图

4. 产品研发

产品研发完成后会获得资格认证，可领取资格认证图放置在盘面上，如图 2-5 所示。

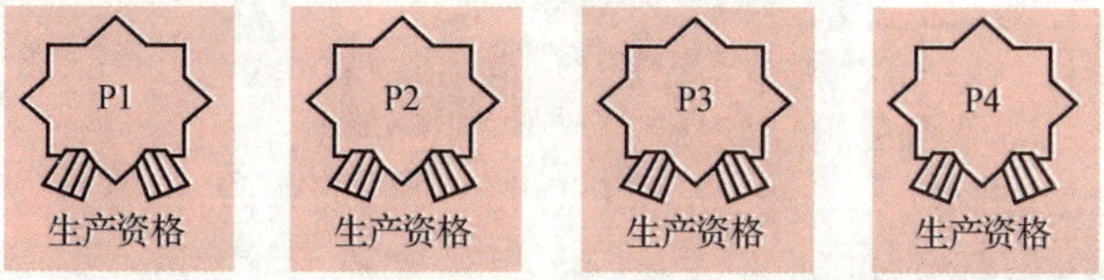

图 2-5　产品资格认证图

5. 生产线

用友 ERP 手工沙盘工具中有四种生产线，分别是手工线、半自动线、全自动线和柔性线，如图 2-6 所示。生产线上标有生产周期。产品上线是指将产品放在生产线 1Q 的位置；每个季度更新生产是指将产品推到 2Q 或下线，依此类推。

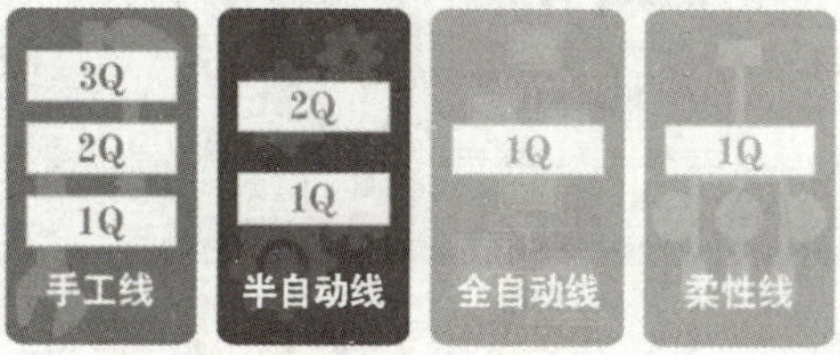

图 2-6　生产线

6. 市场准入与 ISO 认证

用友 ERP 手工沙盘的模拟市场中有本地市场、区域市场、国内市场、亚洲市场和国际市场。市场开拓完成后会获得市场准入资格，可以在该市场上销售商品。各市场准入资格证如图 2-7 所示。

图 2-7　市场准入资格证

当投入资金进行 ISO 国际标准体系认证并获得通过后，模拟企业将获得相应的认证资格。在模拟经营中，ISO 国际标准体系认证分为国际质量管理体系认证 ISO 9001 和国际环境管理体系认证 ISO 14000，相应的证书如图 2-8 所示。

图 2-8　ISO 9001 和 ISO 14000 资格认证书

二、用友 ERP 手工沙盘的盘面

用友 ERP 手工沙盘整体盘面如图 2-9 所示。

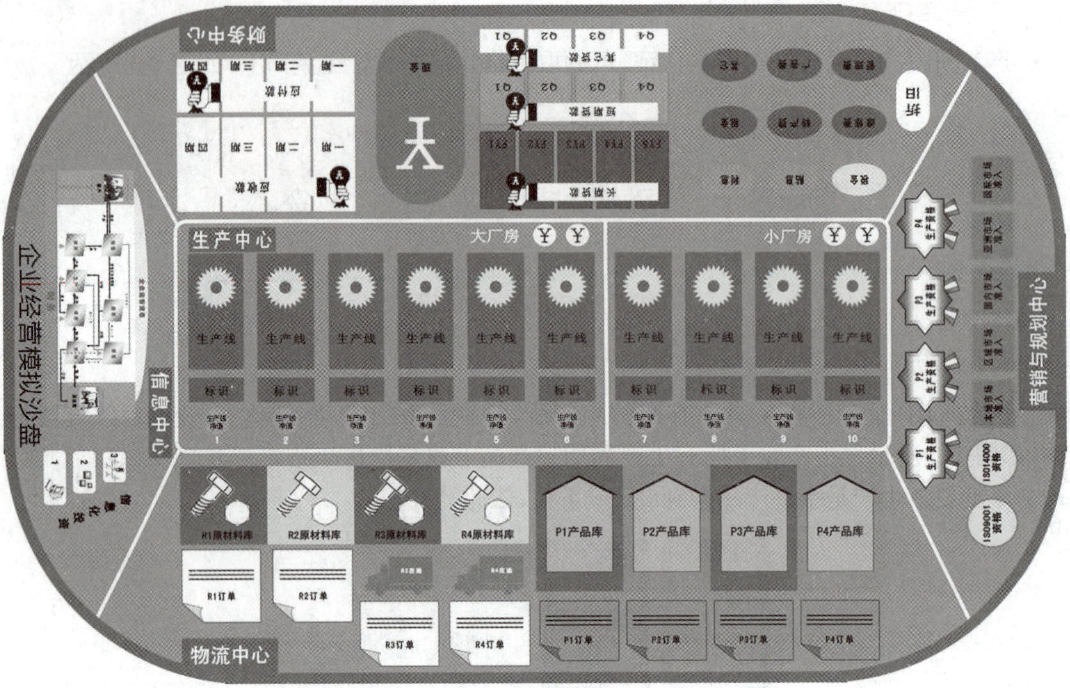

图 2-9　用友 ERP 手工沙盘整体盘面

1. 财务中心

财务中心由财务总监掌控，相关盘面如图 2-10 所示。

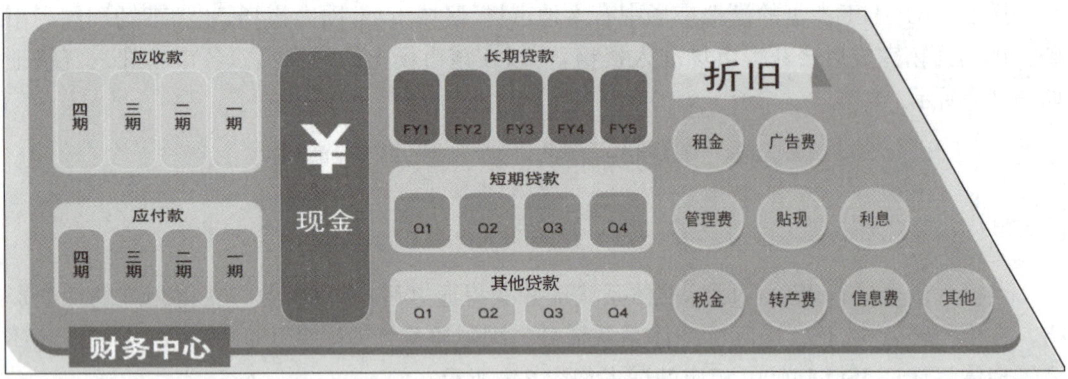

图 2-10　财务中心盘面

2. 生产中心

生产中心由运营总监掌控，用于安排厂房，放置生产线及产品生产资格证，如图 2-11 所示。

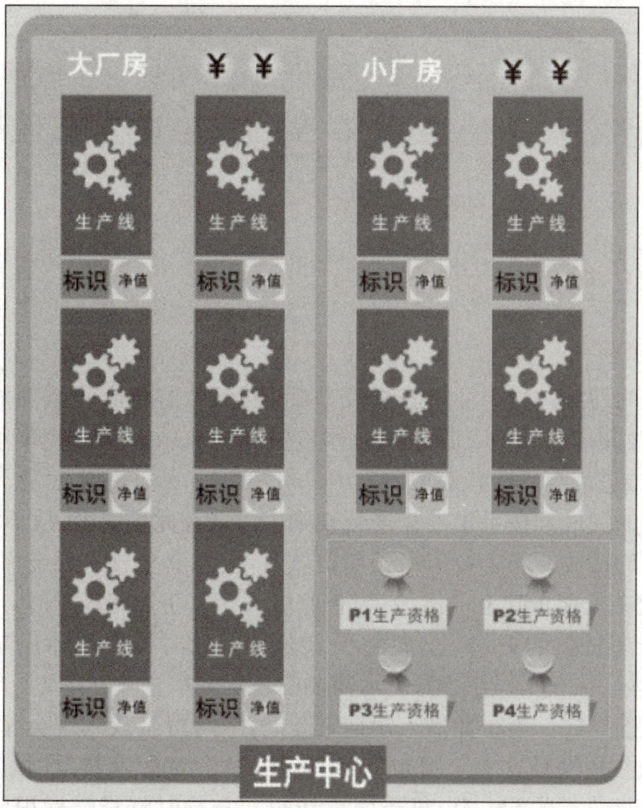

图 2-11　生产中心盘面

3. 物流中心

物流中心由运营总监掌控，用于标识原材料的采购和产品的库存，如图 2-12 所示。

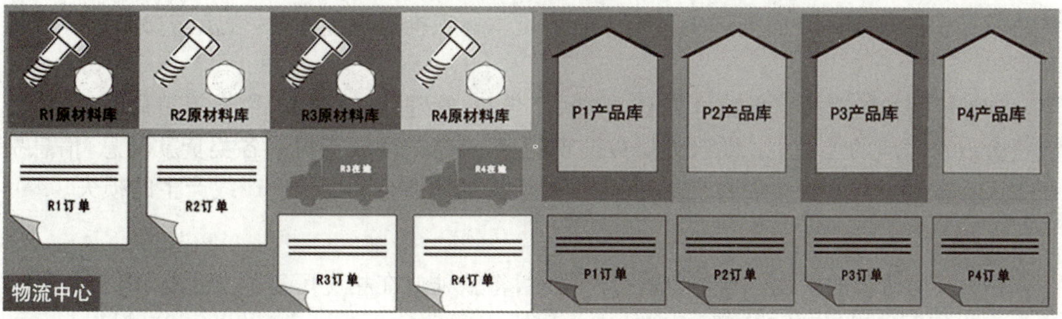

图 2-12　物流中心盘面

4. 营销与规划中心

营销与规划中心由营销总监掌控，主要用于标识市场开拓情况，如图 2-13 所示。

图 2-13　营销与规划中心盘面

三、用友 ERP 手工沙盘的盘面摆放

1. 财务中心盘面的摆放

(1) 应收款项的摆放。当企业按订单交货后,财务总监将应收款项放在相应账期的应收款上,如 2 账期放在应收款的 2 期上。每季度更新应收款时将应收款项向现金库方向推进一期,当应收款推进现金库时代表收款。

(2) 应付款项的摆放。在手工沙盘经营规则中不涉及此项内容,故不需摆放。

(3) 长期贷款的摆放。当企业借入长期贷款时,应将资金放入现金库,同时将标识相应金额的贷款红币放在长期贷款上。例如,当企业借入 5 年期长期贷款时,应将标识相应金额的贷款红币放在长期贷款的 FY5 上,每年更新长期贷款时将贷款标识向现金库方向推进 1Y,当 5 年后贷款标识推进现金库时,表示需要归还贷款本金。

(4) 短期贷款的摆放。当企业借入短期贷款时,应将资金放入现金库,同时将标识相应金额的贷款红币放在短期贷款上。例如,当企业借入 1 年期短期贷款时,应将标识相应金额的贷款红币放在短期贷款的 Q4 上,每季度更新短期贷款时将贷款标识向现金库方向推进 1Q,当 1 年后贷款标识推进现金库时,表示需要归还本金及利息。

(5) 其他贷款的摆放。当短期贷款额度超出规定后,企业可以借入高利贷,这时应将资金放入现金库,同时将标识相应金额的贷款红币放在其他贷款上。例如,当企业借入 1 年期其他贷款时,应将标识相应金额的贷款红币放在其他贷款的 Q4 上,每季度更新其他贷款时将贷款标识向现金库方向推进 1Q,当 1 年后贷款标识推进现金库时,表示需要归还本金及利息。

(6) 费用类的摆放。当支付折旧、租金、广告费、管理费、转产费、税金等费用时,应将相应资金放在对应的位置上。贴现处摆放贴现利息,利息处摆放支付的各类贷款利息,信息费在手工沙盘经营规则中不需要支付,其他摆放企业的违约金和出售生产线产生的损失。

2. 生产中心盘面的摆放

(1) 厂房价值的摆放。当企业购买厂房时,将款项放在相应厂房的货币标识"￥￥"上;当企业出售厂房时,将款项移至相应的应收款处。

(2) 生产线的摆放。当企业安装生产线时,将生产线放在相应的厂房内。手工生产线不需要安装,直接放在厂房内;其他需要安装的生产线在建成前需要背面朝上摆放,并在生产线下标识处摆放生产的产品种类,净值处摆放投资生产线的资金。当生产线转产时将生产线背面朝上表示改建中,转产后将生产线正面朝上,表示可以进行生产。当产品开始生产时,将产品所需的原材料从原材料库中取出并从现金库中拿出加工费,一同放在空的生产线上;每次更新生产时,将生产线上的产品往成品库方向推一格;全自动生产线和柔性生产线可在更新生产时将产品推入成品库;每条生产线上只能同时生产一种产品,不可以将多种产品放在同一条生产线上。

(3) 生产资格的摆放。每季度产品研发投资时，可以将相应的投资金额放在产品的生产资格处。当生产资格处的投资达到产品研发所需的金额时，可领取相应产品的生产资格标识摆放在此处。

3. 物流中心盘面的摆放

(1) 原材料的摆放。在下原材料订单时，将原材料放置在在途处；当原材料到货时，支付原材料货款后将原材料推入相应的原材料库。

(2) 成品库的摆放。当产品从生产线上生产出来时，将其放入相应的成品库；当产品数量满足订单数量时，将其从成品库中取出交货。

4. 营销与规划中心盘面的摆放

营销与规划中心的 ISO 认证和市场开拓认证均需每年进行。ISO 认证投资和市场开拓认证投资时，将资金放在相应位置上，当投资金额达到标准后即可领取相应的认证资格标识和市场准入标识。

微实训

假设你是一家手机生产企业的总经理，拟选定一个国家进行国际化的发展。请选择 2～3 个国家，从经营环境这个角度进行对比分析，陈述利弊。具体对比分析内容填入下框中。填好之后，与同学交换，展开讨论。

模块二 模拟企业的市场环境分析

一、模拟企业初始状态

模拟企业最初由股东投资 66M 现金，各模拟企业的首席执行官自行决定如何进行资产投资建设。

二、P1 产品市场环境分析

P1 产品的市场价格整体上呈下降趋势，均价从 5M 降到 4M；只是在国际市场上表现不同，第六年，国际市场上的 P1 产品价格可达到 6M。P1 产品的价格在本地市场下滑较快，在区域市场比较平稳。国内市场的 P1 产品价格较区域市场要低，亚洲市场的 P1 产品价格在第六年是所有市场中均价最低的，国际市场第五、第六年的 P1 产品价格较其他市场稍高。从需求量上来看，第二年本地市场的 P1 产品需求量接近区域市场的两倍，之后每年需求量都在下降;但是,本地市场 P1 产品的需求量总体上高于区域市场。国内市场、亚洲市场的 P1 产品需求量也高于区域市场,国际市场 P1 产品的需求量在后两年达到 18 或 16 左右。

三、P2 产品市场环境分析

P2 产品的价格为 6～8M,本地市场和区域市场的价格波动较大。在第三、第四年,P2 产品的价格达到最高价 8M,此价格在本地市场、区域市场、国内市场均可达到;但是在第五、第六年,P2 产品的价格在各市场上均下跌至 6M。从需求量来看,各市场上 P2 产品的需求量在第四年达到顶峰,每年需求量在 10～15;但是区域市场容量比其他市场要小,需求量一般在 10 以下;国际市场容量也较小,也在 10 以下。综合以上分析,P2 产品的市场状况在第五、第六年严重下滑。

四、P3 产品市场环境分析

P3 产品的市场价格在第三年与 P2 产品的市场价格相同,因此当年 P3 产品的利润低于 P2 产品的利润。第四年,P3 产品的国内市场价格仍维持第三年水平;除国内市场外,P3 产品在其余各市场的价格均有所上涨。第五、第六年,P3 产品的价格升至最高价 9M。但是,国际市场比较特殊,国际市场到第六年才有 P3 产品的需求且价格为 8M。从需求量来看,P3 产品第三、第四年的需求量一般在 10 以下,并且逐年上涨;第六年,本地市场需求量最大,达到 17,其他市场在 10 左右,国际市场需求量最小。综合以上分析可知,P3 产品是 P2 产品的一种替代产品。

五、P4 产品市场环境分析

P4 产品主要在第四、第五、第六年有需求,但是其价格一直维持在与 P3 产品相同的水平,因此利润比 P3 产品低。P4 产品的市场需求量也极小,虽然每年有所上涨,但是每个市场均在 5 以下;第六年,本地市场、区域市场、亚洲市场的 P4 产品需求量在 5～10,国内市场仍然在 5 以下。自始至终,国际市场都没有对 P4 产品的需求。由上可知,P4 产品是在其他产品市场竞争极其激烈的情况下可以选择的一种产品。但是,由于其市场容量极小,一旦进入的企业超过两家,企业将无利可图。

模块三　模拟企业的发展规划

一、模拟企业的战略规划

党的二十大报告科学谋划了未来 5 年乃至更长时期党和国家事业发展的目标任务和大政方针,是党团结带领全国各族人民夺取中国特色社会主义新胜利的政治宣言和行动纲领。凡事预则立,企业的 CEO 在模拟经营过程中一定要起到这种制定行动纲领的作用,企业领导人的战略规划应该在 5 年,这样才能够让团队成员在经营过程中有的放矢。

1. 竞争状况分析

竞争状况分析主要是对竞争对手的产品、生产能力、发展方向等方面进行调查分析。首先,应确定竞争对手的数量,在巡盘之前确定需要调查的竞争对手;其次,调查竞争对手的产品策略,如新产品开发情况、资格认证情况、产品的生产能力等,与本企业进行对比分析;最后,在每年广告投放时调查竞争对手的广告投放方式和销售倾向。

2. 企业产品定位分析

下面通过波士顿矩阵对 ERP 沙盘模拟企业的产品定位进行分析,如图 2-14 所示。

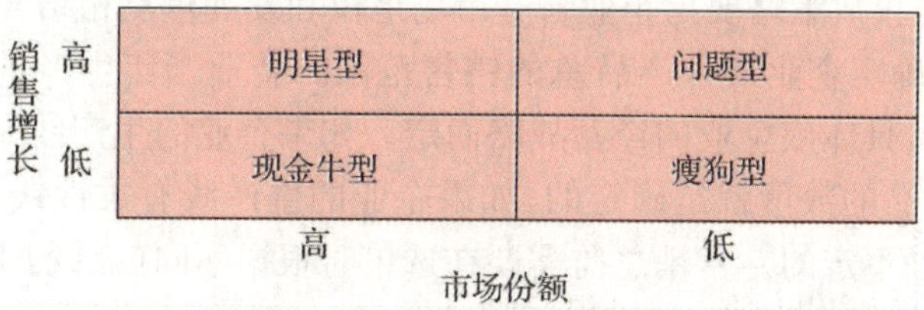

图 2-14　波士顿矩阵

(1) 明星型产品。这个领域中的产品处于快速增长期,且在市场中占有支配地位。但是这种产品不一定产生正的现金流量,这主要取决于新厂房、新设备和产品开发对投资的需要量。明星型产品是由问题型产品继续投资发展起来的,可以视为高速成长市场中的领导者,它将成为企业未来的现金牛型产品。但这并不意味着明星型产品一定会为企业带来源源不断的现金流,因为市场还在高速成长,企业必须继续投资以保持与市场同步增长,并击退竞争对手。例如,从沙盘的市场预测来看,P3 产品在第四年正处于明星型产品时期。

(2) 问题型产品。处于这一领域的多是投机性产品,带有较大的风险。这些产品的利润率一般很高,可是占有的市场份额较小。这种产品往往是企业的新产品。为发展问题产品,企业必须建立厂房、增加设备和人员,以便跟上迅速发展的市场并超过竞争对手,这都意味着大量的资金投入。"问题"非常贴切地描述了企业对待这类产品的态度,因为企业必须慎重决定是否继续投资发展该产品。只有那些符合企业长远发展目标、能够增强企业核心竞争力的产品,企业才会继续投资。如果企业决定继续投资,则该产品适合采用增长战略,目的是扩大市场份额。企业可以适度放弃一些近期收入来达到这一目标,因为问题型产品要发展成明星型产品,其市场份额必须有较大的增长。如果企业决定不再继续投资,则该产品适合采用收缩战略。例如,企业为了取得市场地位而在第一年进行 P3 产品的研发与生产配备,第二年进行 P3 产品的销售。

(3) 现金牛型产品。处于这一领域的产品会为企业带来大量的现金流,但是未来的增长前景有限。这种产品是成熟市场中的领导者,是企业现金的来源。由于市场已经成熟,企业不必大量投资来扩展市场规模,同时作为市场的领导者,该产品享有规模经济和高边际利润的优势,因而为企业带来大量现金流。企业往往用现金牛型产品的收益来支付账款和支持其他三种需要大量现金的产品。现金牛型产品适合采用稳定战略,目的是保持企业的市场份额。例如,在前三年 P2 产品是企业相对容易取得收入来源的产品。

(4) 瘦狗型产品。这一领域的产品既不能产生大量的现金,也不需要投入大量的现金,这些产品没有改进绩效的希望。在一般情况下,这类产品常常是微利甚至是亏损的。瘦狗型产品存在的原因更多的是由于感情上的因素,如虽然一直微利经营,但像人养了多年的狗一样恋恋不舍而不忍放弃。其实,瘦狗型产品通常要占用大量的资源,如资金、生产资源等,维持该产品得不偿失。瘦狗型产品适合采用收缩战略,目的在于出售或清算业务,以便把资源转移到更有利的领域。例如,P1 产品在后几年的发展前景有限,可是有些企业为了维持生存而将其作为主营产品进行经营。

二、模拟企业的市场发展规划

1. 广告投放

(1) 企业的广告投放策略要与企业自身市场地位和发展重点相结合,具体操作如下。

① 营销总监要确定企业某种产品总的销售范围。企业当年生产的某种产品的数量可以固定,也可以变动,具体依企业的经营战略而定。如果企业的生产线是全自动线和半自动线,那么企业不同产品的数量就是确定的;如果企业的生产线有柔性线和手工线,那么企业不同产品的数量就是不定的。营销总监需要在选单时根据不同产品的市场竞争情况临时决定不同产品的销售量,其宗旨是企业利润最大化。

② 要根据市场预测确定企业的产品在多个市场上计划达到多少销售量,并依此来预计广告费用的投入限度。为了使企业利润最大化,营销总监需在当年某种产品利润最高的市场投入最高的广告费。此时企业往往会遭到竞争对手的挤压,这样就会降低广告效益。因此,营销总监若计划将主打产品在利润最高的市场上销售,就要根据本市场预计销售毛利来确定该市场的最高广告投放额。同时,其他产品也要在该市场上进行销售,以增强企业在该市场上的地位。如果营销总监计划将产品投放在竞争较缓和的市场上,则无须投入大量广告费用。但由于这种市场是为了企业清理库存使用的,因此,若广告费用低于其他各组,则由于选单顺序靠后,拿不到理想数量的订单,达不到薄利多销的效果,将使企业面临库存危机。

③ 用友的选单规则规定。当多个企业在某个市场上投放某产品的广告费用相同时,在该市场上投放广告总额多的组优先选单。因此,营销总监应尽量集中市场进行广告投放。

④ 若通过市场调查发现某种产品在市场上的竞争特别激烈,营销总监应采用集中化战略或在企业状况允许的情况下采用差异化战略进行广告投放。

a. 集中化战略是指企业将经营范围集中于行业内某一有限的细分市场,使企业有限的资源得以充分发挥效力,确保企业在某个局部市场的实力超过其他竞争对手,赢得竞争优势。

b. 差异化战略是指企业设法使自己的产品或服务有别于其他企业,在行业中树立起差异化的经营特色,从而在竞争中获得有利地位。

(2) 由于企业所处的市场地位不同,故其广告投放策略的目的也各有不同。广告投放策略的方向主要可以分为以下几种。

① 市场领先者是指在相关产品的市场上占有率最高的企业。市场领先者如果没有获得法定的垄断地位,必然会面临竞争者的无情挑战。一般来说,大多数行业都有一家企业被认为是市场领先者,它在价格变动、新产品开发、分销渠道的宽度和促销力度等方面处于主宰地位,为同业者所公认。因此,市场领先者必须保持高度的警惕并采取适当的策略,否则就可能丧失领先地位而降到第二或第三位。市场领先者为了维护自己的优势,保住自己的领先地位,通常可以采取扩大市场需求总量、保护市场占有率、提高市场占有率三种策略。

② 市场挑战者和市场跟随者是指那些在市场上处于次要地位(第二、第三,甚至更低地位)的企业。这些处于次要地位的企业可以采取以下两种策略:一是争取市场领先地位,向竞争者挑战,即市场挑战者;二是安于次要地位,在共处的状态下求得尽可能多的收益,即市

场跟随者。每个处于市场次要地位的企业都要根据自己的实力和环境提供的机会与风险，决定自己的竞争策略是挑战还是跟随。市场挑战者如果要向市场领先地位的其他竞争者发起挑战，首先必须确定自己的战略目标和挑战对象，然后选择适当的进攻策略。

美国管理学专家莱维特(Levitt)认为，产品模仿有时像产品创新一样有利。因为一种新产品的开发需要花费大量投资才能取得成功并获得市场领先地位，而其他企业(市场跟随者)仿造或改良这种产品，虽然不能取代市场领先者，但因不需大量投资也可获得很高的利润，其盈利率甚至可能超过全行业的平均水平。

③ 市场跟随者与挑战者不同，它不是向市场领先者发动进攻并谋求取而代之，而是跟随在领先者之后自觉地维持共处局面。这种“自觉共处”状态在资本密集且产品同质的行业(如钢铁、化工等)中很普遍。因此，这些行业中的企业通常不互相争夺客户，不以短期的市场占有率为目标，即效法领先者为市场提供类似的产品，因而市场占有率相当稳定。在这些行业中产品差异性很小，而价格敏感度很高，随时都有可能发生价格竞争，结果将是两败俱伤。

但是，这不等于市场跟随者就要采取无所谓策略。每个市场跟随者都必须懂得如何保持现有客户，并争取一定数量的新客户；必须设法给自己的目标市场带来某些特有的利益，如地点、服务、融资等；还必须尽力降低成本并保持较高的产品质量和服务质量。市场跟随者也不是被动地单纯追随领先者，它必须找到一条不致引起竞争性报复的发展道路。

2. 选单策略

营销总监在选单时需要注意以下几点。

(1) 要根据自己在各个市场进行的广告投放排名预计自己的选单名次，同时根据订单的数额预计本企业各种产品在每个市场的产品销售数量。

(2) 选单时的首要目的是将企业所有产能销售完成。

(3) 在产能销售完成的基础上考虑销售高利润产品，实现每种产品的利润最大化。

(4) 根据财务总监的提示，在选单的账期上尽量满足财务总监的现金流转要求。若企业有急需现金进行周转的现象，应在选择收款账期时先满足财务总监的要求，否则企业将面临现金断流风险。

3. 交货技巧

营销总监应全面了解企业的资金状况：在企业需要小规模资金周转时，为了避免短期贷款的还款压力过大，营销总监应选择数量少、账期短的订单优先交货；若企业在某个时期需要特定数量的现金入库，营销总监则应想办法按照账期反推交货期，争取交货后货款能在企业急需现金的前一期入账。在安排交货的过程中，营销总监应和运营总监保持紧密的沟通，以免产生违约、生产线空置等现象。

三、模拟企业的生产发展规划

1. 制订采购计划

采购计划是根据运营总监的生产计划进行安排的。采购计划表中采购原材料的种类是由产品的物料清单(BOM)结构展开的，按照生产计划减去原材料库存就得到每季的采购入库数量，进而倒推出每季的订购数量。每年第三季度、第四季度就应安排下一年的生产计划，并按照生产计划制订采购计划。

2. 采购时需考虑采购提前期、采购政策

如果采购政策规则中有批量采购的优惠,如批量采购可延期支付货款或折价购买,则采购时应尽量利用优惠政策。同时,也不能为了取得延期购买的优惠而购买过多的原材料,给企业资金造成较大压力。

四、模拟企业的财务规划

1. 现金预算

利用资金预算表进行资金预算,测算何时会出现资金短缺,以便采取合理的融资方式进行融资,控制资金成本,保证企业运营的正常进行。

2. 融资策略的选择

企业融资的方式有很多,包括长期贷款、短期贷款、高利贷、应收账款贴现、出售厂房等。企业要根据自身发展规划做好融资计划,以保证企业的正常运转,切不可因小利而影响到整个规划的实施。

企业的融资手段不应过于单一,应采取多种融资手段的最佳组合。如何巧妙处理各种融资手段之间的关系,以最低的成本融取最合适的资金是财务总监的重要职责。作为主要融资手段的长、短期贷款,长期贷款的费用成本高于短期贷款,但还款压力小;短期贷款的利息成本低,但还款压力较大,尤其在企业没有足够的利润保证时,容易造成还不上贷款而破产。但是从另一方面来说,如果长期贷款数额过高,将导致企业因长期支付高额的贷款利息而很难获取利润。一般来说,企业长期的投资项目需要用长期贷款进行融资,而日常经营的资金需求则可用短期贷款进行融资,具体操作应根据企业的经营策略而定。因此,财务总监需要对企业的经营战略、运营状况有一个长期、细致的分析,这样才能正确把握贷款时机并合理确定长、短期贷款的比例关系,在满足现金需求的情况下,使总的费用成本降到最低。

应收款贴现是企业为缓解暂时性资金紧张而采取的融资方式,前提是要有应收账款。在实际操作中应注意贴现的比例,一般来说,应首先考虑贴现账期较长的应收款。

高利贷是费用成本最高的一种融资方式,对企业所有者权益造成的损失较大,会使企业财务状况进一步恶化。因此,一般不提倡使用高利贷,要尽量考虑其他的融资方式和途径,只有在迫不得已的情况下才考虑此种融资方式。

思政园地

计划的重要性

对于事物发展的计划、规划,《礼记·中庸》中曾用“凡事豫则立,不豫则废”来阐述计划的重要性。

《孙子兵法·计篇》曰:“夫未战而庙算胜者,得算多也;未战而庙算不胜者,得算少也。多算胜,少算不胜,而况于无算乎?吾以此观之,胜负见矣。”意思是说,开战前就预计能够取胜的,是因为策划周密,胜利条件充分;开战之前就预计不能取胜的,是因为策划不周,胜利条件不足。策划周密、条件充分就能取胜;策划疏漏、条件不足

就会失败，更何况不做策划、毫无取胜条件呢？我们根据这些来观察，谁胜谁负也就显而易见了。《孙子兵法·九地篇》曰："厉于廊庙之上，以诛其事。"意思是说，在庙堂里秘密策划，做出战略决策。古代作战时，君主总是要备以祭祀之物、携带文武谋臣赴祖庙，一方面进行祈祷，求祖宗保佑作战胜利，另一方面策划作战的得胜条件，制订作战策划方案，最后由君主做出打不打这场战争和按怎样的程序步骤打这场战争的决策，这就是所谓的先谋而后断。由此可见，庙算是作战决策之前的策划运作过程，囊括了一个完整的决策过程。军队作战决策之前需要策划，企业经营决策之前也需要策划。由于现代企业生产经营的高度社会化和高度国际化，其在经营决策之前还要求将策划的运作过程程序化、科学化、高效化，以确保经营决策的成功率。

第二次世界大战以后，我国港澳台地区的企业为了赢得参与市场竞争的主动权而学习《孙子兵法》和《三国演义》等，并把中国策划思想与西方企业的企划经验相结合，在企业经营管理中，实行"策划、计划、预算"一体化制度，简称企划预算制度。在实行企划预算制度的企业中，"一个完整的企业经营策划体系是使用脑力策定经营目标、政策、方针、方案、程序及细则的过程"。企划制度作为"一个完整的经营策划体系"，第一步是按照科学的策划运作程序，以企业的经营目标为起点，创造性地谋划、构思和设计企业的政策措施及策划方案，第二步是以经过选择决断生效的策划方案为依据，编制经营计划，第三步是把"计划作为连接策划与实施的桥梁"和"两种程序的中间产物"，依据计划指标编制经营预算，从财力上确保经营策划方案的实行。

从军事到企业经营均需要认真地计划、策划，需要在认清目标的基础上，结合自己的认知，按照科学程序进行计划，并在计划实施的过程中灵活应对，这样才能让企业在残酷的竞争中立于不败之地。

（资料来源：http://blog.sina.com.cn/s/blog_59eb684101009w38.html，有删改。）

情境小结

通过本学习情境的操作，学员能够了解用友 ERP 手工沙盘的工具、盘面及操作方式，并能在一定规则的引导下进行相应的盘面操作。学员对模拟企业的经营有了初步认知，能够很快进入模拟企业的经营状态。

微实训

请任选一家你熟知的企业，以其发展历程为例说明企业发展规划的作用。

学习情境三　用友ERP手工沙盘的模拟过程

学习目标

通过对用友ERP手工沙盘盘面的了解，深入领会ERP手工沙盘模拟的操作流程；

能够在既定规则下熟练地进行ERP手工沙盘模拟的操作；

对在模拟经营过程中组内成员之间的信息传递方式与传递内容有深入了解，并应用在模拟经营过程中；

能够针对企业经营状况，结合岗位需求对经营模拟情况进行深入的总结分析。

素养目标

树立依法纳税的法律意识；

养成团结协作的合作习惯；

了解我国古代的管理思想。

情境引入

在手工沙盘模拟经营过程中，需要每一位团队成员努力配合首席执行官完成企业使命，为企业赚取最大利润。在经营过程中有统一的经营流程与经营规则。在经营流程与经营规则的规范下，团队成员要尽力完成自己的岗位任务，并进行全面的信息沟通，这样才可以最大限度地保障企业目标的达成。

模块一　用友 ERP 手工沙盘模拟的操作流程

“不谋全局者，不足谋一域”。在模拟企业经营中，要在综合分析企业面临的环境状况以及竞争状况的基础上制定本企业的本年以及未来的经营目标。并以此为依据，制订每一个岗位的计划并执行，让模拟企业在人、财、物的配置上最优化，这样才能让本企业在现有竞争状况下取得最终的胜利。

一、企业年初任务

1. 新年度规划会议

在新的一年开始之际，企业管理团队要制定本年度的企业战略，应从销售、生产、财务等方面做出战略部署。企业首席执行官要在产品进入市场销售之前为营销总监部署好销售目标、销售重点和产品策略，并将这些内容传递给每位成员；运营总监的生产安排预算方案要向成员公布；财务总监也要公布企业资金的筹集方法和花费安排，并获得各位成员的支持。通过有效沟通和合理的预算使企业资源得到最大限度的利用。

在本环节中，运营总监应根据企业的产品库存情况和下年度生产安排情况计算出企业的可接单量，此数据应提交营销总监备用。

2. 参加订货会/支付广告费/登记销售订单

各企业派营销总监参加订货会，支付广告费。广告费放在盘面的广告费区域，财务总监做相应的支出记录。第一年为建设年，经营中无须参加订货会。

营销总监应前往订货会提交广告方案，并根据竞争状况选择适合本企业的订单，其选择的订单为企业本年销售总量。营销总监选单后应在订单登记表(见表 3-1)上登记所选订单的市场、产品种类、数量、销售额、账期、成本、毛利等情况。

表 3-1　订单登记表

项　目	订单 1	订单 2	订单 3	订单 4	订单 5	订单 6	合　计
市场							╳
产品种类							╳
数量							╳
销售额							
账期							╳
成本							
毛利							

3. 制订年度计划

明确当年的销售任务后，首席执行官需结合本企业的现状和销售状况来调整本年的经营策略，重新编制生产计划、采购计划、融资计划、设备投资计划等，并进行 2～3 年的资金预算,判断策略的可行性。在年度计划制订过程中将企业的供产销活动有机结合起来,使企业各部门的工作协调进行。

4. 支付税金

依法纳税是每个企业的义务。在新年度伊始,财务总监应按照上年度资产负债表中"应交税金"一项的数值取出相应的现金放置于盘面的税金处,并做相应的支出记录。

二、企业年中操作流程

1. 季度初现金盘点

此步骤记录每个季度初企业的现金情况,财务总监记录现金盘点的结果,此处数值应为正数或者零。

2. 更新短期贷款/还本付息/申请短期贷款

(1) 更新短期贷款。每季度初,如果企业有未还的短期贷款,财务总监应将代表短期贷款的红币向现金库方向移动1Q;若本季代表短期贷款的红币移至现金库,则需要还本付息。

(2) 还本付息。短期贷款的还款规则是利随本清。短期贷款到期时,每20M需支付1M的利息,利率为5%。因此,本金与利息共计21M。若本季到期短期贷款20M,则财务总监需从现金库中取出现金21M,其中20M还给银行,1M放置在沙盘盘面上的利息处,并做相应的支出记录,用负数表示。

(3) 申请短期贷款。短期贷款只有在每个季度初可以申请,由财务总监到银行申请贷款。每个企业可申请的短期贷款额度是不同的,ERP沙盘模拟规则规定:企业可以申请的短期贷款的最高额度为"上一年所有者权益×2－已贷短期贷款",短期贷款的申请需为20M的倍数。

如果企业需要的贷款额超出最高限额,可以申请高利贷。高利贷与短期贷款同样管理,只是高利贷的利息为20%。高利贷贷款额度视企业具体情况而定。

3. 原材料入库

供应商发出的原材料运抵企业时,企业必须无条件接收货物并支付货款。运营总监将"在途"的原材料向原料库方向推进一格,当原材料进入原料库时,表明货物已运抵企业,这时财务总监需支付相应的原材料款,换取相应的原材料。支付货款时,财务总监应记录支付的金额。

4. 下原材料订单

运营总监根据年初制订的采购计划确定本季度应采购原材料的品种及相应的数量,将相应的原材料放在"在途"处。此时财务总监无须记账,运营总监应填制采购订单登记表。

5. 更新生产/完工入库

由运营总监将各生产线上的在制品向成品库方向推进一格,产品下线放入成品库,表示完工入库。此时财务总监无须记录金额。

6. 投资新生产线/变卖生产线/生产线转产

(1) 投资新生产线。企业需要购置新的生产线时,由运营总监从指导教师处领取新的生产线,翻转放置于购买或租赁的厂房的相应位置。生产线上放置一个空桶,每个季度初,财务总监将相应的投资建设资金放入空桶中，并做相应的支出记录。在任何一条生产线投资完成后，投资的钱币全部放在生产线净值区，下一季度可将生产线标识翻转过来，并从指导教师处领取将要生产的产品的标识，将其放在生产线底端，然后生产线可以投入使用。

需要注意的是，生产线不能在厂房间移动，所以在确定生产线的安装位置时要慎重考虑。

(2) 变卖生产线。当生产线上无在制品时，可以决定是否变卖生产线。生产线按残值出售，财务总监将残值收入放进现金库，并做相应记录。生产线净值区的剩余钱币放在盘面综合费用区域的其他项上。

(3) 生产线转产。生产线转产是指生产某产品的生产线转为生产其他产品。当全自动生产线或半自动生产线进行转产时，应按照规则停产一定的生产周期，同时财务总监将转产费用放在盘面上的转产费区域，并做相应的支出记录，运营总监将生产线标识翻转过来，正面朝下。停工满足转产周期要求并支付全部转产费用后，将生产线翻转过来，正面朝上，重新领取产品标识，从下一季度开始新的生产。

7. 开始下一批生产

当更新生产/完工入库后，某些生产线的在制品已经完工入库，可以开始新一轮产品的生产。运营总监从原料库取出原材料放在闲置的生产线上，同时财务总监将每个产品 1M 的加工费放在生产线上，并做相应的支出记录。此时产品构成完整，可以进行生产。

8. 更新应收款

每季度初，财务总监将应收账款向现金库方向推进一格。当应收账款到达现金库时，代表企业收到现金，此时财务总监做相应的收入记录。

当企业资金出现缺口时，可以考虑将应收账款进行贴现。应收账款贴现随时可以进行，1、2 账期应收账款的贴现息为 1/9，3、4 账期应收账款的贴现息为 1/7。如需贴现，财务总监应从 1、2 账期的应收账款中取出 9 的倍数的金额，1/9 作为贴现费用置于沙盘上的贴息处，8/9 的金额放在现金库中；或从 3、4 账期的应收账款中取出 7 的倍数的金额，1/7 作为贴现费用置于沙盘上的贴息处，6/7 的金额放在现金库中。此时财务总监应做相应的收支记录。

9. 出售厂房

当企业资金严重不足时，可以考虑出售厂房。厂房按照购买价值出售，企业可以得到 4 个账期的应收账款。

10. 按订单交货

营销总监确认本期需要交货的订单，检查本期成品库中的产品种类和数量是否满足客户的订单要求。如果满足订单要求，则按照订单交付约定数量的产品给客户。客户按订单收货，并按订单上列明的条件支付货款。若为现金(0 账期)付款，财务总监直接将现金置于现金库，并做相应的收入记录；若为应收账款，营销总监将钱币置于应收账款相应账期处，财务总监不做记录。

11. 产品研发投资

企业按照年初制订的产品研发计划投入产品研发资金，钱币置于相应产品生产资格的位置，财务总监做相应的支出记录。若产品研发完成，则应领取相应产品的生产资格证。

12. 支付行政管理费

管理费用是企业为了维持运营发放的管理人员工资,在沙盘模拟中将其简化为 1M/季度的费用支出。因此每季度初,财务总监从现金库取出 1M 置于综合费用区域的“管理费”处,并做相应的支出记录。

13. 其他现金收支情况

除以上引起现金流动的项目外,还有一些随时进行的项目会引起资金流动,如未交订单的罚款、库存拍卖等,财务总监要根据具体情况做相应的收支记录。企业成品库存拍卖时,客户按照成本价以现金购买。

14. 现金收入合计

财务总监统计本季度现金收入的总额,并做相应的记录。

15. 现金支出合计

财务总监统计本季度现金支出的总额,并做相应的记录。第四季度的统计数字中包括四季度本身的支出及年底现金支出的操作事项。

16. 期末现金对账

财务总监盘点现金余额,并按以下公式核对现金是否账实相符。

本季度现金余额＝季初现金盘点金额＋本季现金收入合计－本季现金支出合计

三、企业年末操作事项

1. 支付长期贷款利息/更新长期贷款/申请长期贷款

(1) 支付长期贷款利息。长期贷款的还款规则是每年年底付息,到期还本。如果当年长期贷款未到期,贷款需要支付的利息率为 10%,财务总监从现金库中取出相应的金额置于盘面上的利息处,并做相应的支出记录。若当年有长期贷款到期,财务总监需从现金库中取出现金归还本金、支付当年利息,并做相应的支出记录。

(2) 更新长期贷款。每年年末,如果企业有长期贷款,则财务总监将装有贷款标志的桶向现金库方向移动 1Y(1Y 代表一年),桶移至现金库时表明本期需要偿还长期贷款。

(3) 申请长期贷款。当企业资金不足时,可以申请长期贷款。长期贷款的申请需为 10M 的倍数。

申请长期贷款的最高限额＝上一年所有者权益×3－已有长期贷款金额

2. 支付设备维护费

每年年末,企业需为每条生产过产品的生产线支付 1M 的维修费。此时,财务总监应将相应的现金置于盘面上的维修费处,并做相应的支出记录。

3. 支付租金/购买厂房

每年年末,企业应决定在用的厂房是购买还是租赁。如果决定购买,财务总监从现金库取出与厂房价值相等的现金置于盘面上的厂房价值处,并做相应的支出记录;如果决定租赁,财务总监从现金库取出所用厂房需要的租金放在盘面上的租金处,并做相应的支出记录。

4. 计提折旧

厂房不计提折旧；设备按平均年限法计提折旧，设备建成当年不提折旧，出售当年照计提折旧；在建工程不提折旧。每年年末，财务总监从生产线净值区取出相应的折旧费置于盘面上的折旧处。此时只标记折旧金额，不做现金的记录。

5. 新市场开拓/ISO 资格认证投资

(1) 新市场开拓。营销总监向财务总监申请市场开拓费用，财务总监将相应金额的现金放置在盘面上要开拓的市场区域，并做相应的支出记录。市场开拓完成，营销总监从指导教师处领取相应的市场准入证。

(2) ISO 资格认证投资。第三年之后，在某些市场上销售产品需要企业具有一定的 ISO 认证资格，否则企业没有资格获取相应的订单。因此，营销总监应在适当的经营期向财务总监申请 ISO 认证费用，财务总监从现金库取出相应金额的现金放置在认证项目上，并做相应的支出记录。认证完成后，营销总监从指导教师处领取 ISO 资格证。

6. 结账

每年年末，财务总监需要记录年末企业剩余的现金金额。

7. 财务报表的编制

财务总监在进行一年的经营记录后应编制综合费用表、利润表和资产负债表，核算本年度企业的经营成果和经营状态，并在规定时间上交报表。ERP 沙盘模拟规则规定企业每年的经营时间为 40 分钟。

8. 商业情报采集工作

每年年末，教师公布当年各组的所有者权益情况。每组出一名队员到其他各组观察盘面，进行商业情报采集，为本组下一年经营决策提供调查依据。此项工作可由首席执行官或营销总监完成。

商业情报采集人员可以使用商业情报采集表记录各组情况，如表 3-2 所示。

表 3-2　商业情报采集表

组　　别	所有者权益	现　　金	长/短期贷款	应收款	产品研发	生产线	库存商品	市场开拓	原材料（含在途）
A									
B									
C									
D									
E									
F									

模块二　用友 ERP 手工沙盘模拟的经营规则

一、用友 ERP 手工沙盘模拟的总体经营规则

1. 竞赛排名规则

完成预先规定的经营年限,将根据各组的最后分数进行评分,分数高者为优胜。

总成绩=所有者权益×(1+企业综合发展潜力/100)-罚分

企业综合发展潜力的计算如表 3-3 所示。

表 3-3　企业综合发展潜力的计算

项　　目	综合发展潜力系数
自动线	+8/条
柔性线	+10/条
本地市场开发	+7
区域市场开发	+7
国内市场开发	+8
亚洲市场开发	+9
国际市场开发	+10
ISO 9001	+8
ISO 14000	+10
大厂房	+10
小厂房	+7
P1 产品开发	+7
P2 产品开发	+8
P3 产品开发	+9
P4 产品开发	+10

在计算成绩时应注意以下两点。

(1) 如果有多支队伍分数相同,则最后一年在系统中先结束经营(而非指在系统中填制报表)者排名靠前。

(2) 生产线建成(需交过维修费)即加分,无须生产出产品,也无须有在制品。手工线、半自动线不加分。

2. 罚分规则

(1) 运行超时扣分。运行超时有两种情况:一是指不能在规定时间完成广告投放(可提前投放广告);二是指不能在规定时间完成当年经营(以财务总监提交报表为准)。

罚分计算：按 20 分/分钟（不满 1 分钟算 1 分钟）计算罚分，最多不能超过 10 分钟。

(2) 报表错误扣分。必须在规定时间内上交综合费用表、利润表和资产负债表。如果上交的报表有误，按 100 分/次在总得分中扣分，并提请指导教师修订。

(3) 盘面不实扣分。考虑到商业情报的获取，每年运行完成后，必须按照当年年末结束状态将经营结果准确摆在沙盘盘面上，以便现场各组收集情报用。如果盘面与报表不符，经裁判核实后按 100 分/次扣分。

3. 破产处理

当参赛组的权益为负（指当年经营结束后资产负债表中权益为负）或现金断流（权益和现金可以为零）时，企业破产。

参赛组破产后，可由裁判视情况适当增资，然后继续经营。破产组不参加有效排名。

4. 特殊费用项目

(1) 损失。库存折价拍卖、生产线变卖、紧急采购、订单违约等计入综合费用表中的其他损失。

(2) 增资。增资计入股东资本或特别贷款（均不算所得税）。增资只适用于破产组。

二、用友 ERP 手工沙盘模拟的市场规则

1. 市场开发

营销总监每年年末可以进行市场的开发，由于各个市场的地理位置及地理区域不同，开发不同市场所需时间和资金投入也不同，在市场开发完成之前企业没有进入该市场进行广告投放和销售产品的权利。市场是瞬息万变的，市场的变化增加了竞争的对抗性和复杂性。在用友 ERP 手工沙盘中，可以开发的市场有本地市场、区域市场、国内市场、亚洲市场和国际市场。市场的开拓规则如表 3-4 所示。

表 3-4　市场的开拓规则

市　场	开发费	时　间	备　注
本地	1M/年	1 年	开发费用按开发时间在年末平均支付，不允许加速投资，但可以中断投资。市场开发完成后，领取相应的市场准入证
区域	1M/年	1 年	
国内	1M/年	2 年	
亚洲	1M/年	3 年	
国际	1M/年	4 年	

需要注意的是，市场开拓只有在第四季度才可以操作；投资中断时，已投入的资金依然有效。

2. 市场预测

企业选择哪些市场进行开拓和广告投放是一个重要的决策点。在 ERP 沙盘模拟经营中，市场预测是企业进行市场开拓和广告投放的唯一有价值的参考信息。市场预测对所有

企业来说是公开透明的资料，对市场预测的分析与企业营销方案息息相关。

目前，我国的经济状况发展良好，消费者收入稳步提高，因此我们模拟企业所处行业将迅速发展。

P1 产品是本行业中的低端产品，但是在初期产品需求量最大，属于现金牛型产品。

P2 产品的技术标准比 P1 产品高，需要一定的研发成本。在未来，P2 产品需求量将大幅度提升，产品利润也较 P1 产品高。由于 P2 产品的利润较高，又是该行业的发展趋势，因此产品竞争将会比较激烈。

P3 产品比 P2 产品更先进，因此研发成本较高，产品价格也较高，目标客户主要是高端人群。这类产品需求量增长比较缓慢，但是在后几年也将达到与 P2 产品相当的市场地位。

P4 产品现阶段还属于概念产品，一般的企业不具备研发 P4 产品的实力，只有企业具有一定实力后才能承担 P4 产品的研发费用。P4 产品的市场也只有在以后几年才有，市场容量较小，因此企业在做研发 P4 产品的决策时要非常谨慎。接下来进行市场分析。

(1) 本地市场分析。本地市场产品的需求量及价格预测如图 3-1 所示。在图 3-1 中，左图纵坐标表示数量，横坐标表示年份数；右图纵坐标表示价格，横坐标表示年份数。由图 3-1 可知，本地市场将会持续发展，客户对低端产品的需求可能会下滑；随着需求的减少，低端产品的价格很有可能逐步走低；后几年，随着高端产品的成熟，市场对 P3、P4 产品的需求将会逐渐增大；同时，随着时间的推移，客户的质量意识将不断提高，后几年可能会对企业是否通过了ISO 9001 认证和 ISO 14000 认证有更多的要求。

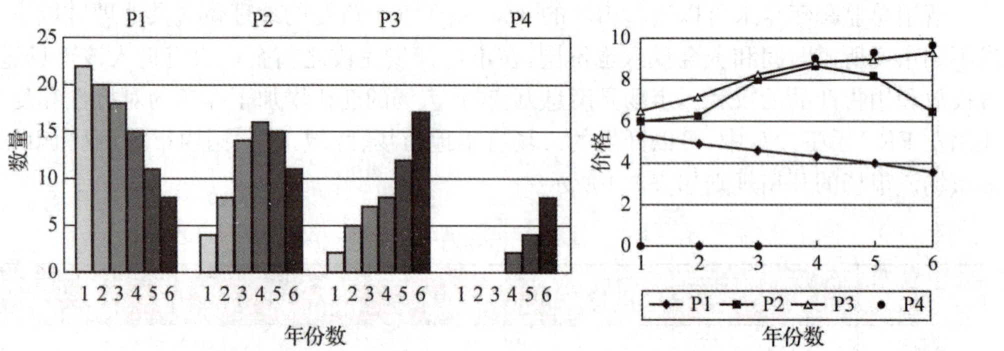

本地市场P系列产品需求量预测　　本地市场产品价格预测

图 3-1　本地市场产品的需求量及价格预测

(2) 区域市场分析。区域市场产品的需求量及价格预测如图 3-2 所示。由图 3-2 可知，区域市场的客户对 P 系列产品的喜好相对稳定，因此，市场需求量的波动也很有可能会比较平稳；因其紧邻本地市场，所以产品需求量的走势可能与本地市场相似，价格趋势也应大致相同；该市场的客户比较乐于接受新的事物，因此对于高端产品也会比较有兴趣；由于受到地域的限制，该市场的需求总量非常有限；这个市场上的客户相对比较挑剔，因此在未来几年，客户会对企业是否通过了 ISO 9001 认证和 ISO 14000 认证有较高的要求。

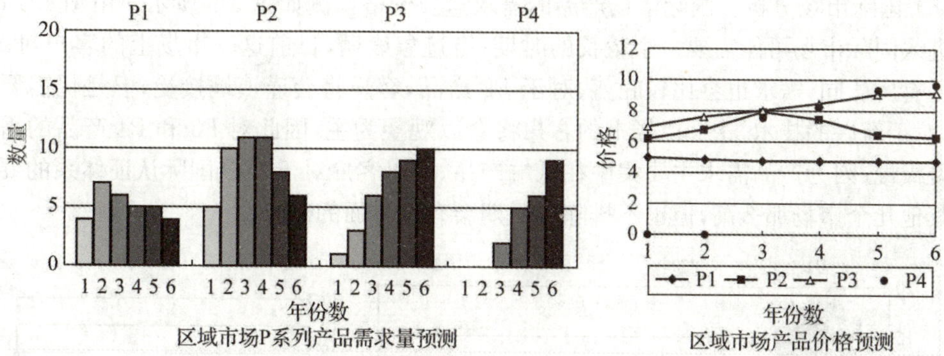

图 3-2　区域市场产品的需求量及价格预测

(3) 国内市场分析。国内市场产品的需求量及价格预测如图 3-3 所示。由图 3-3 可知，由于 P1 产品带有较浓的地域色彩，估计国内市场对 P1 产品不会有持久的需求；P2 产品更适合国内市场，估计需求会一直比较平稳；随着对 P 系列产品新技术的逐渐认同，对 P3 产品的需求会有较快增长；但是，这个市场上的客户对 P4 产品似乎并不那么认同；当然，对于高端产品来说，客户一定会更注重产品的质量保证。

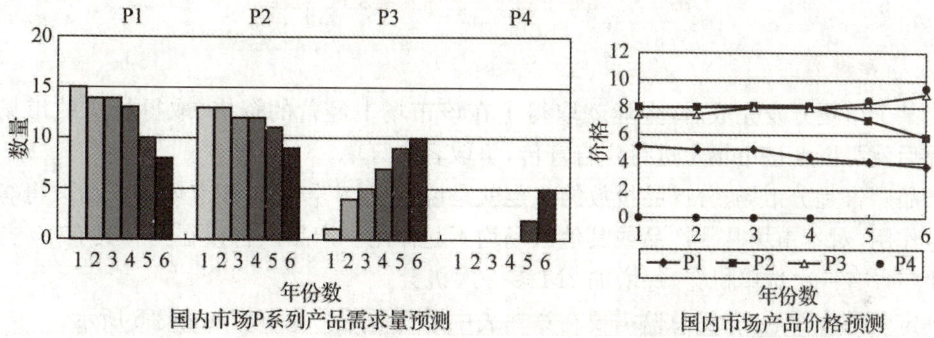

图 3-3　国内市场产品的需求量及价格预测

(4) 亚洲市场分析。亚洲市场产品的需求量及价格预测如图 3-4 所示。由图 3-4 可知，这个市场上的客户喜好一向波动较大，不易把握，所以对 P1 产品的需求可能起伏较大，估计 P2 产品的需求走势也会与 P1 相似；但是该市场对新产品很敏感，因此估计对 P3、P4 产品的需求会发展较快，价格也可能不菲；另外，这个市场的消费者很看重产品的质量，所以在未来几年里，如果企业没有通过 ISO 9001 和 ISO 14000 的认证，其产品可能很难销售。

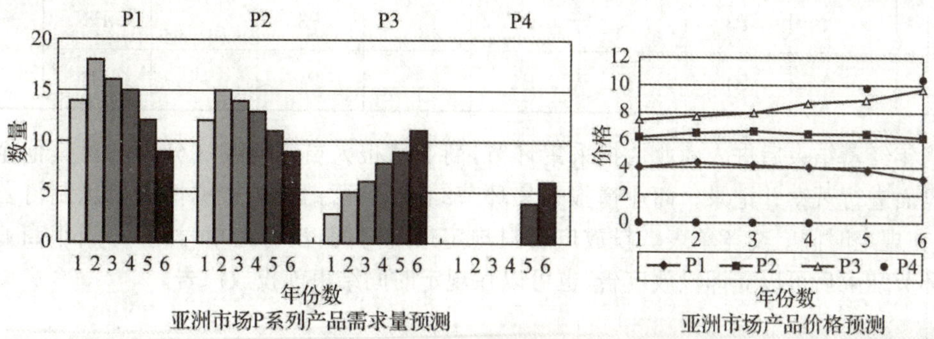

图 3-4　亚洲市场产品的需求量及价格预测

(5) 国际市场分析。国际市场产品的需求量及价格预测如图 3-5 所示。由图 3-5 可知,企业进入国际市场可能需要一个较长的时期;有迹象表明,目前这一市场上的客户对 P1 产品已经有所认同,需求也会比较旺盛;对于 P2 产品,客户将会谨慎地接受,但是仍需要一段时间;对于新兴的技术,这一市场上的客户将会以观望为主,因此对 P3 和 P4 产品的需求将会发展极慢;因为产品需求主要集中在低端产品,所以客户对于 ISO 国际认证体系的要求并不如其他几个市场那么高,但也不排除在后期会有这方面的需求。

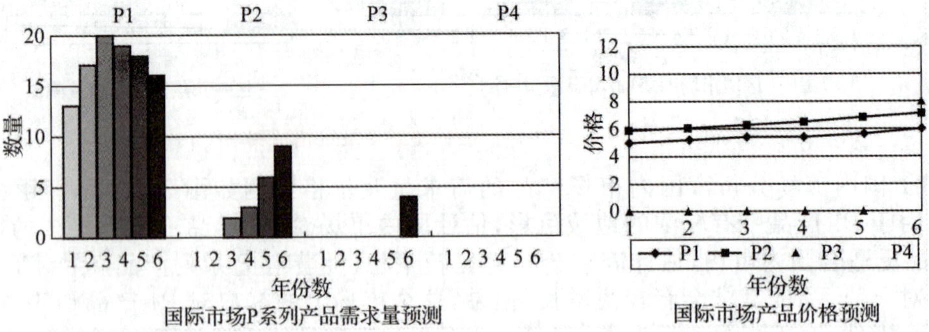

图 3-5 国际市场产品的需求量及价格预测

3. 广告投放

当某个市场开发完成后,企业就取得了在该市场上经营的资格(取得相应的市场准入证),此后就可以在该市场上进行广告宣传,争取客户订单。

产品广告是分市场、分产品投放的。也就是说,产品广告仅对该市场该产品取得客户订单发生作用,对本市场其他产品或其他市场均不起作用。产品广告仅在当年具有广告效应。投 1M 广告有一次选单机会,每增加 2M 多一次机会。

确定营销方案后,营销总监需要在竞单表中进行登记。竞单表如表 3-5 所示。

表 3-5 竞单表

第×年×组(本地)		第×年×组(区域)		第×年×组(国内)		第×年×组(亚洲)		第×年×组(国际)	
产 品	广 告	产 品	广 告	产 品	广 告	产 品	广 告	产 品	广 告
P1		P1		P1		P1		P1	
P2		P2		P2		P2		P2	
P3		P3		P3		P3		P3	
P4		P4		P4		P4		P4	

当年经营结束后进入商业情报采集环节,商业情报人员需要在 3 分钟内对其他企业的经营盘面进行观察并记录。商业情报采集环节结束后,营销总监根据情报信息制订营销方案,并在规定时间上交竞单表。投放广告只规定最晚时间,没有最早时间,即当年商业情报采集环节结束后可以立即投放广告,也可以在规定时间结束前投放广告。

4. 选单规则

各组在选择订单时，以本市场本产品广告投放额大小顺序依次选单。如果两组在本市场本产品的广告投放额相同，则在本市场广告投放总额高者先选单；如果两组在本市场广告投放总额也相同，则依上年本市场销售排名确定选单顺序；如果仍无法决定，则先投放广告者先选单。第一年无订单。

破产组可以参加选单，但是其每年用于广告投放的总额不能超过 6M。

产品订单(示例)如表 3-6 所示。账期代表客户收货时货款的交付方式。若为 0 账期，则现金付款；若为 2 账期，代表客户付给企业的是两个季度到期的应收账款。如果订单上标注了 ISO 9001 或 ISO 14000，那么要求生产单位必须取得相应的资格认证。

表 3-6　产品订单(示例)

第六年国内市场 P1 产品	
数量	2
单价	3.5
总额	7
账期	2
条件	加急 ISO 9001

表 3-6 代表的是第六年在国内市场上的 P1 产品的一张订单，产品数量为 2，售价为 3.5M/个，总价为 7M，交货后收到 2 账期应收账款，该订单要求企业具有 ISO 9001 质量资格认证，“加急”则要求企业第一季度交货。营销总监应按订单规定的数量交货，产品数量不够时不能交货。

有关产品资格认证的规则如表 3-7 所示。

表 3-7　有关产品资格认证的规则

认证体系	时　间	费　用	备　注
ISO 9001	1 年	1M/年	认证费用按认证时间在年末平均支付，不允许加速认证，但可以中断认证。ISO 认证完成后，领取相应的资格证
ISO 14000	2 年	2M/年	

需要注意的是，ISO 认证只能在第四季度末操作。必须在订单规定的时间内交货，也可以提前交货；若在订单规定的时间内未交货，则订单收回，同时按照订单销售金额的 20%进行罚款，罚金计算结果四舍五入，罚款计入损失。

三、用友 ERP 手工沙盘的生产规则

1. 厂房的购买、出售与租赁

可供企业选择的厂房有大厂房和小厂房两种。购买、出售与租赁厂房的规则如表 3-8 所示。

表 3-8　购买、出售与租赁厂房的规则

厂　房	买　价	容　量	租　金	售　价
大厂房	40M	6 条生产线	6M/年	40M

续表

厂房	买价	容量	租金	售价
小厂房	30M	4条生产线	3M/年	30M

厂房不计提折旧,可以随时按购买价格出售,得到的是4个账期的应收账款。

2. 生产线的购买、转产、维护、出售与折旧

可供企业选择的生产线有手工生产线、半自动生产线、全自动生产线和柔性生产线。不同生产线的区别主要在于生产效率、灵活性和价格。生产效率是指单位时间生产产品的数量;灵活性是指转产生产新产品时设备调整的难易程度。生产线的购买、转产、维护、出售与折旧的相关规定如表3-9所示。

表3-9 生产线的购买、转产、维护、出售与折旧的相关规定

生产线类型	购买价格	安装周期	生产周期	转产周期	转产费用	维护费	残值	折旧	折旧年限
手工生产线	5M	无	3Q	无	无	1M/年	1M	1M/年	4
半自动生产线	10M	2Q	2Q	1Q	1M	1M/年	2M	2M/年	4
全自动生产线	15M	3Q	1Q	2Q	2M	1M/年	3M	3M/年	4
柔性生产线	20M	4Q	1Q	无	无	1M/年	4M	4M/年	4

(1) 投资新生产线。投资新生产线时,按照安装周期平均支付投资,全部投资到位后的下一季度可以开始生产。资金短缺时,任何时候都可以中断投资。生产线开始建设及建成后,不允许在不同厂房移动。

(2) 生产线转产。生产线转产是指生产线建成后生产某种产品,之后要转为生产其他品种的产品。只有空的且已经建成的生产线方可转产。例如,半自动生产线原来生产P1产品,如要转为生产P2产品,需要改装生产线,因此需要停工一个季度,并支付1M改装费用,此费用计入其他费用中。

(3) 生产线维护。生产线的维护费用在每年年末支付。当年在建(未生产)的生产线不用支付维护费,如果建成已投入使用则需要交纳维护费;当年已售出的生产线不用支付维护费;转产中的生产线要交纳维护费。

(4) 生产线出售。不论何时出售生产线,从生产线净值中取出相当于残值的部分计入现金,净值与残值之差计入损失。

(5) 生产线折旧。固定资产在长期使用过程中实物形态保持不变,但因技术革新、使用、磨损及陈旧等原因会发生各种有形和无形的损耗。固定资产的服务能力随着时间的推移逐步消失,其价值也随之发生损耗。企业应采用合理的方法将其损耗分摊到各个经营期,记作每期的费用,并与当期营业收入相匹配。固定资产的成本随着逐期分摊转移到它所生产的产品中,这个过程被称为计提折旧。

在本规则中,所有生产线采用平均年限法计提折旧,折旧年限均为4年;当净值等于残值时生产线不再计提折旧,但可以继续使用,待生产线出售时按残值出售;当年建成的生产线当年不计提折旧;当年未使用、不需要的、出售的生产线照提折旧。

运营总监在投资建设生产线之后就要编制产品生产及设备投资计划表(见表3-10),对产品生产进行系统安排。

表 3-10 产品生产及设备投资计划表

生产线		第一年				第二年				第三年			
		一季度	二季度	三季度	四季度	一季度	二季度	三季度	四季度	一季度	二季度	三季度	四季度
手工生产线	产品生产		→	→	→	→ P1	→	→	→ P1	→	→	→ P2	→
	设备投资	5											
半自动生产线	产品生产			→	→	→ P1	→	→ P1	→	→ P1	→	→ P1	→
	设备投资	5	5										
全自动生产线	产品生产					→	→ P2	→ P2	→ P2	→ P2	→ P2	→ P2	→ P2
	设备投资		5	5	5								
柔性线生产线	产品生产					→	→ P2	→ P2	→ P2	→ P1	→ P1	→ P2	→ P2
	设备投资	5	5	5	5								
合计	完工产品					2P1	2P2	1P1＋2P2	1P1＋2P2	2P1＋1P2	P1＋P2	1P1＋3P2	2P2
	设备投资	15	15	10	10								

运营总监在最初计算生产线产能时可以使用生产线产能计算表,如表 3-11 所示。它可以帮助运营总监快速计算出本企业每年的产能。

表 3-11 生产线产能计算表

生产线类型	年初在制品状态	各季度完成的生产				年生产能力
		1	2	3	4	
手工生产线 四种状态	○ ○ ○	□	□	□	■	1
	● ○ ○	□	□	■	□	1
	○ ● ○	□	■	□	□	1
	○ ○ ●	■	□	□	■	2
半自动生产线 三种状态	○ ○	□	□	■	□	1
	● ○	□	■	□	■	2
	○ ●	■	□	■	□	2
柔性生产线/全自动生产线 两种状态	○	□	■	■	■	3
	●	■	■	■	■	4

注:“●”表示在线产品的位置,即在制品处于生产线生产周期的位置;“○”表示生产线上年初的在制品已经经过或尚未经过的生产过程;“■”表示生产线有完工产品的时期;“□”表示生产线无完工产品的时期。

3. 产品研发

企业最初可以生产并销售 P1 产品。根据市场预测,另有技术含量一次递增的 P2、P3、P4 三种产品有待开发。不同技术含量的产品需投入的研发时间和研发投资是不同的,产品研发规则如表 3-12 所示。

表 3-12 产品研发规则

产　品	研发时间	研发投资	总 投 资
P2	4Q	1M/Q	4M
P3	6Q	1M/Q	6M
P4	8Q	2M/Q	16M

各产品可同步研发,按研发周期平均支付研发投资,资金不足时可随时中断或终止,全部投资完成的下一季度方可开始生产。当产品研发投入完成后,可领取产品生产资格证,只有领取了产品生产资格证才可以生产此种产品。

4. 产品生产

产品的原材料有 R1、R2、R3 和 R4 四种,每种原材料售价均为 1M/个,本规则中没有批量采购优惠。每种产品由不同的原材料或原材料组合构成,每种产品在上线生产时均需支付 1M 的加工费用,每条生产线上只能同时生产一种产品。产品构成及成本情况如表 3-13 所示。

表 3-13　产品构成及成本情况

产品品种	原材料组成	加 工 费	直接成本
P1	R1	1M	2M
P2	R1＋R2	1M	3M
P3	2R2＋R3	1M	4M
P4	R2＋R3＋2R4	1M	5M

5. 原材料采购

运营总监要适时、适量、适价采购原材料。适时与产品生产计划和采购提前期相关，适量与生产计划和产品结构相关。

原材料不能在生产当期进行采购，因为供应商需要有供货周期。因此，每种原材料的采购要有采购提前期。不同的原材料采购提前期的要求不同，R1、R2 原材料需要一个季度的采购提前期，R3、R4 原材料需要两个季度的采购提前期。货物到达时，企业必须照单全收并按规定支付原材料费，若企业无法支付则面临破产。

如果企业需要当季购买没有订购的原材料，则需要紧急采购，付款即到货，原材料价格为材料直接成本的 2 倍；倘若紧急采购产成品，则价格为产品直接成本的 3 倍。

紧急采购原材料和产成品时，直接扣除现金。上报报表时，成本仍然按照标准成本记录，紧急采购多付出的成本计入费用表的损失项。

运营总监在进行原材料订购及原材料入库时要登记原材料采购计划表，如表 3-14 所示。

表 3-14　原材料采购计划表

第 2 年	第一季度				第二季度				第三季度				第四季度			
原材料	R1	R2	R3	R4	R1	R2	R3	R4	R1	R2	R3	R4	R1	R2	R3	R4
订购数量	2	2			3	2			2	2			3	1		
采购入库	4	2			2	2			3	2			2	2		
完成记录																

四、用友 ERP 手工沙盘的财务规则

1. 财务总监要登记的表格

财务总监负责企业每个季度经营活动的记录、核算和预算工作，具体如下：

(1) 填制经营流程表，如表 3-15 所示。

(2) 编制综合费用表、利润表(简表)和资产负债表(简表)，如表 3-16 至表 3-18 所示。

(3) 编制现金预算表，如表 3-19 所示。

表 3-15　经营流程表

第　组　第　年				
(1) 新年度规划会议		×	×	×
(2) 参加订货会/登记销售订单		×	×	×
(3) 制订新年度计划		×	×	×
(4) 支付税金		×	×	×
(5) 季初现金盘点				
(6) 更新短期贷款/还本付息/申请短期贷款				
(7) 原材料入库				
(8) 下原料订单				
(9) 更新生产/完工入库				
(10) 投资新生产线/变卖生产线/生产线转产				
(11) 开始下一批生产				
(12) 更新应收款				
(13) 出售厂房				
(14) 按订单交货				
(15) 产品研发投资				
(16) 支付行政管理费				
(17) 其他现金收支情况				
(18) 现金收入合计				
(19) 现金支出合计				
(20) 期末现金对账				
(21) 支付长期贷款利息/更新长期贷款/申请长期贷款	×	×	×	
(22) 支付设备维护费	×	×	×	
(23) 支付租金/购买厂房	×	×	×	
(24) 计提折旧	×	×	×	
(25) 新市场开拓/ISO 资格认证投资	×	×	×	
(26) 结账	×	×	×	

表 3-16　综合费用表

项　　目	金　　额
管理费	
广告费	
设备维护费	
转产费	
厂房租金	
新市场开拓	
ISO 资格认证	
产品研发	
其他	
合计	

表 3-17　利润表(简表)

项　　目	金　　额
销售收入	
直接成本	
毛利	
综合费用	
折旧前利润	
折旧	
支付利息前利润	
财务费用	
税前利润	
所得税	
净利润	

表 3-18　资产负债表(简表)

项　　目	金　　额	项　　目	金　　额
流动资产：		负债：	
现金		短期负债	
应收账款		一年内到期的长期负债	
在制品		应交税金	
产成品		长期负债	
原材料			
流动资产合计		负债合计	
固定资产：		所有者权益：	
土地和建筑		股东资本	

续表

项　目	金　额	项　目	金　额
机器与设备		利润留存	
在建工程		年度净利	
固定资产合计		所有者权益合计	
资产总计		负债和所有者权益总计	

注:库存折价销售、生产线变卖、紧急采购、订单违约等计入损失。

表 3-19　现金预算表

项　目	1Q	2Q	3Q	4Q
期初库存现金				
支付上年应交税金				
支付广告费				
短期贷款还款付息				
原材料采购支付				
生产线投资				
转产费				
支付的加工费				
收到现金前的所有支出				
贴现费用				
应收账款到期				
产品研发投资				
支付管理费				
支付长期贷款利息				
支付到期长期贷款				
设备维护费用				
支付租金/购买厂房				
市场开拓投资				
ISO认证投资				
其他				
期末库存现金余额				

2. 表格的具体填制方法

(1) 综合费用表。综合费用表用于记录企业一年的经营过程中发生的各项费用。财务总监应将本年度发生的各项费用合计数按照经营流程记录表如实填入综合费用表的每一项中。

(2) 利润表。利润表是核算企业本年度经营成果的报表,具体填制方式如下。

① 销售收入。销售收入按照企业本年销售产品的销售额合计数计算填入。

② 直接成本。直接成本按照企业本年销售产品的直接成本合计数计算填入。

③ 毛利。毛利按照"毛利=销售收入－直接成本"计算填入。

④ 综合费用。综合费用按照综合费用表的合计数填入。

⑤ 折旧前利润。折旧前利润按照“折旧前利润＝毛利－综合费用”计算填入。

⑥ 折旧。折旧按照第四季度末计提的设备折旧金额填入。

⑦ 支付利息前利润。支付利息前利润按照“支付利息前利润＝折旧前利润－折旧”计算填入。

⑧ 财务费用。财务费用按照企业本年度“贴现息＋利息”计算填入。

⑨ 税前利润。税前利润按照“税前利润＝支付利息前利润－财务费用”计算填入。

⑩ 所得税。当企业所有者权益超过初始权益时,企业应计算所得税。首次计算所得税的公式为

所得税＝(计算所得税前所有者权益－初始权益)×25%

之后每个盈利年度所得税计算公式为

所得税＝税前利润×25%

其计算结果四舍五入。

⑪ 净利润。净利润按照“净利润＝税前利润－所得税”计算填入。

(3) 资产负债表。资产负债表是核算企业财务状况的报表,其填制方法如下。

资产负债表的编制利用了会计恒等式“资产＝负债＋所有者权益”的原则。

资产是企业拥有或者控制的能以货币计量的经济资源。企业对经济资源的合理有效运用能为企业带来经济利益。资产的实质是能为企业提供未来经济利益的经济资源。按资产变现或耗用时间的长短,资产可分为流动资产和固定资产。

① 流动资产的填制。流动资产是对企业流动性较强资产的价值进行的核算。在 ERP 沙盘模拟经营中,流动资产包括现金、应收账款、在制品、产成品和原材料。

a. 现金:按照盘面上现金库中剩余现金的金额填入。

b. 应收账款:按照盘面上未收入现金库的应收账款的金额填入。

c. 在制品:盘点在生产线上生产的在制品价值,按照产品价值计算填入。

d. 产成品:按照成品库中所有产品的价值总和填入。

e. 原材料:按照原料库中已采购但未使用的原材料的价值总和填入。

f. 流动资产合计:按照资产负债表中“现金＋应收账款＋在制品＋产成品＋原材料”数值计算填入。

② 固定资产的填制。固定资产是对企业流动性较弱资产的价值进行的核算。在 ERP 沙盘模拟经营中,固定资产包括土地和建筑、机器与设备、在建工程。

a.

土地和建筑:若厂房是购买的,则将厂房价值填在此处;若厂房是租赁的,则不计入厂房价值。

b. 机器与设备:按照企业已建成生产线净值区的生产线价值填入,其数值应为生产线购置成本－已提取折旧。

c. 在建工程:按照企业尚未建成(未翻盘)的生产线价值填入,其数值应为尚未建成生产线的总投资。

d. 固定资产合计:按照资产负债表中“土地和建筑＋机器与设备＋在建工程”数值计算填入。

e. 资产总计:按照资产负债表中“流动资产合计＋固定资产合计”数值计算填入。

③ 负债的填制。负债是指企业所承担的能以货币计量、需以资产或劳务偿付的现时义务。按偿还期限的长短,负债分为短期负债和长期负债。在 ERP 沙盘模拟经营中,负债包括短期负债、一年内到期的长期负债、应交税金和长期负债。

a. 短期负债:按照盘面上今年借入的短期负债总额填入。

b. 应交税金:根据本年利润表中的"所得税"项填入。

c.
一年内到期的长期负债:如果本企业有明年就要归还的长期负债,则应该将金额填入此项中。

d. 长期负债:按照盘面上未归还的长期负债总额减去"一年内到期的长期负债"后填入。

e. 负债合计:按照资产负债表中"短期负债+一年内到期的长期负债+应交税金+长期负债"数值计算填入。

④ 所有者权益的填制。所有者权益是指企业投资人对企业净资产的所有权,包括投资人对企业的投入资本以及形成的资本公积、盈余公积和未分配利润等。在 ERP 沙盘模拟经营中,未将利润分配的因素考虑进资产负债表的核算,因此所有者权益包括股东资本、利润留存和年度净利。

a. 股东资本:股东资本为规则中的初始投资额,本规则规定股东资本为 66M。

b. 利润留存:按照上一年资产负债表中的"利润留存+年度净利"数值计算填入。

c. 年度净利:根据本年利润表中的"净利润"项填入。

d. 所有者权益合计:按照资产负债表中"股东资本+利润留存+年度净利"数值计算填入。

e. 负债和所有者权益总计:按照资产负债表中"负债合计+所有者权益合计"数值计算填入。

(4) 现金预算表。现金预算主要是规划预算期现金收入、现金支出和资金融通的一种财务预算。其填制方法如下。

① 期初库存现金:每期按照上一期资产负债表中的"库存现金"填列。

② 支付上年应交税金:在 1Q 填列,填列数据为上一年资产负债表中的"应交税金"。

③ 支付广告费:在 1Q 填列,按照本年广告投放的合计数填列本年的广告费。

④ 短期贷款还款利息:每期按照本期归还的短期贷款利息填列。

⑤ 原材料采购支付:每期按照本期支付的原材料款项填列,

⑥ 生产线投资:每期按照本期实际投建生产线支付的款项填列。

⑦ 转产费:在生产线转产当期,按照实际支付的转产费金额填列。

⑧ 支付的加工费:在产品上线生产当期,按照实际支付的加工费金额填列。

⑨ 收到现金前的所有支出:本行为计算填列。将本期中的支付上年应交税金、支付广告费、短期贷款还款利息、原材料采购支付、生产线投资、转产费、支付的加工费金额加总填列。

⑩ 贴现费用:如果本期有贴现,则按照本期应收款贴现后收到的金额填列。

⑪ 应收账款到期:如果本期有应收账款到期收款,则按照本期实际收款金额填列。

⑫ 产品研发投资:如果本期有产品研发行为,则按照本期产品研发投资的金额总和填列。

⑬ 支付管理费:按照本期实际支付的管理费金额填列。

⑭ 支付长期贷款利息:如果本期有支付长期贷款利息的行为,则按照实际支付的长期贷款利息金额填列。

⑮ 支付到期长期贷款:如果本期有归还长期贷款的行为,则按照实际支付的长期贷款金额填列。

⑯ 设备维护费:按照本期实际支付的设备维护费总金额填列。

⑰ 支付租金/购买厂房:在初次在厂房中建设生产线的当期支付厂房的租金或购买价款,按照实际支付的租金或购买价款填列。如果是租赁厂房,则在厂房使用的每一年中的这

一期支付租金。

⑱ 市场开拓投资：如果本期有市场开拓的行为，则按照本期实际市场开拓投资总金额填列。

⑲ ISO 认证投资：如果本期有投资 ISO 认证的行为，则按照本期实际投资 ISO 认证的总金额填列。

⑳ 其他：一般记录出售设备、出售厂房、出售原材料、出售产品等特殊行为实际支付或者收回的金额。如果是支付现金则记录为“－”。

㉑ 期末库存现金余额：本行为计算填列。其计算公式为

期末库存现金余额＝当期期初库存现金－当期收到现金前所有支出－贴现费用＋应收款到期－产品研发投资－支付管理费－支付长期贷款利息－支付到期长期贷款－设备维护费－支付租金/购买厂房－市场开拓投资－ISO 认证投资＋其他

模块三　用友 ERP 手工沙盘模拟的信息传递模式

一、首席执行官的信息传递流程

首席执行官的信息传递流程如图 3-6 所示。

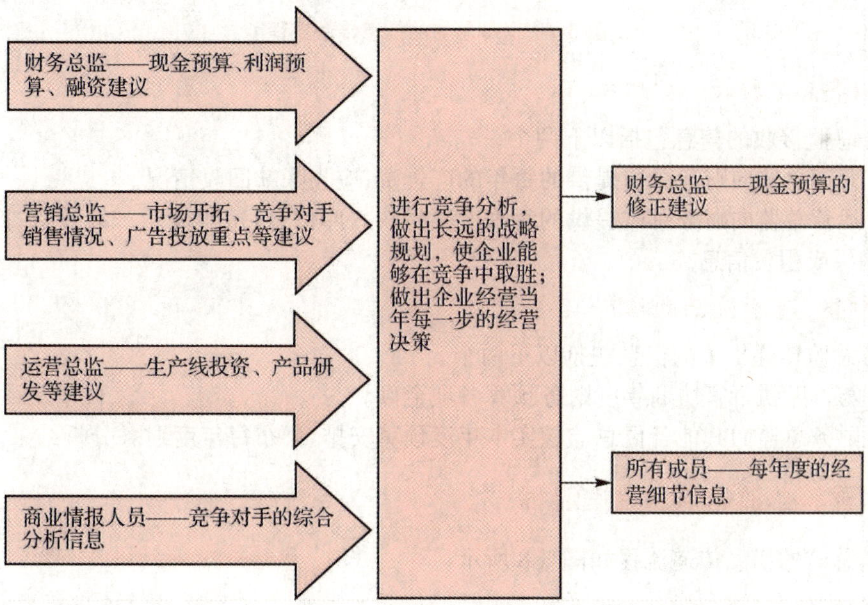

图 3-6　首席执行官的信息传递流程

1. 首席执行官接收的信息

首席执行官接收的信息包括以下四个。

(1) 财务总监向首席执行官提供每季度的现金预算、利润预算及融资建议。

(2) 营销总监向首席执行官提供市场开拓、竞争对手销售情况、广告投放重点等建议。

(3) 运营总监向首席执行官提供生产线投资、产品研发等建议。

(4) 商业情报人员向首席执行官提供竞争对手的综合分析信息。

2. 首席执行官传递出去的信息

首席执行官传递出去的信息包括以下两个。

(1) 首席执行官向财务总监传递现金预算的修正建议。

(2) 首席执行官向每位团队成员传递每年度的经营细节信息,包括生产线投资、产品研发、市场开拓、广告投放、产品生产安排、厂房的购买或租赁等信息。

二、财务总监的信息传递流程

财务总监的信息传递流程如图 3-7 所示。

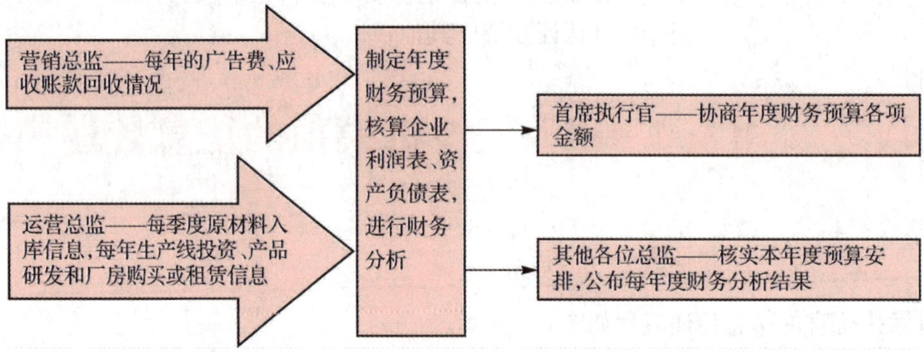

图 3-7 财务总监的信息传递流程

1. 财务总监接收的信息

财务总监接收的信息包括以下两个。

(1) 营销总监向财务总监提供的每年的广告费、应收账款回收情况。

(2) 运营总监向财务总监提供的每季度原材料入库信息,每年度生产线投资、产品研发和厂房购买或租赁信息。

2. 财务总监传递出的信息

财务总监传递出去的信息包括以下两个。

(1) 与首席执行官协商年度财务预算各项金额。

(2) 财务总监向其他各位总监核实本年度预算安排,公布每年度财务分析结果。

三、营销总监的信息传递流程

营销总监的信息传递流程如图 3-8 所示。

1. 营销总监接收的信息

营销总监接收的信息包括以下三个。

(1) 年初投放广告之前运营总监传递的产能信息。

(2) 商业情报人员每年巡盘之后收集来的竞争对手的市场开拓、产品研发、生产等方面的信息。

(3) 财务总监在投放广告前对广告投放额的要求和对产品销售收款情况的要求。

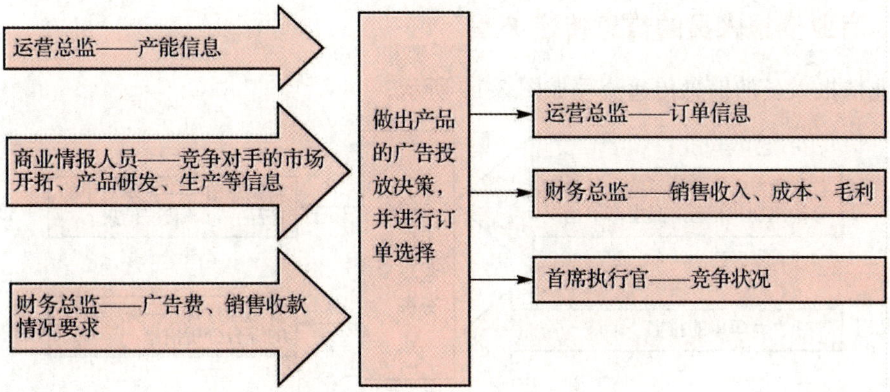

图 3-8 营销总监的信息传递流程

2. 营销总监传递出去的信息

营销总监传递出去的信息包括以下三个。

(1) 营销总监拿到销售订单后向运营总监传递订单信息。

(2) 营销总监拿到销售订单后向财务总监传递销售收入、成本、毛利状况。

(3) 营销总监向首席执行官传递本年度市场竞争状况，以便首席执行官及时根据竞争状况调整策略，确保企业在竞争中取胜。

四、运营总监的信息传递流程

运营总监的信息传递流程如图 3-9 所示。

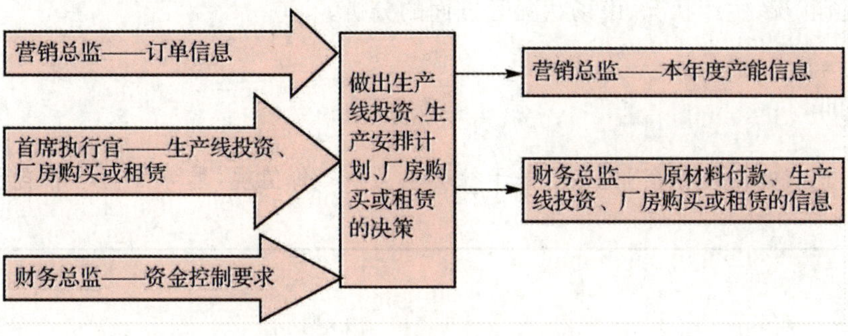

图 3-9 运营总监的信息传递流程

1. 运营总监接收的信息

运营总监接收的信息包括以下三个。

(1) 营销总监拿到销售订单后向运营总监传递订单信息。

(2) 首席执行官在年初做好生产线投资、厂房购买或租赁的决策，传递给运营总监。

(3) 财务总监将原材料入库、生产线投入的资金控制要求等信息传递给运营总监。

2. 运营总监传递出去的信息

运营总监传递出去的信息包括以下两个。

(1) 运营总监年初向营销总监传递本年度产能信息。

(2) 运营总监向财务总监传递原材料付款、生产线投资、厂房购买或租赁的信息。

五、商业情报人员的信息传递流程

商业情报人员的信息传递流程如图 3-10 所示。

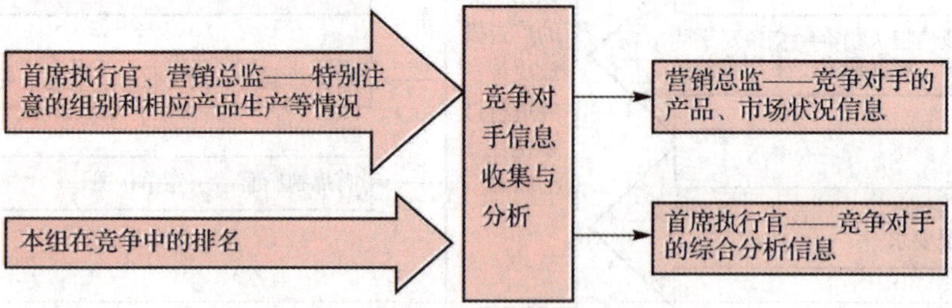

图 3-10　商业情报人员的信息传递流程

1. 商业情报人员接收的信息

商业情报人员接收的信息包括以下两个。

(1) 首席执行官、营销总监提示注意的组别和相应产品生产等情况。

(2) 本组在竞争中的排名,以锁定竞争对手。

2. 商业情报人员传递出去的信息

商业情报人员传递出去的信息包括以下两个。

(1) 商业情报人员向营销总监传递竞争对手的产品、市场状况信息,包括产品研发、市场开拓、生产线建设、产品生产等信息。

(2) 商业情报人员向首席执行官传递竞争对手的综合分析信息,包括对竞争对手的现金状况、融资状况、生产状况、市场状况等方面的分析。

微实训

请从自己所在的虚拟企业出发,基于社会主义核心价值观,思考如何培养自己团队的合作精神。

模块四　学生实训总结

一、首席执行官的实训总结

每一轮经营结束,企业的首席执行官应从以下几个方面进行总结。

(1) 本企业的经营结果是否达到预期目标。

(2) 从经营目标的设定与达成、市场状况、财务状况、生产安排状况来分析本企业每年的经营状况，以及本企业在市场中的地位。

(3) 本企业在经营过程中存在哪些问题，有哪些环节需要改进。

(4) 如何对本企业经营过程中的问题进行改进。

(5) 在与其他组员合作的过程中，沟通是否顺畅。

二、财务总监的实训总结

每一轮经营结束，企业的财务总监应从以下几个方面进行总结。

(1) 本轮财务报表的编制是否正确、规范。

(2) 财务预算的编制是否接近企业的实际经营状况，如何能够使预算更准确。

(3) 财务费用是否合理控制，银行借款额度是否使用恰当，有无现金流太紧或太松的状况，如何进行改进。

(4) 企业各项支出是否存在不合理的资金占用，如何与各组员沟通提升资金的利用效率。

(5) 与其他组员的沟通是否顺畅。

三、营销总监的实训总结

每一轮经营结束，企业的营销总监应从以下几个方面进行总结。

(1) 本企业最初设立的产品市场目标是否达成。

(2) 对比其他组分析本企业每年的广告投放效益，以及本组的市场策略。

(3) 分析本企业的市场策略、广告投放及选单过程中存在的问题。

(4) 如何对本企业的市场策略、广告投放和选单方式进行改进。

(5) 与其他组员的沟通是否顺畅。

四、运营总监的实训总结

每一轮经营结束，企业的运营总监应从以下几个方面进行总结。

(1) 本企业的厂房设立、生产线安排以及原材料的订购总体是否合理，是否影响企业的经营效益。

(2) 每一年本企业的生产线与产品的配套安排是否存在问题，生产线的建设进度是否可以更加完善。

(3) 每一年原材料的订购是否可以更加完善，以便减少企业资金压力并使生产安排足够灵活。

(4) 与其他组员的沟通是否顺畅。

五、商业情报人员的实训总结

每一轮经营结束，企业的商业情报人员应从以下几个方面进行总结。

(1) 本轮收集的竞争对手市场状况、产品状况信息是否准确。如果有偏差要找到偏差的原因，并及时更正信息。

(2) 本轮收集并总结的竞争对手现金状况、融资状况、生产状况等信息是否准确。如果有偏差要找到偏差的原因，并及时更正信息。

(3) 本轮基于情报对竞争对手的行动预测是否准确。如有偏差应及时更正对竞争对手的行动判断。

(4) 重新梳理本企业的竞争对手。

模块五　用友 ERP 手工沙盘实战演练

下面以一个模拟企业(B 组)的身份来进行六年的模拟经营。

一、第一年经营

1. 第一季度

(1) 新年度规划会议。由首席执行官和组员商议决定本年将建设 3 条手工线、2 条柔性线,主要用于生产 P1、P3 产品;租赁大厂房;开拓多个市场。运营总监编制本年度产品生产及设备投资计划表(见表 3-20)和原材料采购计划表(见表 3-21)。

表 3-20　产品生产及设备投资计划表(B 组第一年)

生产线		第一年			
		第一季度	第二季度	第三季度	第四季度
柔性线	产品生产				
	设备投资	5	5	5	5
柔性线	产品生产				
	设备投资	5	5	5	5
手工线	产品生产		P1 ——→		
	设备投资	5			
手工线	产品生产		P1 ——→		
	设备投资	5			
手工线	产品生产		P1 ——→		
	设备投资	5			
合计	完工产品				
	设备投资	25	10	10	10

表 3-21　原材料采购计划表(B 组第一年)

第一年	第一季度				第二季度				第三季度				第四季度			
原材料	R1	R2	R3	R4	R1	R2	R3	R4	R1	R2	R3	R4	R1	R2	R3	R4
订购数量	3												5			
采购入库					3											
完成记录																

(2) 季初现金盘点。企业现有股东初始投资 66M。财务总监盘点现金库金额,确认为 66M。

(3) 更新短期贷款。财务总监确认本期资金充足,无须进行借款。

(4) 原材料入库。运营总监确认本期并无入库原材料。

(5) 下原料订单。运营总监根据原材料采购计划表下 3 个 R1 原材料订单,将 3 个 R1 原材料放在 R1 原料库前方"在途"处。

(6) 投资新生产线。运营总监开始投资生产线,确认需支出 10M 用于投资两条柔性线,15M 用于投资 3 条手工线。从财务总监处领取 25M,从指导教师处领取两条柔性线和 3 条手工线放在大厂房内的生产线位置。柔性线因为没有建成,因此白面朝上。手工线已经建成,因此正面朝上。分别在 5 条生产线的"净值"区放上每条生产线的投资金额 5M,在手工线下方的标识上放置"P1 产品"标识,在柔性线下方的标识上放置"P3 产品"标识。

财务总监在经营流程表"投资新生产线/变卖生产线/生产线转产"处记录−25。

(7) 开始下一批生产。运营总监确认本期并无能够生产的生产线。

(8) 产品研发投资。运营总监确认投资 P3 产品,从财务总监处领取 1M 放置在 P3 产品资格处。

财务总监在经营流程表"产品研发投资"处记录−1。

(9) 支付行政管理费。财务总监支付 1M 行政管理费,放在盘面的"管理费"上,并在经营流程表"支付行政管理费"处记录−1。

(10) 期末现金对账。财务总监将本季度收入、支出合计填列在经营流程表中,将结余现金填入"期末现金对账",结余现金为 39M。该数值与现金库现金一致,对账结束,进入下一季度。

2. 第二季度

(1) 季初现金盘点。财务总监在经营流程表的此项填列一季度季末现金 39M。

(2) 更新短期贷款。财务总监确认本期资金充足,无须进行借款。

(3) 原材料入库。运营总监根据原材料采购计划确认本期需入库 3 个 R1 原材料,将 3 个 R1 在途原材料推入 R1 原材料库,并从财务总监处支付原材料费 3M。

财务总监在经营流程表的"原材料入库"处记录−3。

(4) 下原材料订单。运营总监根据原材料采购计划表确认本期无须下原材料订单。

(5) 投资新生产线。运营总监开始投资生产线,确认需支出 10M 用于继续投资两条柔性线,从财务总监处支取 10M 放在两条正在建设的柔性线净值区。

财务总监在经营流程表的"投资新生产线/变卖生产线/生产线转产"处记录−10。

(6) 开始下一批生产。运营总监根据产品生产及设备投资计划表确认 3 条手工线可以开始生产 P1 产品,因此将 3 个 P1 产品的原材料 3 个 R1 从原材料库取出,分别放在 3 条手工线的第一个框内;同时从财务总监处支取 3M 加工费,分别放在 3 个 R1 的上面,构成 P1 产品。

财务总监在经营流程表的"开始下一批生产"处记录−3。

(7) 产品研发投资。运营总监确认投资 P3 产品,从财务总监处领取 1M 放置在 P3 产品资格处。

财务总监在经营流程表的"产品研发投资"处记录−1。

(8) 支付行政管理费。财务总监支付 1M 行政管理费,放在盘面的"管理费"上,并在经营流程表的“支付行政管理费”处记录−1。

(9) 期末现金对账。财务总监将本季度收入、支出合计填列在经营流程表中,将结余现金填入“期末现金对账”,结余现金为 21M。该数值与现金库现金一致,对账结束,进入下一季度。

3. 第三季度

(1) 季初现金盘点。财务总监在经营流程表的此项填列二季度季末现金 21M。

(2) 更新短期贷款。财务总监确认本期无须借入短期借款。

(3) 原材料入库。运营总监确认本期并无入库原材料。

(4) 下原材料订单。运营总监确认本期无须下原材料订单。

(5) 更新生产/完工入库。运营总监将手工线上的产品推向下一格内。

(6) 投资新生产线。运营总监开始投资生产线,确认需支出 10M 用于继续投资两条柔性线,将资金分别放在两条生产线下的净值区。

财务总监在经营流程表的“投资新生产线/变卖生产线/生产线转产”处记录−10。

(7) 开始下一批生产。运营总监确认本期并无能够生产的生产线。

(8) 产品研发投资。运营总监确认投资 P3 产品,从财务总监处领取 1M 放置在 P3 产品资格处。

财务总监在经营流程表的“产品研发投资”处记录−1。

(9) 支付行政管理费。财务总监支付 1M 行政管理费,放在盘面的“管理费”上,并在经营流程表的“支付行政管理费”处记录−1。

(10) 期末现金对账。财务总监将本季度收入、支出合计填列在经营流程表中,将结余现金填入“期末现金对账”,结余现金为 9M。该数值与现金库现金一致,对账结束,进入下一季度。

4. 第四季度

(1) 季初现金盘点。财务总监在经营流程表的此项填列三季度季末现金 9M。

(2) 更新短期贷款。财务总监确认本期需借入短期贷款 20M,因此从银行处借入 20M,将现金放入现金库,同时将 20M 贷款标志放入空桶,然后将桶放在短期贷款的 Q4 上。财务总监在经营流程表的“更新短期贷款/还本付息/申请短期贷款”处记录 20。

(3) 原材料入库。运营总监确认本期并无入库原材料。

(4) 下原材料订单。运营总监根据原材料采购计划表确认本期需下 5 个 R1 原材料订单,将 5 个 R1 原材料放在相应原材料库对应的“在途”位置。

(5) 更新生产/完工入库。运营总监将手工线上的产品推向下一格内。

(6) 投资新生产线。运营总监开始投资生产线,确认需支出 10M 用于继续投资两条柔性线。

财务总监在经营流程表的“投资新生产线/变卖生产线/生产线转产”处记录−10。

(7) 开始下一批生产。运营总监确认本期并无能够生产的生产线。

(8) 产品研发投资。运营总监确认投资 P3 产品,从财务总监处领取 1M 放置在 P3 产品资格处。

财务总监在经营流程表的“产品研发投资”处记录−1。

(9) 支付行政管理费。财务总监支付 1M 行政管理费,放在盘面的“管理费”上,并在经营流程表的“支付行政管理费”处记录−1。

(10) 申请长期贷款。财务总监认为企业需要借入长期贷款 40M，因此从银行处借入 40M，将现金放入现金库，同时将 40M 贷款标志放入空桶，然后将桶放在长期贷款的 FY5 上。财务总监在经营流程表的“支付长期贷款利息/更新长期贷款/申请长期贷款”处记录 40。

(11) 支付设备维护费。企业今年有 3 条建成的生产线，因此需支付设备维护费 3M，由财务总监将 3M 放在盘面的“维护费”处，并在经营流程表的“支付设备维护费”处记录−3。

(12) 支付租金。本年企业需支付大厂房租金 6M，由财务总监从现金库拿出 6M 放在盘面上“租金”的位置，并在经营流程表的“支付租金/购买厂房”处记录−6。

(13) 计提折旧。本年企业柔性线未建成，因此无须计提折旧；手工线建成第一年不计提折旧，下一年计提折旧。

(14) 新市场开拓/ISO 资格认证投资。营销总监确认本企业本年开拓本地市场、区域市场和国内市场，不投资 ISO 认证。因此，财务总监支付给营销总监 3M，营销总监分别在本地市场、区域市场和国内市场处放置 1M。企业已获得本地市场、区域市场准入资格，因此营销总监可以领取本地市场、区域市场准入标识放在盘面本地市场、区域市场准入处。

财务总监在经营流程表的“新市场开拓/ISO 资格认证投资”处记录−3。

(15) 结账。财务总监计算年底结账金额为 45，与盘面金额核对一致。

年末财务总监编制综合费用表(见表 3-22)、利润表(见表 3-23)和资产负债表(见表 3-24)。

表 3-22　综合费用表(B 组第一年)

项　目	金　额
管理费	4
广告费	0
设备维护费	3
转产费	0
厂房租金	6
新市场开拓	3
ISO 资格认证投资	0
产品研发	4
其他	0
合计	20

表 3-23　利润表(B 组第一年)

项　目	金　额
销售收入	0
直接成本	0
毛利	0
综合费用	20

续表

项　目	金　额
折旧前利润	—20
折旧	0
支付利息前利润	—20
财务费用	0
税前利润	—20
所得税	0
净利润	—20

表 3-24　资产负债表(B 组第一年)

项　目	金　额	项　目	金　额
流动资产：		负债：	
现金	45	短期负债	20
应收账款	0	一年内到期的长期负债	0
在制品	6	应交税金	0
流动资产：		负债：	
产成品	0	长期负债	40
原材料	0		
流动资产合计	51	负债合计	60
固定资产：		所有者权益：	
土地和建筑	0	股东资本	66
机器与设备	15	利润留存	0
在建工程	40	年度净利	—20
固定资产合计	55	所有者权益合计	46
资产总计	106	负债和所有者权益总计	106

模拟企业第一年的经营流程表如表 3-25 所示。

表 3-25　模拟企业第一年的经营流程表(B 组)

第 B 组　第　一　年				
(1) 新年度规划会议		╳	╳	╳
(2) 参加订货会/登记销售订单		╳	╳	╳
(3) 制订新年度计划		╳	╳	╳
(4) 支付税金		╳	╳	╳
(5) 季初现金盘点	66	39	21	9
(6) 更新短期贷款/还本付息/申请短期贷款				20

续表

(7) 原材料入库		−3		
(8) 下原材料订单				
(9) 更新生产/完工入库				
(10) 投资新生产线/变卖生产线/生产线转产	−25	−10	−10	−10
(11) 开始下一批生产		−3		
(12) 更新应收款				
(13) 出售厂房				
(14) 按订单交货				
(15) 产品研发投资	−1	−1	−1	−1
(16) 支付行政管理费	−1	−1	−1	−1
(17) 其他现金收支情况				
(18) 现金收入合计				
(19) 现金支出合计	−27	−18	−12	
(20) 期末现金对账	39	21	9	
(21) 支付长期贷款利息/更新长期贷款/申请长期贷款				40
(22) 支付设备维护费				−3
(23) 支付租金/购买厂房				−6
(24) 计提折旧				
(25) 新市场开拓/ISO 资格认证投资				−3
(26) 结账				45

二、第二年经营

1. 第一季度

(1) 参加订货会。运营总监计算出本年本企业产能为 10 个 P1、2 个 P3，将数量告知营销总监。

营销总监在规定时间内投放广告，并在订货会上按照产量结合市场价格和应收账款账期进行选单。

营销总监本年投入广告费 20M。第二年各组投放广告情况如表 3-26 所示，B 组选取的产品订单如表 3-27 所示。

财务总监支付广告费 20M，放在盘面“广告费”处，并在经营流程表的“参加订货会/登记销售订单”处记录−20。

表 3-26　第二年各组投放广告情况

企　业	本地市场						区域市场					
	P1	P2	P3	P4	9K	14	P1	P2	P3	P4	9K	14
A	5	8					1	7				
B	10								10			
C	1						10	10				
D	4	4						6				
E	8	9	8									
F							5	8	4			

表 3-27　第二年 B 组选取的产品订单

序　号	年份数	市　场	产　品	数　量	价　格	收　入	账　期	条　件
1	2	本地	P1	6	4.8	29	2	
2	2	区域	P3	2	7.5	15	2	

(2) 制订新年度计划。首席执行官了解营销总监的选单情况后认为企业产能过剩，本年无其他进一步投资项目。

运营总监根据营销总监提供的订单进行生产安排，并填制产品生产及设备投资计划表(见表 3-28)和原材料采购计划表(见表 3-29)。

表 3-28　产品生产及设备投资计划表(B 组第二年)

生产线		第一年				第二年			
		第一季度	第二季度	第三季度	第四季度	第一季度	第二季度	第三季度	第四季度
柔性线	产品生产					P1 →	P1 →	P3 →	P3
	设备投资	5	5	5	5				
	产品生产					P1 →	P1 →	P3 →	P3
	设备投资	5	5	5	5				
手工线	产品生产		P1 →	→	→	P1 →	→	→	P1
	设备投资	5							
	产品生产		P1 →	→	→	P1 →	→	→	P1
	设备投资	5							
	产品生产		P1 →	→	→	P1 →	→	→	P1
	设备投资	5							
合计	完工产品					3P1	2P1	2P1	3P1+2P3
	设备投资	25	10	10	10				

表 3-29　原材料采购计划表(B 组第二年)

第一年	第一季度				第二季度				第三季度				第四季度			
原材料	R1	R2	R3	R4	R1	R2	R3	R4	R1	R2	R3	R4	R1	R2	R3	R4
订购数量	3												5			
采购入库					3											
完成记录																
第二年	第一季度				第二季度				第三季度				第四季度			
原材料	R1	R2	R3	R4	R1	R2	R3	R4	R1	R2	R3	R4	R1	R2	R3	R4
订购数量	2		2			4	2		3	4	2			4		
采购入库	5				2					4	2		3	4	2	
完成记录																

(3) 季初现金盘点。财务总监核算季初现金为 25(45－20)M,盘点盘面现金金额相符。

(4) 申请短期贷款。财务总监确认本期无须借入短期贷款,并将短期贷款处的桶推到 Q3 处。

(5) 原材料入库。运营总监将在途原材料 5 个 R1 推入相应的原料库,并从财务总监处支取 5M 用于支付原材料费。

财务总监在经营流程表的“原材料入库”处记录－5。

(6) 下原材料订单。运营总监按照原材料采购计划表下原材料订单:2 个 R1、2 个 R3。分别将原材料放在相应的原料库外“在途”的位置。

(7) 更新生产/完工入库。运营总监将手工线上的产品推入成品库。

财务总监在经营流程表的“更新生产/完工入库”处标记“√”。

(8) 投资新生产线。运营总监确认本期没有投资生产线的安排。正在建设的柔性线已经建成,运营总监将生产线正面朝上放置,表示可以安排生产。

(9) 开始下一批生产。运营总监确认两条柔性线和 3 条手工线均可开始生产,将原材料从原材料库中取出,按照产品生产及设备投资计划表的安排将产品对应的原材料放在相应的生产线上。由于 5 条生产线在本季度均安排生产 P1 产品,因此分别将 5 个 R1 放在 5 条生产线上,同时从财务总监处支取 5M 加工费,每条生产线上放置 1M 加工费。

财务总监在经营流程表的“开始下一批生产”处记录－5。

(10) 更新应收款。财务总监确认本期无应收款入账。

(11) 按订单交货。营销总监确认本期没有能够交货的产品。

(12) 产品研发投资。运营总监确认继续进行 P3 产品研发投资,从财务总监处支取 1M 放在 P3 产品生产资格的位置。

财务总监在经营流程表的“产品研发投资”处记录－1。

(13) 支付行政管理费。财务总监支付 1M 行政管理费,放在盘面的“管理费”上,并在经营流程表的“支付行政管理费”处记录－1。

(14) 期末现金对账。财务总监将本季度收入、支出合计填列在经营流程表中,将结余现金填入“期末现金对账”,结余现金为 13M。该数值与现金库现金一致,对账结束,进入下一季度。

2. 第二季度

(1) 季初现金盘点。财务总监核算季初现金为13M,盘点盘面现金金额相符。

(2) 申请短期贷款。财务总监确认本期无须借入短期贷款,并将短期贷款处的桶推到Q2处。

(3) 原材料入库。运营总监将在途原材料2个R1推入相应的原料库,并从财务总监处支取2M用于支付原材料费。

财务总监在经营流程表的"原材料入库"处记录－2。

(4) 下原材料订单。运营总监按照原材料采购计划表下原材料订单:4个R2、2个R3。分别将原材料放在相应的原料库外"在途"的位置。

(5) 更新生产/完工入库。运营总监确认将两条柔性线上的产品推入P1成品库,手工线上的产品向成品库方向推进一格。

财务总监在经营流程表的"更新生产/完工入库"处标记"√"。

(6) 投资新生产线。运营总监确认本期没有投资生产线的安排。

(7) 开始下一批生产。运营总监确认两条柔性线均可开始生产,将原材料从原料库中取出,按照产品生产及设备投资计划表的安排将产品对应的原材料放在相应的生产线上。由于两条生产线在本季度均安排生产P1产品,因此分别将2个R1放在两条生产线上,同时从财务总监处支取2M加工费,每条生产线上放置1M加工费。

财务总监在经营流程表的"开始下一批生产"处记录－2。

(8) 更新应收款。财务总监确认本期无应收款入账。

(9) 按订单交货。营销总监确认本季无可交货订单。

(10) 产品研发投资。运营总监确认继续进行P3产品研发投资,从财务总监处支取1M放在P3产品生产资格的位置。由于P3产品的研发已经完成,因此可以领取P3产品的生产资格标识放在相应位置。

财务总监在经营流程表的"产品研发投资"处记录－1。

(11) 支付行政管理费。财务总监支付1M行政管理费,放在盘面的"管理费"上,并在经营流程表的"支付行政管理费"处记录－1。

(12) 期末现金对账。财务总监将本季度收入、支出合计填列在经营流程表中,将结余现金填入"期末现金对账",结余现金为7M。该数值与现金库现金一致,对账结束,进入下一季度。

3. 第三季度

(1) 季初现金盘点。财务总监核算季初现金为7M,盘点盘面现金金额相符。

(2) 申请短期贷款。财务总监确认为了本期经营和归还下一期的短期贷款本息,本期需借入短期贷款40M。财务总监从银行处借入40M放入现金库,同时将40M贷款标志放入空桶,然后将桶放在短期贷款的Q4上,同时将之前短期贷款处的桶推到Q1处,并在经营流程表的"更新短期贷款/还本付息/申请短期贷款"处记录40。

(3) 原材料入库。运营总监将在途原材料4个R2、2个R3推入相应的原料库,并从财务总监处支取6M用于支付原材料费。

财务总监在经营流程表的"原材料入库"处记录－6。

(4) 下原材料订单。运营总监按照原材料采购计划表下原材料订单:3个R1、4个R2、

2 个R3。分别将原材料放在相应的原料库外“在途”的位置。

(5) 更新生产/完工入库。运营总监确认将两条柔性线上的产品推入 P1 成品库，同时将手工线上的产品向前推进一格。

财务总监在经营流程表的“更新生产/完工入库”处标记“√”。

(6) 投资新生产线。运营总监确认本期没有投资生产线的安排。

(7) 开始下一批生产。运营总监确认两条柔性线均可开始生产，将原材料从原材料库中取出，按照产品生产及设备投资计划表的安排将产品对应的原材料放在相应的生产线上。由于本季度可以进行 P3 产品的生产，运营总监安排两条柔性线生产 P3 产品，因此分别将产品对应原材料 4 个 R2 和 2 个 R3 放在两条生产线上，同时从财务总监处支取 2M 加工费，每条生产线上放置 1M 加工费。

财务总监在经营流程表的“开始下一批生产”处记录－2。

(8) 更新应收款。财务总监确认本期无应收款入账。

(9) 按订单交货。营销总监确认本季可上交 6 个 P1 的订单。营销总监从 P1 产品库中取出 6 个 P1 产品交给指导教师，并拿回 29M 放在应收账款的二期上。

(10) 产品研发投资。运营总监确认本期无须进行产品研发投资。

(11) 支付行政管理费。财务总监支付 1M 行政管理费，放在盘面的“管理费”上，并在经营流程表的“支付行政管理费”处记录－1。

(12) 期末现金对账。财务总监将本季度收入、支出合计填列在经营流程表中，将结余现金填入“期末现金对账”，结余现金为 38M。该数值与现金库现金一致，对账结束，进入下一季度。

4. 第四季度

(1) 季初现金盘点。财务总监核算季初现金为 38M，盘点盘面现金金额相符。

(2) 更新短期贷款/还本付息/申请短期贷款。财务总监将短期贷款处 Q1 的桶拿走，并从现金库取出 21M，归还短期贷款本金 20M、利息 1M。同时将短期贷款 Q4 处的桶向现金库方向推进一格到 Q3。

财务总监在经营流程表的“更新短期贷款/还本付息/申请短期贷款”处记录－21。

(3) 原材料入库。运营总监将在途原材料 3 个 R1、4 个 R2 和 2 个 R3 推入相应的原料库，并从财务总监处支取 9M 用于支付原材料费。

财务总监在经营流程表的“原材料入库”处记录－9。

(4) 下原材料订单。运营总监按照原材料采购计划表下原材料订单：4 个 R2。将原材料放在相应的原料库外“在途”的位置。

(5) 更新生产/完工入库。运营总监确认将两条柔性线上的 P3 产品和 3 条手工线上的 P1 产品推入相应的成品库。

财务总监在经营流程表的“更新生产/完工入库”处标记“√”。

(6) 投资新生产线。运营总监确认本期没有投资生产线的安排。

(7) 开始下一批生产。运营总监确认两条柔性线和 3 条手工线均可开始生产，将原材料从原料库中取出，按照产品生产及设备投资计划表的安排将产品对应的原材料放在相应的生产线上。运营总监安排两条柔性线生产 P3 产品，3 条手工线生产 P1 产品，因此分别将产品对应原材料放在 5 条生产线上，同时从财务总监处支取 5M 加工费，每条生产线上放置 1M 加工费。

财务总监在经营流程表的“开始下一批生产”处记录－5。

(8) 更新应收账款。财务总监将应收账款处二期的资金向现金库方向推进到一期，确认本期无应收账款入账。

(9) 按订单交货。营销总监确认本季交货两个 P3 产品，将两个 P3 产品上交，并取回收入 15M 放在应收账款的二期上。营销总监确认本年订单全部交货完成，无违约。

(10) 产品研发投资。运营总监确认本期无须进行产品研发投资。

(11) 支付行政管理费。财务总监支付 1M 行政管理费，放在盘面的“管理费”上，并在经营流程表的“支付行政管理费”处记录－1。

(12) 支付长期贷款利息/更新长期贷款/申请长期贷款。财务总监认为企业仍需借入长期借款，决定借入 40M 长期贷款。因此，财务总监从银行处借入 40M 资金放进现金库，将 40M 贷款标志放入空桶，然后将桶放在长期贷款的 FY5 上。

本年财务总监需将上一年的长期贷款的空桶推至 FY4，并支付长期贷款利息 4M，放在盘面的“利息”上，财务总监在经营流程表的“支付长期贷款利息/更新长期贷款/申请长期贷款”处记录 40－4。

(13) 支付设备维护费。今年企业有 5 条建成的生产线，因此需支付设备维护费 5M，财务总监将资金放在盘面的“维护费”处，并在经营流程表的“支付设备维护费”处记录－5。

(14) 支付租金。本年企业需支付大厂房租金 6M，由财务总监从现金库取出 6M 放在盘面上“租金”的位置，并在经营流程表的“支付租金/购买厂房”处记录－6。

(15) 计提折旧。企业柔性线为本年建成，因此本年无须计提折旧，从下一年开始计提折旧；手工线今年是建成第二年，需计提折旧，由运营总监从每个手工线的净值区取出 1M 放在盘面“折旧”处。

财务总监在经营流程表的“计提折旧”处记录(3)。此处不计入现金的核算，只是减少机器设备的账面价值。

(16) 新市场开拓/ISO 资格认证投资。营销总监确认本企业本年开拓国内市场、亚洲市场，并投资 ISO 9001 认证。因此，财务总监支付给营销总监 3M，营销总监分别在国内市场、亚洲市场、ISO 9001 处放置 1M。企业已获得国内市场准入，因此营销总监可以领取国内市场准入标识放在盘面国内市场准入处。

财务总监在经营流程表的“新市场开拓/ISO 资格认证投资”处填写－3。

(17) 结账。财务总监计算年底结账金额为 24M，与盘面金额核对一致。

年末财务总监编制综合费用表（见表 3-30）、利润表（见表 3-31）和资产负债表（见表 3-32）。

表 3-30 综合费用表（B 组第二年）

项　目	金　额
管理费	4
广告费	20
设备维护费	5
转产费	0
厂房租金	6
新市场开拓	2

续表

项　　目	金　　额
ISO 资格认证投资	1
产品研发	2
其他	
合计	40

表 3-31　利润表(B 组第二年)

项　　目	金　　额
销售收入	44
直接成本	20
毛利	24
综合费用	40
折旧前利润	－16
折旧	3
支付利息前利润	－19
财务费用	5
税前利润	－24
所得税	0
净利润	－24

表 3-32　资产负债表

项　　目	金　　额	项　　目	金　　额
流动资产：		负债：	
现金	24	短期负债	40
应收账款	44	一年内到期的长期负债	0
在制品	14	应交税金	0
产成品	8	长期负债	80
原材料	0		
流动资产合计	90	负债合计	120
固定资产：		所有者权益：	
土地和建筑	0	股东资本	66
机器与设备	52	利润留存	－20
在建工程	0	年度净利	－24
固定资产合计	52	所有者权益合计	22
资产总计	142	负债和所有者权益总计	142

模拟企业第二年的经营流程表如表 3-33 所示。

表 3-33 第二年经营流程表(B 组)

第 B 组 第 二 年				
(1) 新年度规划会议				
(2) 参加订货会/登记销售订单	−20			
(3) 制订新年度计划				
(4) 支付税金				
(5) 季初现金盘点	25	13	7	38
(6) 更新短期贷款/还本付息/申请短期贷款			40	−21
(7) 原材料入库	−5	−2	−6	−9
(8) 下原材料订单				
(9) 更新生产/完工入库	√	√	√	√
(10) 投资新生产线/变卖生产线/生产线转产				
(11) 开始下一批生产	−5	−2	−2	−5
(12) 更新应收款				
(13) 出售厂房				
(14) 按订单交货				
(15) 产品研发投资	−1	−1		
(16) 支付行政管理费	−1	−1	−1	−1
(17) 其他现金收支情况				
(18) 现金收入合计			40	
(19) 现金支出合计	−12	−6	−9	
(20) 期末现金对账	13	7	38	
(21) 支付长期贷款利息/更新长期贷款/申请长期贷款				40—4
(22) 支付设备维护费				−5
(23) 支付租金/购买厂房				−6
(24) 计提折旧				(3)
(25) 新市场开拓/ISO 资格认证投资				−3
(26) 结账				24

企业第三年至第六年的模拟经营过程同第二年。

情境小结

ERP 手工沙盘模拟经营通过对生产企业经营过程的模拟,使学员能够领略到生产企业在六年的经营过程中,从基础建设的亏损阶段到市场发育成熟后的飞速发展阶段,有些模拟企业也会经历到濒临破产阶段。学员可以从中受益,并从模拟经营过程中逐渐领会到企业不同阶段的经营决策重点。

学习情境四　用友ERP商战电子沙盘模拟过程

学习目标

了解用友ERP商战电子沙盘的操作流程；

能够基于对手工沙盘原理的理解深入研究商战电子沙盘的操作规则；

能够在商战沙盘的规则下制定企业的相关经营策略。

素养目标

领会在未来的发展中创新精神的重要性；

领会居安思危的重要性；

在进行手工沙盘模拟企业经营推演的基础上，学员能够理解ERP沙盘的精髓所在，并体会沙盘模拟经营实训给自身及团队带来的改变。学员在深入学习用友ERP商战电子沙盘的操作后，将更容易领会电子沙盘的经营规则，并能够扩展企业模拟经营策略的思路。

情境引入

经过前面的学习，我们已经掌握了ERP沙盘模拟经营的基本思路、流程，以及经营要点，从本学习情境开始我们将引领大家走入更复杂的企业模拟经营过程，请大家在更具挑战性的模拟经营游戏中体会在企业发展的过程中如何居安思危，不断创新，锐意进取，才能求得生存与发展。

模块一　用友 ERP 商战电子沙盘的操作流程

一、教师端操作

(1) 打开用友 ERP 商战电子沙盘软件,进入登录界面,如图 4-1 所示。

图 4-1　ERP 商战电子沙盘软件登录界面

(2) 管理员输入用户名及密码登录后进入管理界面,如图 4-2 所示。

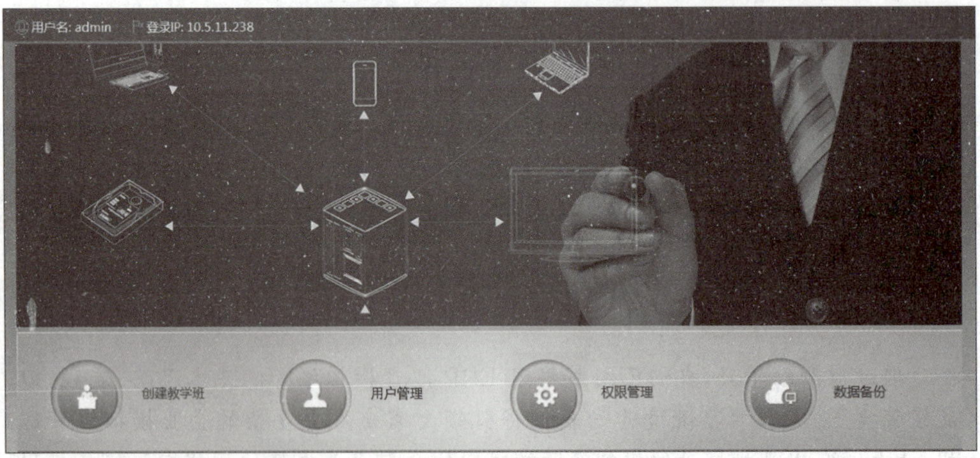

图 4-2　管理界面(例图)

管理员端账号的主要功能包括管理各用户账号与权限、创建教学班、数据备份与还原。管理界面的菜单包含创建教学班、用户管理、权限管理、数据备份。

① 创建教学班。单击管理界面的"创建教学班"按钮,进入创建教学班窗口,如图 4-3 所示。

本系统支持用户建立多个教学班并行授课。在管理员端命名教学班简称,同时在该菜单下可以查询已建立教学班的状态，包含未初始化、正在进行、已结束。

② 用户管理。单击管理界面的“用户管理”按钮，进入用户管理窗口，如图 4-4 所示。

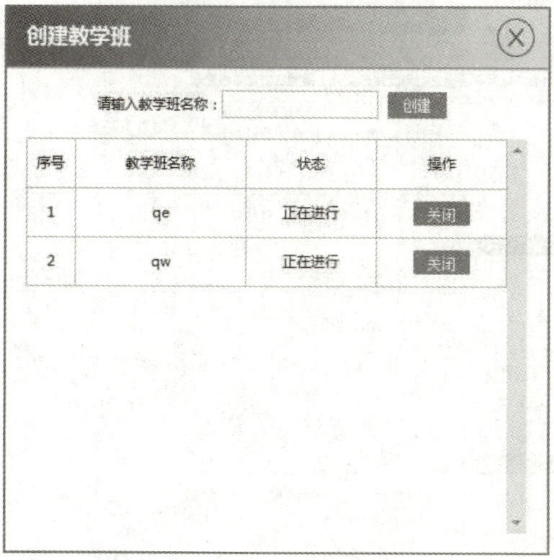

图 4-3　创建教学班（例图）

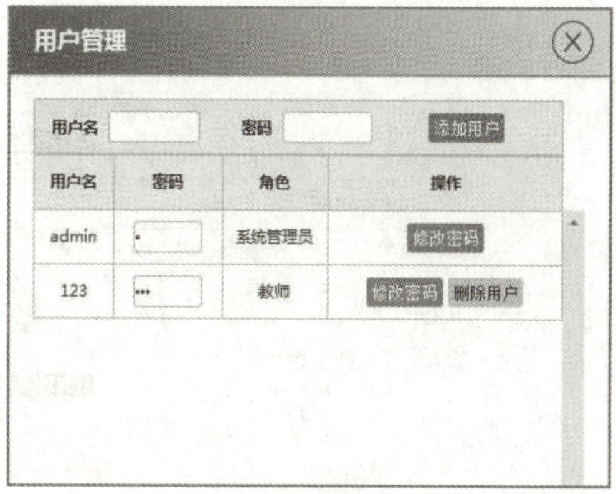

图 4-4　用户管理（例图）

本系统支持建立多个用户账号。菜单中包含创建用户账号、修改管理员和用户密码、删除用户等功能。

③ 权限管理。单击管理界面的“权限管理”按钮，进入任命教学班教师窗口，如图 4-5 所示。

本系统支持教师与教学班之间多对多管理，一个教学班可以有多名教师及助教，每名教师也可以管理多个教学班。

在该界面下，可以选择教师要关联的教学班，也可以查询每位教师已经管理的教学班。

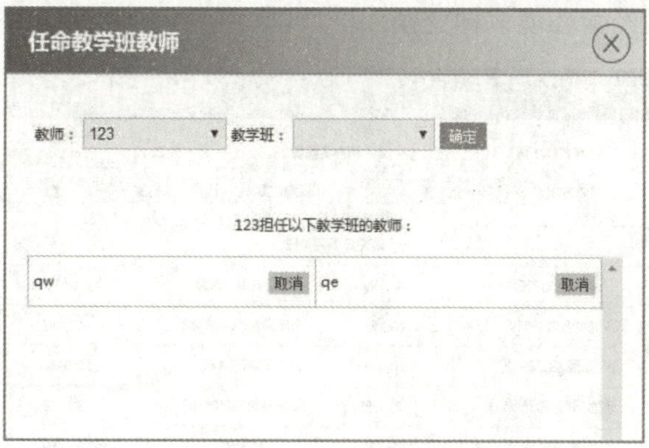

图 4-5　任命教学班教师（例图）

④ 数据备份。单击管理界面的“数据备份”按钮，进入数据备份窗口，如图 4-6 所示。

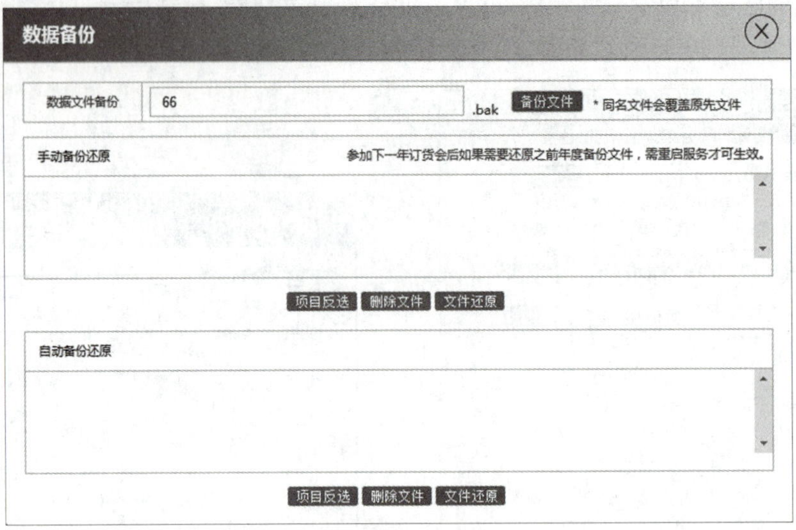

图 4-6　数据备份(例图)

本系统支持用户按教学需要手动备份数据,同时系统也有自动备份数据功能,防止数据丢失。在该界面下,定义待备份数据的文件名,单击备份,可以备份相关数据;也可以选中需要还原的文件进行文件还原。

(3) 教师登录。管理员退出系统,重新打开登录界面(见图 4-1),用教师的账号登录,用户名为管理员端增加的用户账号,如(a),初始密码为 1。

(4) 初始化设置。进入教师端后,单击“初始化设置”按钮,进入教学班初始化设置窗口,如图 4-7 所示。

本系统除在授课前可做教学案例规则方案的设置外,也支持对每个教学班进行个性化参数设置。打开初始化窗口,对用户名前缀、队数、订单方案、规则方案、初始现金、财务利率等参数进行设置,以使经营环境多样变换。

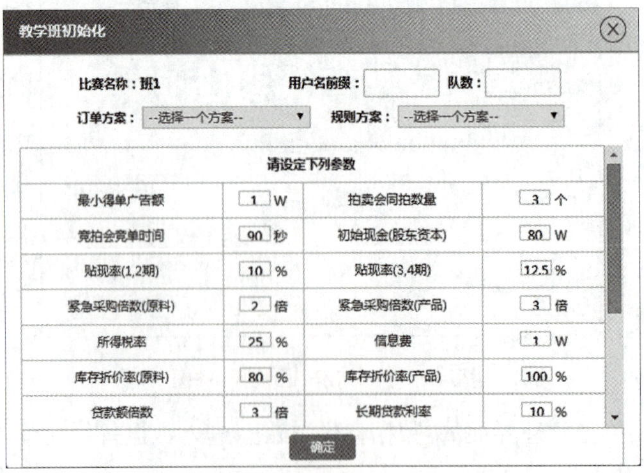

图 4-7　初始化设置(例图)

(5) 教师端主页。初始化完成后进入教师端主页，如图 4-8 所示。

图 4-8　教师端主页(例图)

在教师端可以查询各组的经营信息，如选择某组，在教师端主页可以查询该组的企业资料、库存采购信息、研发认证信息、财务信息、厂房信息、生产信息等。其中，在企业资料中可以查询该组经营的每年报表、现金流量表、订单列表等信息。在教师端还可以监控每组经营的每一步，并且能够提供完整的数据供用户分析。

本系统支持教师对某组经营失误的企业进行还原本年、融资、修改密码、管理经营状态等设置，以便灵活控制企业的经营进度。

① 选单管理。在教师端主页单击“选单管理”按钮，进入选单管理窗口，如图 4-9 所示。

本系统为各模拟企业提供系统选单功能，教师端负责组织监控订货会全程。在选单管理窗口中单击“开始选单”按钮即进入选单状态页面，如图 4-10 所示。

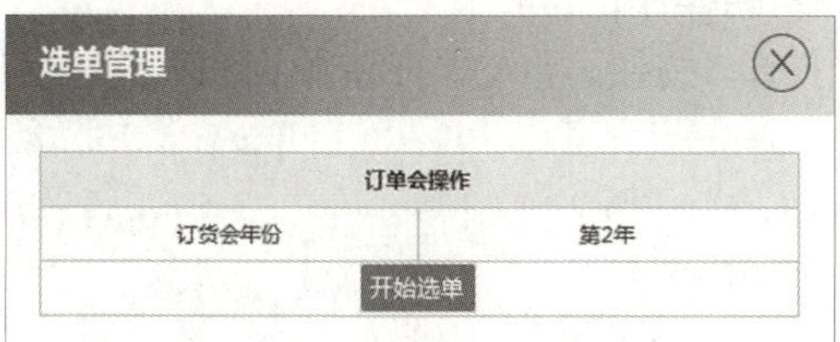

图 4-9　选单管理(例图)

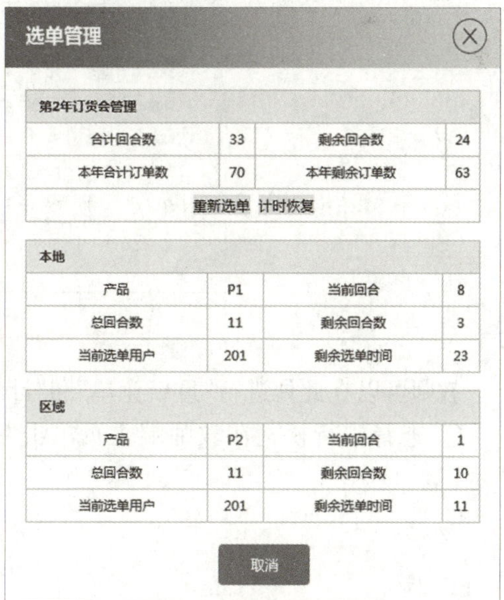

图 4-10　选单状态(例图)

该页面显示了每组在订货会开始前的广告投放情况、订货会过程中订单数量及剩余时间等信息。教师可以在此处进行“重新选单”和“计时恢复”的操作。

② 竞单管理。在教师端主页单击“竞单管理”按钮,进入竞单管理窗口,如图 4-11 所示。

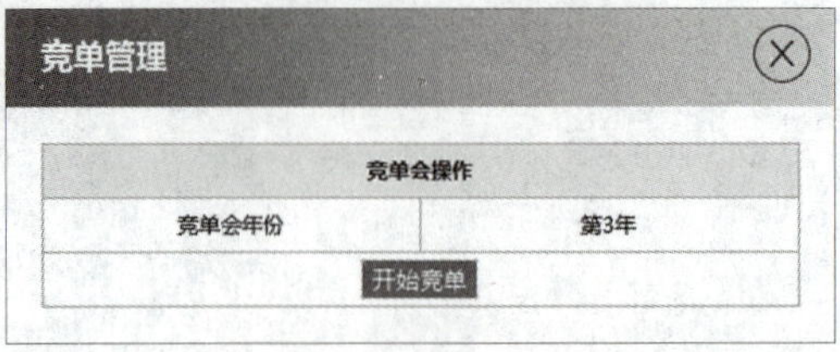

图 4-11　竞单管理(例图)

本系统支持以竞单会形式取得产品订单。教师可以自由设置竞单年份,竞单会没有广告前置条件,得单者交相应手续费即可。竞单会在订货会之后出现,采取价格、交货期、应收账期综合分数高者得单的方式。竞单状态如图 4-12 所示。

订单编号	市场	产品	数量	ISO	状态	所属用户
3J01	本地	P1	2	-	正在竞单	
3J02	本地	P2	2	9 14	正在竞单	
3J03	本地	P3	3	-	正在竞单	
3J04	本地	P4	1	9	等待	
3J05	区域	P2	3	14	等待	
3J06	区域	P3	4	9 14	等待	
3J07	区域	P4	4	-	等待	
3J09	国内	P1	6	9 14	等待	
3J10	国内	P2	2	9	等待	
3J11	国内	P4	2	-	等待	

图 4-12　竞单状态(例图)

教师可以在此处进行“重新竞单”和“计时暂停”的操作。

③ 查看排行榜。在教师端主页单击“排行榜单”按钮,进入排行榜单窗口,如图 4-13 所示。

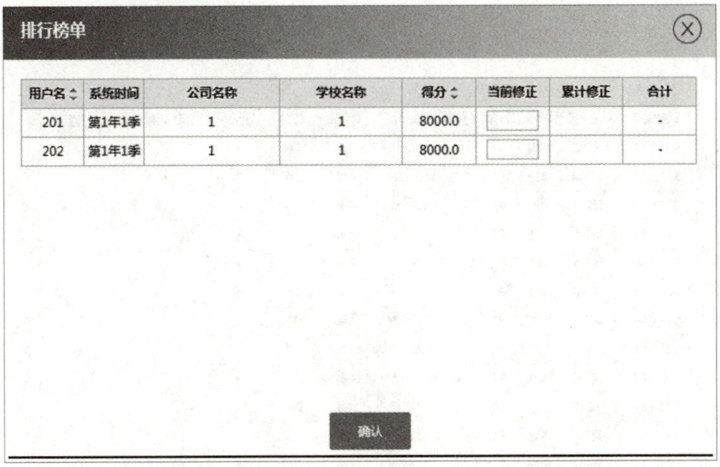

图 4-13　排行榜单(例图)

在一组完整的训练结束后,系统会根据每个企业的经营状况计算出经营得分,主要得分项有公司资产、所有者权益等。教师可以根据每个企业在经营过程中的表现予以人为加分、扣分。这样既检验了学生的学习成果,也使得企业间形成了竞争对抗关系。

④ 查看公共信息。在教师端主页单击“公共信息”按钮,进入公共信息窗口,如图 4-14 所示。

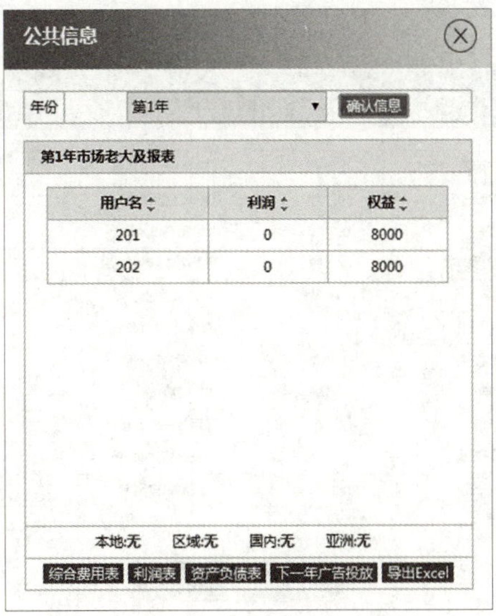

图 4-14　公共信息(例图)

公共信息主要显示企业之间的经营数据对比,可以查询所有已经营年度数据,对比查询综合费用、利润、资产负债等信息,也可以公示下一年广告投放情况。此处的信息与主页每组信息的区别在于企业自身数据与企业间数据对比。

⑤ 订单详情查询。在教师端主页单击“订单详情”按钮,进入订单详情窗口,如图 4-15 所示。

订单详情

订单列表

订单编号	年份	市场	产品	数量	总价	交货期	帐期	ISO	所属用户	状态
S211_01	第2年	本地	P1	4	208W	4季	1季	-	-	-
S211_02	第2年	本地	P1	2	112W	4季	2季	-	-	-
S211_03	第2年	本地	P1	4	208W	4季	3季	-	-	-
S211_04	第2年	本地	P1	2	96W	4季	2季	-	-	-
S211_05	第2年	本地	P1	1	53W	4季	3季	-	-	-
S211_06	第2年	本地	P1	4	201W	4季	1季	-	-	-
S211_07	第2年	本地	P1	4	179W	4季	0季	-	-	-
S211_08	第2年	本地	P1	3	154W	4季	1季	-	-	-
S211_09	第2年	本地	P1	4	216W	4季	2季	-	-	-
S211_10	第2年	本地	P1	2	96W	4季	2季	-	-	-
S211_11	第2年	本地	P1	2	117W	4季	0季	-	-	-
S211_12	第2年	本地	P1	3	161W	3季	1季	-	-	-
S211_13	第2年	本地	P1	4	197W	3季	2季	-	-	-
S212_01	第2年	本地	P2	2	144W	4季	2季	-	-	-

图 4-15　订单详情(例图)

每一套订单方案对应一套订单列表,教师可以查询订单分布是否合理,也可以查看得单用户分布。

⑥ 系统参数设置。在教师端主页单击“系统参数”按钮,进入系统参数窗口,如图 4-16 所示。

系统参数

参数	值	参数	值
最小得单广告额	1 W	拍卖会同拍数量	3 个
竞拍会竞单时间	90 秒	初始现金(股东资本)	8000 W
贴现率(1,2期)	10.0 %	贴现率(3,4期)	12.5 %
紧急采购倍数(原料)	2 倍	紧急采购倍数(产品)	3 倍
所得税率	25.0 %	信息费	1 W
库存折价率(原料)	80.0 %	库存折价率(产品)	100.0 %
贷款额倍数	3 倍	长期贷款利率	10.0 %
最大长贷年限	5 年	管理费	1 W
订单首选补时	15 秒	是否存在市场老大	○ 无 ◉ 有
订会市场同开数量	2 个	订货会选单时间	45 秒
违约扣款百分比	20.0 %	短期贷款利率	5.0 %
厂房数	2 个		

确认　取消

图 4-16　系统参数设置(例图)

在训练过程中,教师可以在此处修改个别参数来适应学生的熟悉程度,适应教学快慢进度。例如,学生对系统不熟悉时需要延长选单时间。

⑦ 下发公告信息。在教师端主页单击“公告留言”按钮,进入公告留言窗口,如图 4-17 所示。

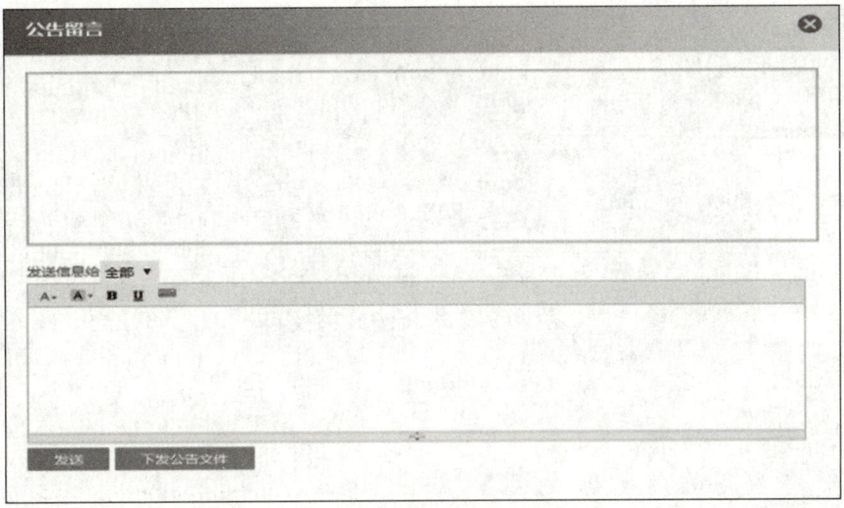

图 4-17　公告留言(例图)

在公告留言中,支持教学过程中师生答疑对话,也支持教师发送年度经营报表,以便学生根据教师发送的其他企业消息做出规划和判断。

二、学生端登录

(1) 企业注册。当模拟企业第一次进入系统时,学生应先进入企业注册页面(见图 4-18)填写企业的基本信息。企业注册页面包括公司名称、总经理姓名、财务总监等人的姓名和公司宣言等内容,让学生感受经营起点——企业注册的过程。这一过程和手工沙盘的模拟企业设立是相同的。

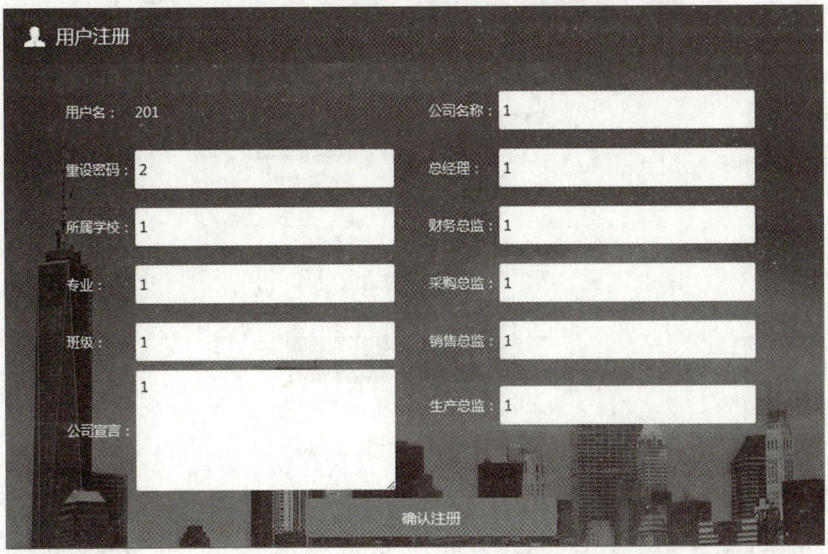

图 4-18　企业注册页面(例图)

(2) 学生主页。企业注册信息填写完整后单击“确认注册”按钮,进入学生主页,如图 4-19 所示。

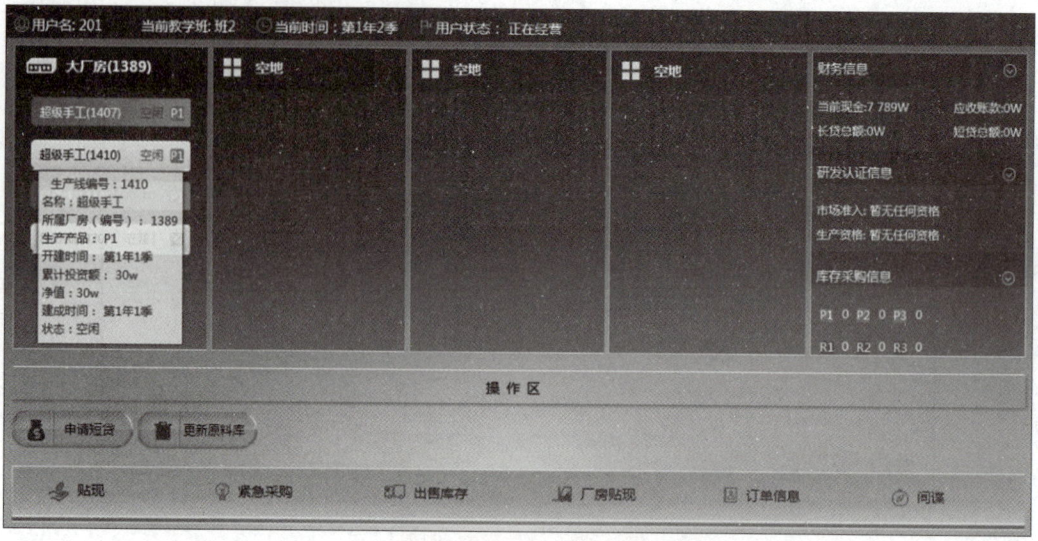

图 4-19 学生主页(例图)

为了让学生了解在企业经营过程中所需的关键节点,因此将学生主页设计成一个沙盘盘面,在此学生可以直观地看到企业厂房、生产线的工作状态、财务信息变化、研发进度等,同时主操作区列示了企业经营的关键步骤,以及当企业遇到资金流危机时的补救操作区。

三、学生端模块操作

(1) 申请长贷。单击学生主页下方的"申请长贷"按钮,进入申请长贷窗口,如图 4-20 所示。

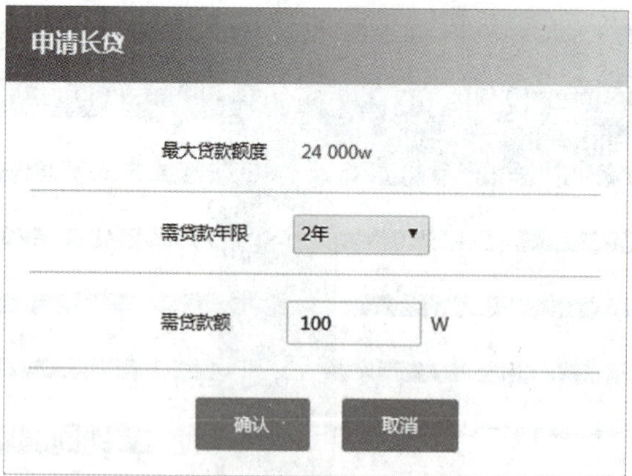

图 4-20 申请长贷(例图)

与手工沙盘不同的是,电子沙盘的长期贷款期限可以自行选择,从 2 年到 5 年不等。

(2) 申请短贷。单击学生主页左下方的"申请短贷"按钮,进入申请短贷窗口,如图 4-21 所示。

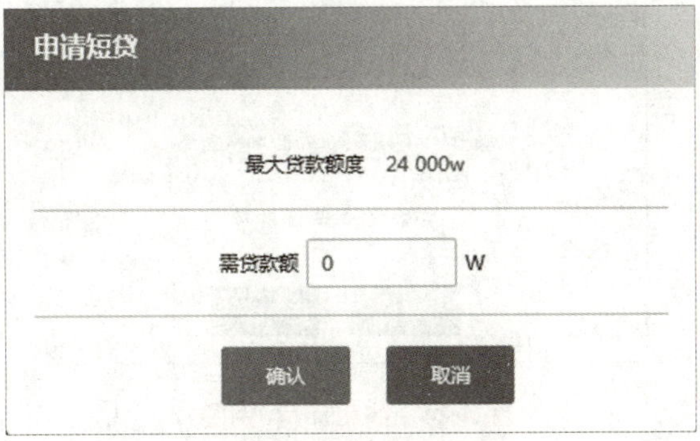

图 4-21　申请短贷(例图)

(3) 更新原料库。到了预定的采购期,系统会自动显示需要支付的现金,即更新原料入库以备生产,如图 4-22 所示。

图 4-22　更新原料(例图)

(4) 下原料订单。在“更新原料”窗口单击“确认”按钮后,页面即出现“订购原料”按钮,单击此按钮进入“订购原料”窗口,如图 4-23 所示。

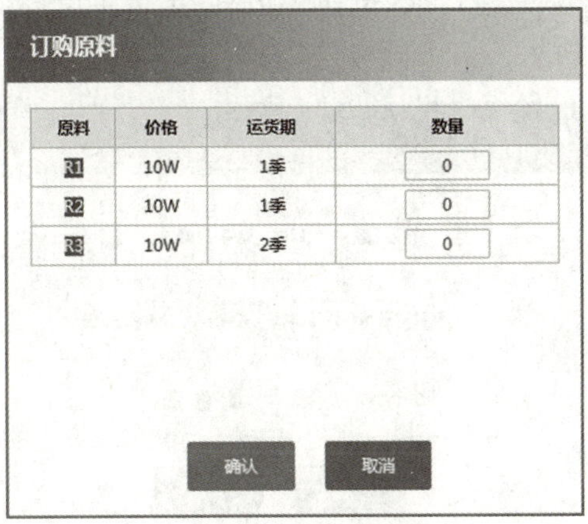

图 4-23　订购原料(例图)

(5) 购置厂房/厂房处理。单击“订购原料”按钮后方的“购租厂房”按钮,进入购租厂房窗口,如图 4-24 所示。

图 4-24　购租厂房(例图)

在“购租厂房”按钮旁边是“厂房处理”按钮,单击此按钮进入厂房处理窗口,如图 4-25 所示。

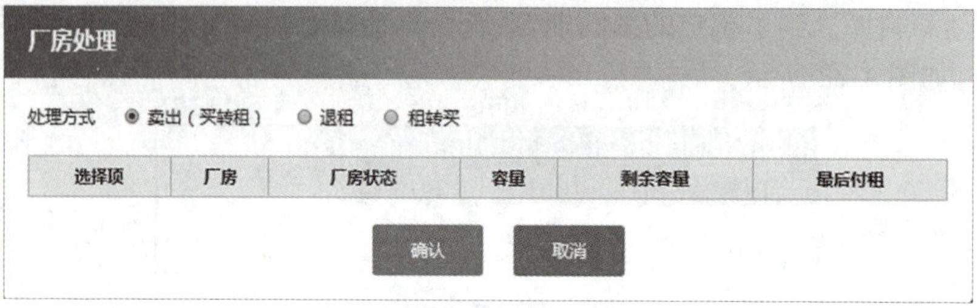

图 4-25　厂房处理(例图)

ERP 沙盘模拟规则中规定了购买和租用厂房的价格。建造生产线的前提是购买或租用厂房。厂房没有建设周期,当厂房租期满 1 年后可以选择是否租转买等操作;如没有特殊操作,租用的厂房每年自动续租。

(6) 新建生产线/在建生产线/生产线转产。单击“新建生产线”按钮,进入新建生产线窗口,如图 4-26 所示。

(7) 出售生产线。在“新建生产线”按钮旁边有“出售生产线”按钮,单击此按钮进入出售生产线窗口,如图 4-27 所示。

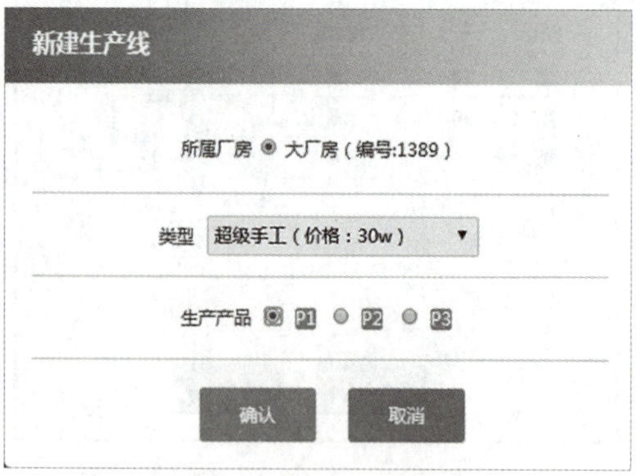

图 4-26　新建生产线(例图)

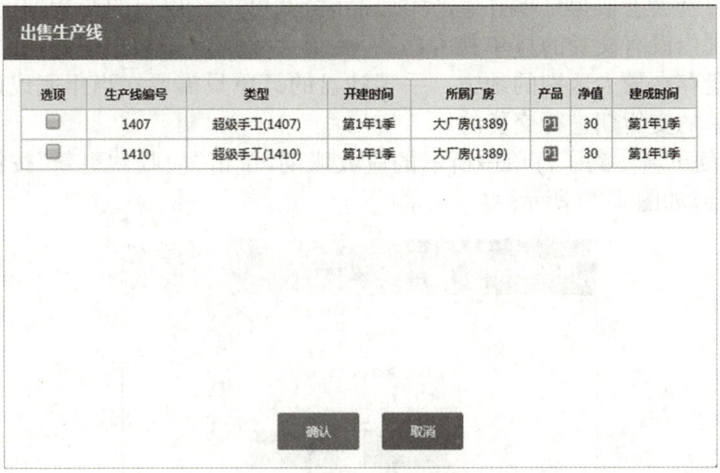

图 4-27　出售生产线(例图)

(8) 开始生产。单击“开始下一批生产”按钮,即可安排生产线生产产品,如图 4-28 所示。

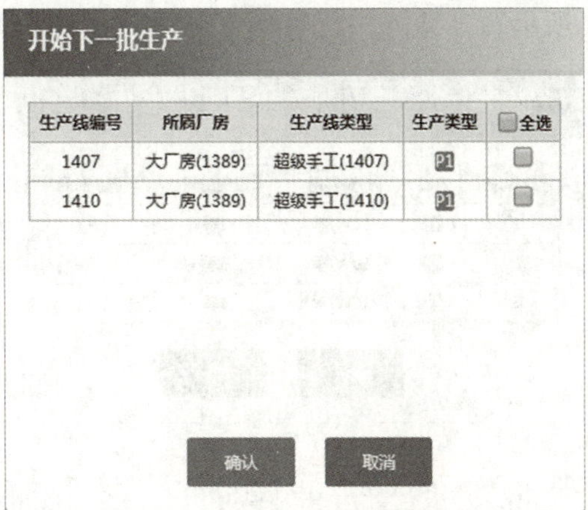

图 4-28　开始下一批生产(例图)

(9) 按订单交货。在“开始下一批生产”按钮旁边有“交货订单”按钮,单击此按钮即可进行交货的操作,如图 4-29 所示。

图 4-29　按订单交货(例图)

当企业在订货会上取得订单并生产出成品时,就可以在规定的交货期前完成销售。在规定的交货期限内没有交货的订单视为违约,系统会按规定扣除相应的违约金。这是电子沙盘与手工沙盘存在较大区别的地方。手工沙盘的订单只需要在当年完成即可,而电子沙盘是需要按订单的交货期进行交货的。

(10) 应收款更新。到了订单中所示的应收账期,单击"应收款更新"按钮,销售款就会累加进企业现金,如图 4-30 所示。

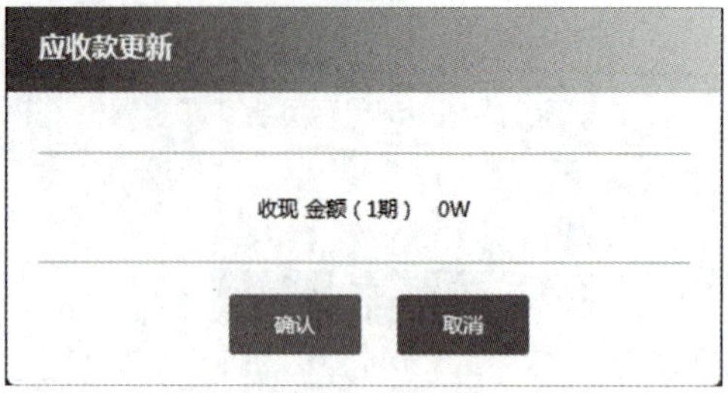

图 4-30 应收款更新(例图)

(11) 产品研发。在"应收款更新"确认后,即显示出"产品研发"按钮,单击此按钮进入产品研发窗口,如图 4-31 所示。

图 4-31 产品研发(例图)

只有投资期达到后企业才能获得相应资格,产品研发也可以间断投资。

(12) 市场开拓。在"产品研发"按钮旁边是"市场开拓"按钮,单击此按钮进入"市场开拓"窗口,如图 4-32 所示。

(13) ISO 认证。在"市场开拓"按钮旁边是"ISO 投资"按钮,单击此按钮即可进行 ISO 认证的投资,如图 4-33 所示。

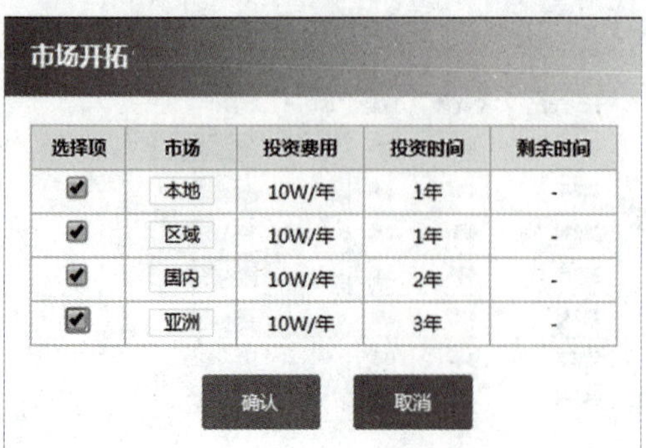

图 4-32 市场开拓(例图)

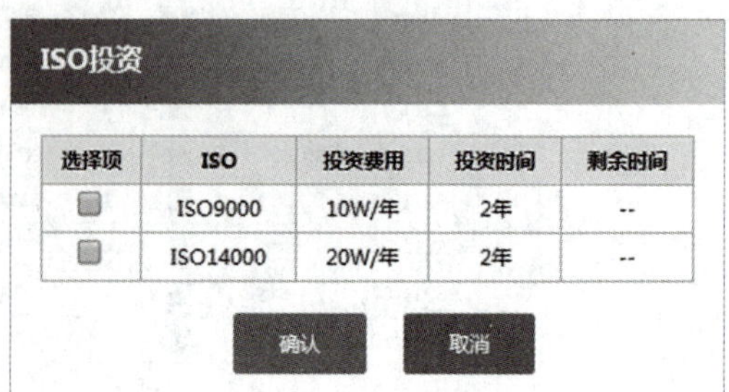

图 4-33 ISO 投资(例图)

每季度末，单击“结束当季”按钮，电子沙盘系统会自动缴纳 10M 行政管理费；每年年末，在进行 ISO 认证投资后单击“结束本年”按钮，结束本年操作。电子沙盘系统自动缴纳设备维护费、计提生产线的折旧。

(14) 填写报表。单击“结束本年”按钮后出现“填写报表”按钮，单击此按钮即可填写本年度综合费用表，如图 4-34 所示。

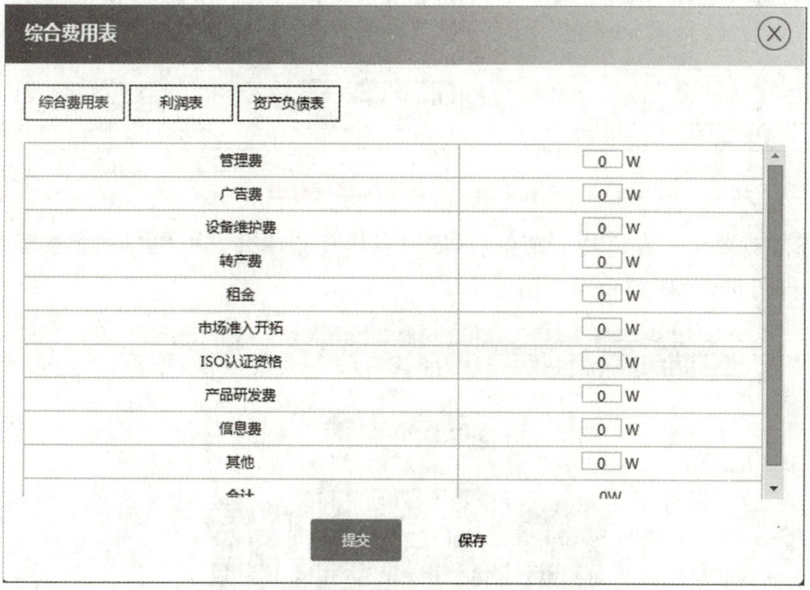

图 4-34　填写报表(例图)

为了训练学生做好企业规划与经营分析，系统会要求每个企业填制企业年度报表。同时，学生也可以通过企业年度报表来学习竞争分析，调整本企业的经营策略。报表填写错误系统会自动扣分。

填写报表后，单击“投放广告”按钮，进行广告的投放。

(15) 参加订单会。投放广告后就会出现“参加订货会”按钮，单击此按钮进入等待教师端开始本年的订单会界面，如图 4-35 所示。

图 4-35　参加订单会(例图)

参加订货会选单界面如图 4-36 所示。

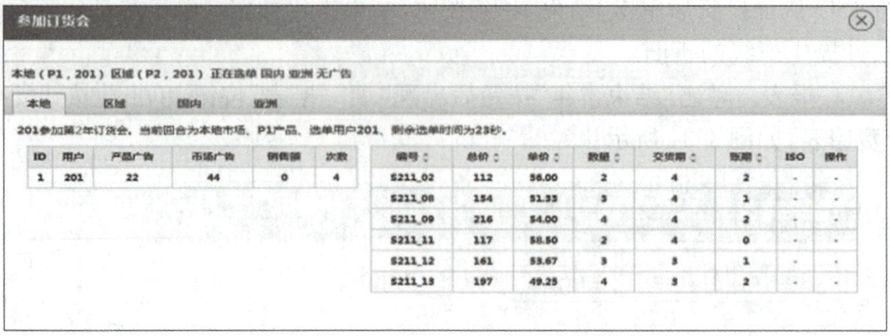

图 4-36　订货会选单(例图)

(16) 参加竞单会。在订货会结束后，如果当年有竞单会，就会出现“参加竞单会”按钮，单击此按钮即可进入，如图 4-37 所示。

图 4-37　参加竞单会(例图)

教师端竞单会开始后，界面如图 4-38 所示。

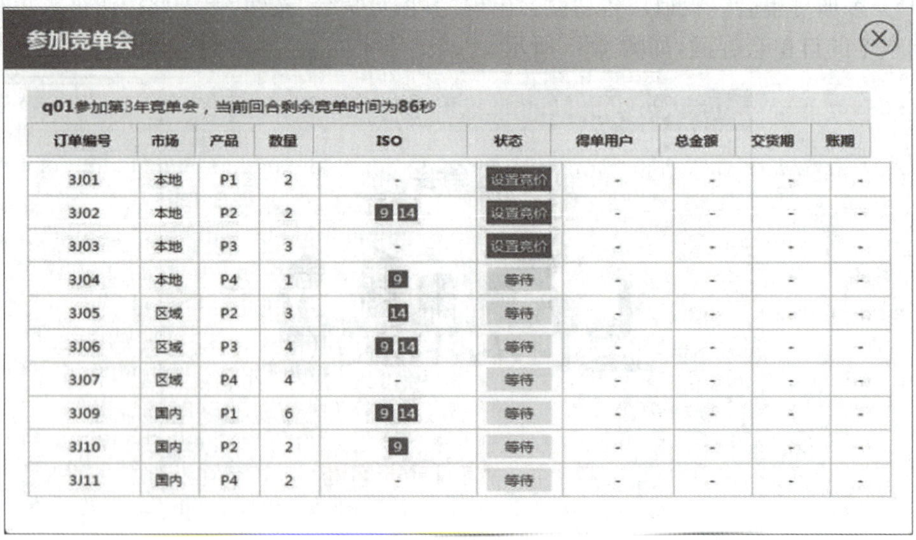

图 4-38　教师端竞单会(例图)

竞单会是电子沙盘比手工沙盘更先进的一处改进，参与竞标的订单标明了订单编号、市场、产品、数量、ISO 要求等信息，而总金额、交货期、账期三项为空。

竞单会的单子中总金额、交货期、账期都是各个企业根据自身的实际情况选择填写的，系统默认的总金额是成本价，交货期为 1 期交货，账期为 4 账期。

① 投标资质。参与投标的企业需要有相应市场、ISO 认证的资质，但不必有生产资格。中标的企业需为该单支付 10W 的中标服务费，在竞单会结束后一次性扣除，计入广告费。

如果企业"(已竞得单数＋本次同时竞单数)×10 ＞现金余额"，则不能再竞单。也就是说，必须有一定现金库存作为保证金。例如，同时竞 3 张订单，库存现金为 56W，已经竞得 3 张订单，扣除 30W 中标服务费，还剩 26W 库存现金，则不能继续参与竞单。因为如果再竞得 3 张，26W 库存现金将不足以支付中标服务费 30W。

为防止恶意竞单，系统对竞得单张数进行限制，如果某队"已竞得单张数＞ROUND(3＊该年竞单总张数/参赛队数)"，则不能继续竞单。

理解上述公式时，需要注意以下几点。

a. ROUND 表示四舍五入。

b. 如果上式为等于，则可以继续参与竞单。

c. 参赛队数指经营中的队伍，若破产继续经营也算在其内，破产退出经营则不算在内。

例如，某年竞单共有 40 张，20 队(含破产继续经营)参与竞单，当某队已经得到 7 张单时，因为 7＞ROUND(3＊40/20)，所以不能继续竞单；如果该队已经竞得 6 张单，则可以继续竞单。

② 投标。参与投标的企业须根据所投标的订单，在系统规定的时间(90 秒，以倒计时形式显示)填写总金额、交货期、账期三项内容，确认后由系统按照以下公式计算得分。

得分＝100＋(5－交货期)×2＋应收账期－8×总价/(该产品直接成本×数量)

系统规定得分最高者中标；如果得分相同，则先提交者中标。

在理解上述公式时，需要注意以下几点。

a. 总价不能低于(可以等于)成本价，也不能高于(可以等于)成本价的 3 倍。

b. 必须为提交竞单留足时间，如在倒计时小于等于 5 秒时提交，订单可能无效。

c. 竞得订单与选中订单一样，算市场销售额。

企业竞单时，单击要参与竞拍的订单，设置竞价，填写竞拍总价(在价格范围内的整数)，选择交货期和账期，如图 4-39 所示。

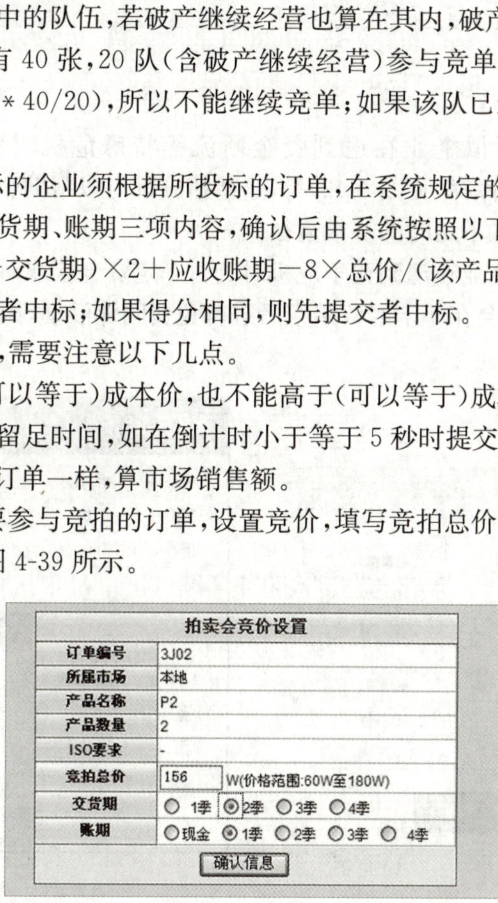

图 4-39　竞单设置(例图)

竞拍结果显示如图 4-40 所示。

U04参加第3年竞拍会，当前回合剩余竞拍时间为12秒

ID	订单编号	市场	产品	数量	ISO	状态	得单用户	总金额	交货期	账期
1	3J01	本地	P1	2	-	完成	U04	119W	1季	0季
				↑本用户出价				119W	1季	0季
2	3J02	本地	P2	2	-	完成	U01	180W	1季	0季
				↑本用户出价				180W	4季	0季
3	3J03	本地	P3	3	-	完成	-	-	-	-
4	3J04	本地	P4	1	9	完成	U01	149W	2季	0季
5	3J05	区域	P2	3	-	完成	U04	269W	3季	0季
				↑本用户出价				269W	3季	0季
6	3J06	区域	P3	4	9 14	完成	U02	475W	4季	0季
7	3J07	区域	P4	4	-	完成	U01	598W	4季	1季
8	3J08	区域	P5	2	-	完成	U04	356W	2季	4季
				↑本用户出价				356W	2季	4季
9	3J09	国内	P1	6	14	完成	U04	360W	1季	0季
				↑本用户出价				360W	1季	0季
10	3J10	国内	P2	2	9	完成	-	-	-	-
11	3J11	国内	P4	2	-	设置竞价	-	-	-	-
12	3J12	国内	P5	3	9 14	设置竞价	-	-	-	-
				↑本用户出价				525W	4季	0季

图 4-40　竞拍结果(例图)

(17) 特殊操作。模拟企业在遇到资金断流等特殊危机时的补救措施有贴现(见图 4-41)、厂房贴现、出售库存(见图 4-42)等，这些措施都可以帮助企业获得现金。紧急采购(见图 4-43)是企业在采购不足时的补救途径。

间谍(见图 4-44)是企业在遇到竞争危机时支付一定资金获取对手经营资料的途径。但是在模拟经营中，一般都会在年末经营结束后进行免费间谍活动，因此特殊操作中的间谍一般不会用到。

贴现

剩余账期	应收款	贴现额
1季	0W	0 W
2季	0W	0 W

剩余账期	应收款	贴现额
3季	0W	0 W
4季	0W	0 W

确认　取消

图 4-41　贴现(例图)

出售库存

产品	库存数量	销售价格	出售数量
P1	0	20.0W/个	0
P2	0	30.0W/个	0
P3	0	40.0W/个	0

出售产品

原料	库存数量	销售价格	出售数量
R1	5	8.0W/个	0
R2	5	8.0W/个	0
R3	5	8.0W/个	0

出售原料

图 4-42　出售库存(例图)

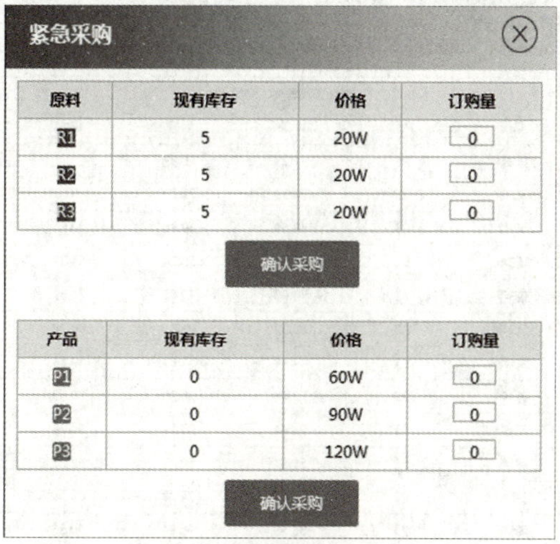

图 4-43　紧急采购(例图)

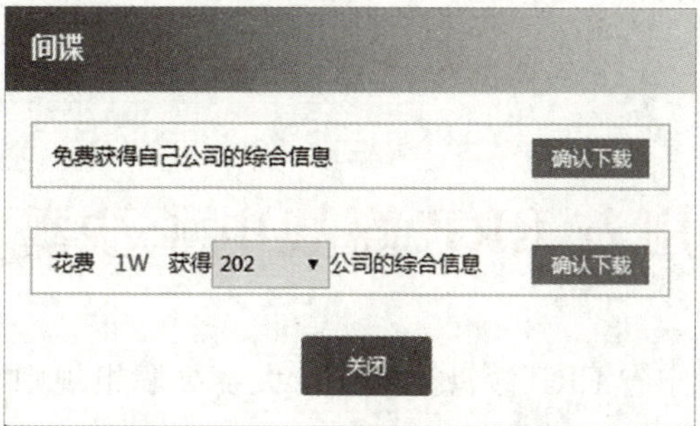

图 4-44　间谍(例图)

(18) 经营规则说明与市场预测。电子沙盘中的经营规则说明(见图 4-45)和市场预测(见图 4-46)均可在学生端查看。

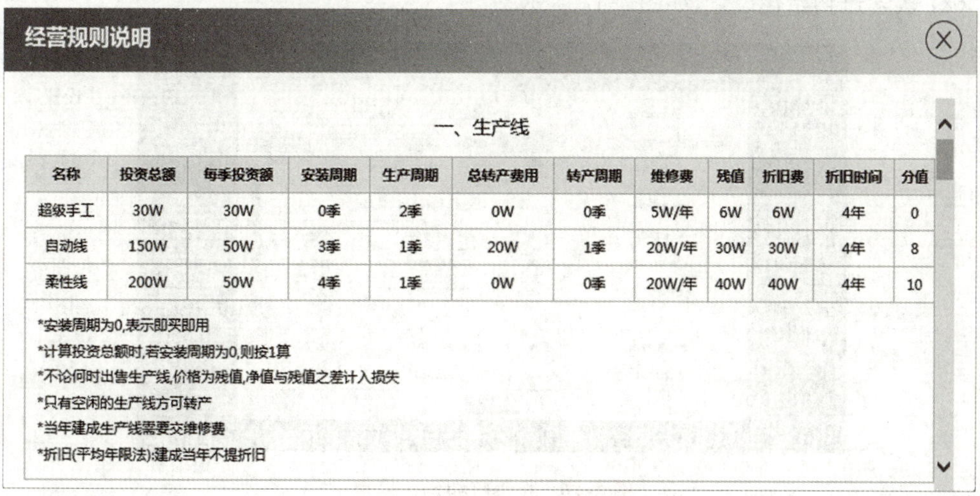

一、生产线

名称	投资总额	每季投资额	安装周期	生产周期	总转产费用	转产周期	维修费	残值	折旧费	折旧时间	分值
超级手工	30W	30W	0季	2季	0W	0季	5W/年	6W	6W	4年	0
自动线	150W	50W	3季	1季	20W	1季	20W/年	30W	30W	4年	8
柔性线	200W	50W	4季	1季	0W	0季	20W/年	40W	40W	4年	10

*安装周期为0,表示即买即用

*计算投资总额时,若安装周期为0,则按1算

*不论何时出售生产线,价格为残值,净值与残值之差计入损失

*只有空闲的生产线方可转产

*当年建成生产线需要交维修费

*折旧(平均年限法):建成当年不提折旧

图 4-45　经营规则说明(例图)

市场预测

市场预测表——均价						
序号	年份	产品	本地	区域	国内	亚洲
1	第2年	P1	51.23	50.89	0	0
2	第2年	P2	70.53	71.37	0	0
3	第2年	P3	88.69	89.86	0	0
4	第3年	P1	50.52	50.94	51.22	0
5	第3年	P2	71.90	70.43	71.39	0
6	第3年	P3	89.62	91.56	90.78	0
7	第4年	P1	47.78	51.65	49.58	50.41
8	第4年	P2	72.40	70.90	70.50	70.74
9	第4年	P3	91.44	95.19	94.09	93.27
10	第5年	P1	51.81	50.22	52.21	52.33
11	第5年	P2	72.03	74.73	68.05	71.17
12	第5年	P3	88.59	91.94	90.56	89.96
13	第6年	P1	50.05	50.48	49.00	52.41
14	第6年	P2	70.29	69.38	69.38	69.75

图 4-46 市场预测(例图)

模块二 用友 ERP 商战电子沙盘实战演练

下面以在“2017 年辽宁省 ERP 沙盘模拟经营大赛高职组规则”下一组模拟经营六年的企业实例来进行说明。

一、教师端操作

微课
商战——初始设置

(1) 教师登录。

(2) 教学班初始化设置,如图 4-47 所示。

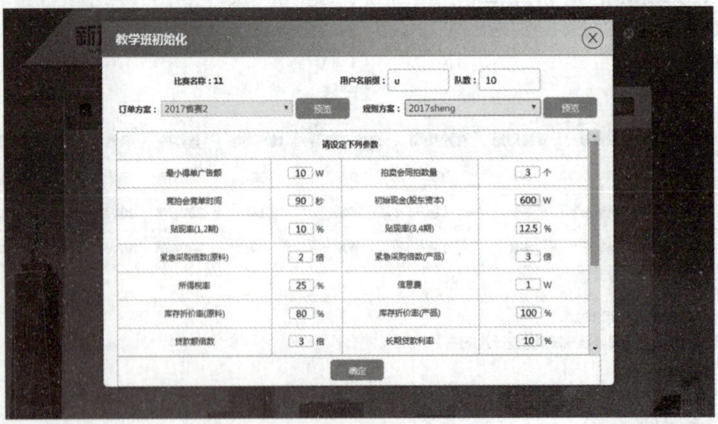

图 4-47 教学班初始化设置

教师在此处建立 10 支队伍。

二、学生端操作——第一年经营

微课

商战——第 1 年 1 季度经营

1. 第一季度

（1）企业注册，如图 4-48 所示。

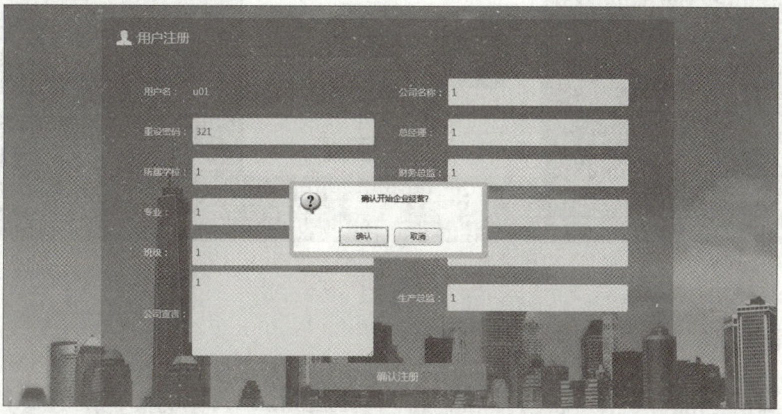

图 4-48　企业注册

（2）学生进入主页，如图 4-49 所示。

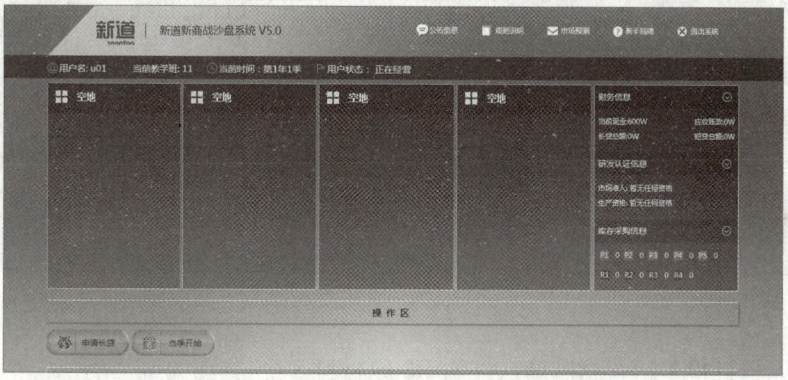

图 4-49　学生主页

（3）申请长贷。财务总监决定申请金额为 1 344W 的 5 年期长期贷款，如图 4-50 所示。

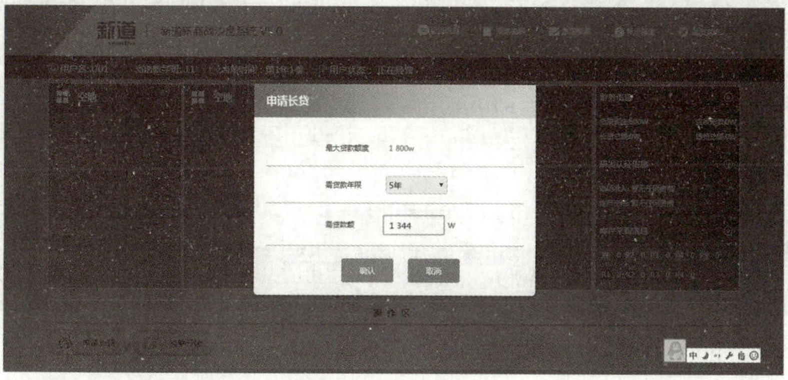

图 4-50　申请长贷

(4) 进行当季开始,如图 4-51 所示。

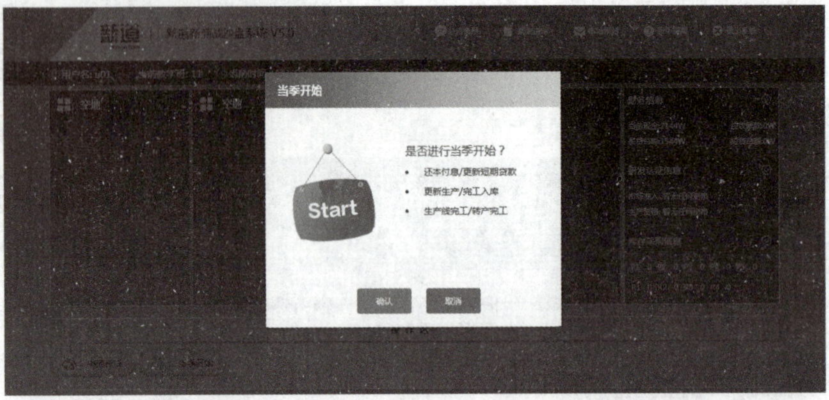

图 4-51　当季开始

(5) 申请短贷。财务总监决定不申请短贷。

(6) 更新原料库。运营总监确认原料入库 0W,如图 4-52 所示。

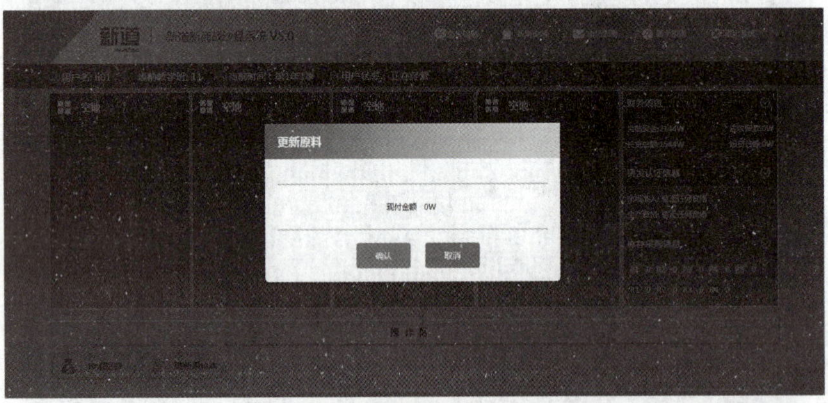

图 4-52　更新原料库(1)

(7) 下原料订单。运营总监确认订购 R3 原材料 8 个,如图 4-53 所示。

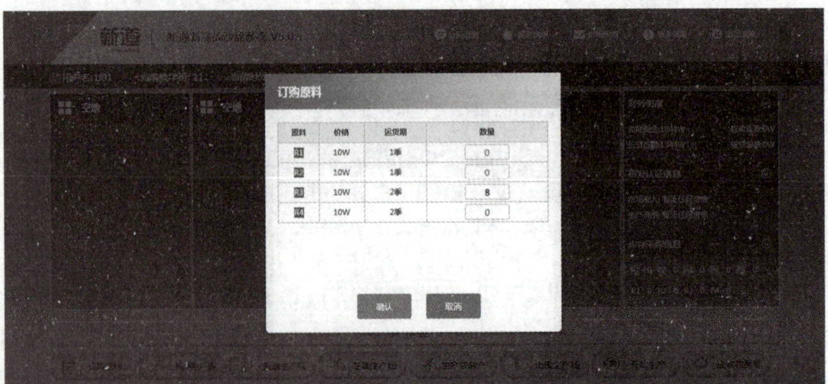

图 4-53　下原料订单

(8) 购置厂房/厂房处理。运营总监确认本期无须购置厂房。

(9) 新建生产线/在建生产线/生产线转产。运营总监确认本期无须进行生产线操作。

(10) 应收款更新。营销总监确认本期无应收款入账。

(11) 产品研发。运营总监确认本期需研发 P2、P5 产品，共投资 22W，如图 4-54 所示。

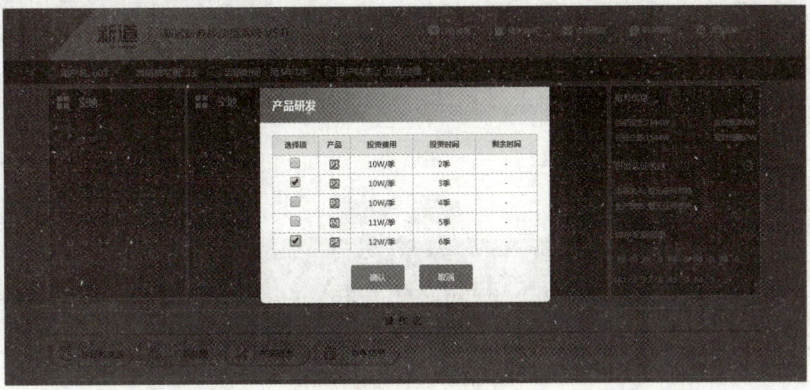

图 4-54　产品研发

(12) 财务总监确认当季结束，支付行政管理费 10W，如图 4-55 所示。

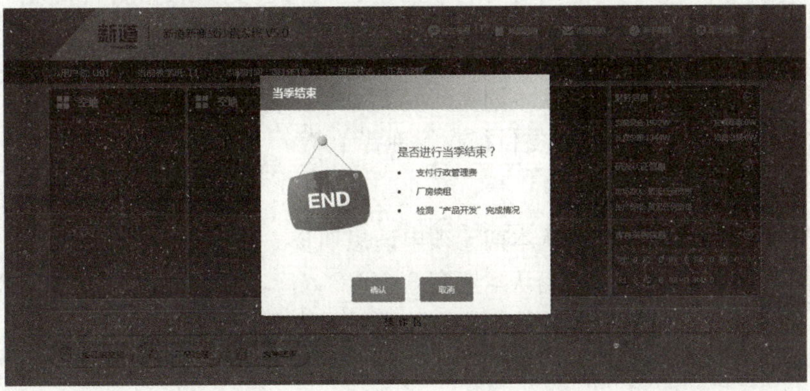

图 4-55　当季结束

2. 第二季度

(1) 申请短贷。财务总监确认本期无须申请短期贷款。

(2) 更新原料库。运营总监确认本期原料入库 0W。

(3) 下原料订单。运营总监确认无须订购原料。

(4) 购置厂房/厂房处理。运营总监确认本期无须购置厂房。

(5) 新建生产线/在建生产线/生产线转产。运营总监确认本期无须进行生产线操作。

微课
商战——第 1 年 2-4 季度经营

(6) 应收款更新。营销总监确认本期无应收款入账。

(7) 产品研发。运营总监确认本期需研发 P2、P5 产品，共投资 22W。

(8) 财务总监确认当季结束，支付行政管理费 10W。

3. 第三季度

(1) 申请短贷。财务总监确认本期无须申请短期贷款。

(2) 更新原料库。运营总监确认本期有 8 个 R3 入库,财务总监支付资金 80W,如图 4-56 所示。

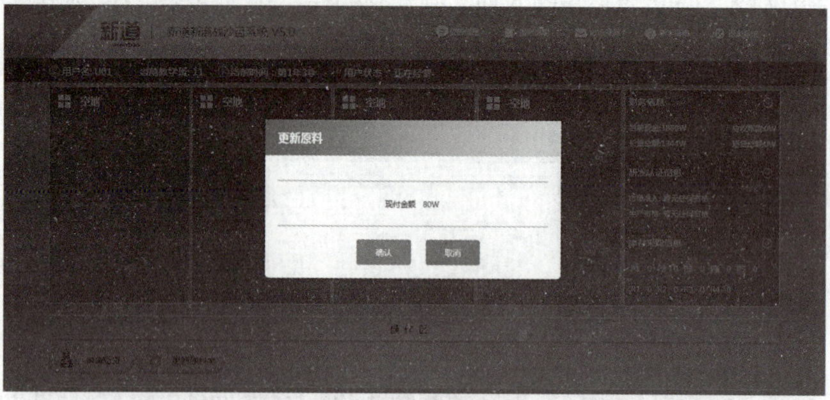

图 4-56 更新原料库(2)

(3) 下原料订单。运营总监确认订购原料 8 个 R2、8 个 R3。

(4) 购置厂房/厂房处理。运营总监确认本期无须购置厂房。

(5) 新建生产线/在建生产线/生产线转产。运营总监确认本期无须进行生产线操作。

(6) 应收款更新。营销总监确认本期无应收款入账。

(7) 产品研发。运营总监确认本期需研发 P2、P5 产品,共投资 22W。

(8) 财务总监确认当季结束,支付行政管理费 10W。

4. 第四季度

(1) 申请短贷。财务总监确认本期无须申请短期贷款。

(2) 更新原料库。运营总监确认本期有 8 个 R2 入库,财务总监支付资金 80W。

(3) 下原料订单。运营总监确认本期订购原料 8 个 R3。

(4) 购置厂房/厂房处理。运营总监确认本期需购置 1 个大厂房,支付购置厂房资金 420W,如图 4-57 所示;租一个大厂房,支付租金 42W,如图 4-58 所示。

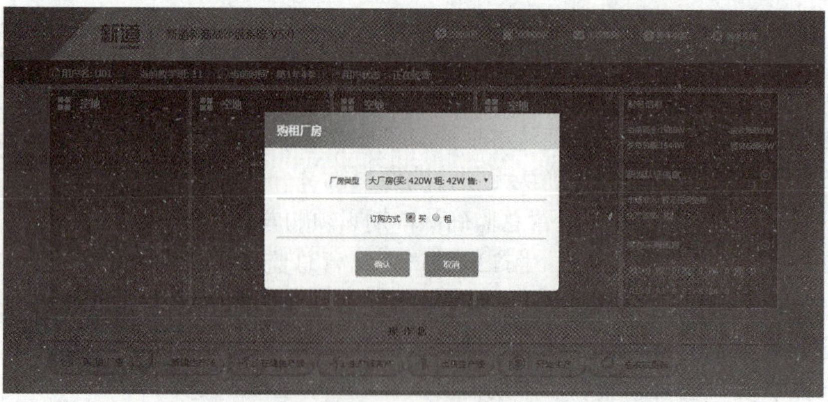

图 4-57 购置厂房

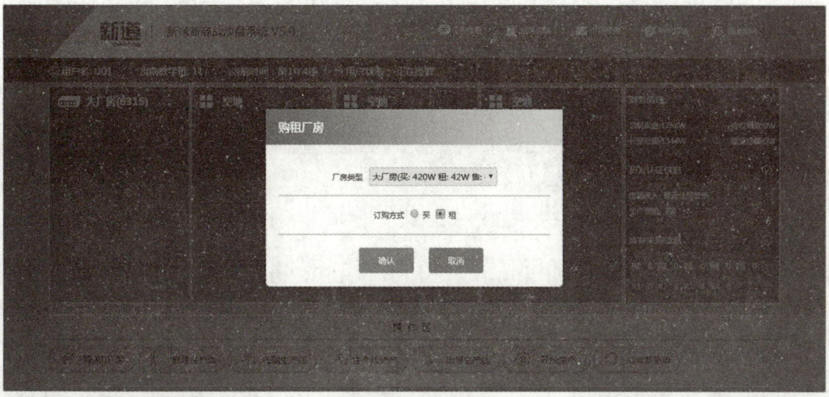

图 4-58　厂房租赁

(5) 新建生产线/在建生产线/生产线转产。运营总监确认本期需投资建设 8 条手工线,生产 P2 产品,如图 4-59 所示。此处操作 8 次,每次支付生产线建设费 35W。

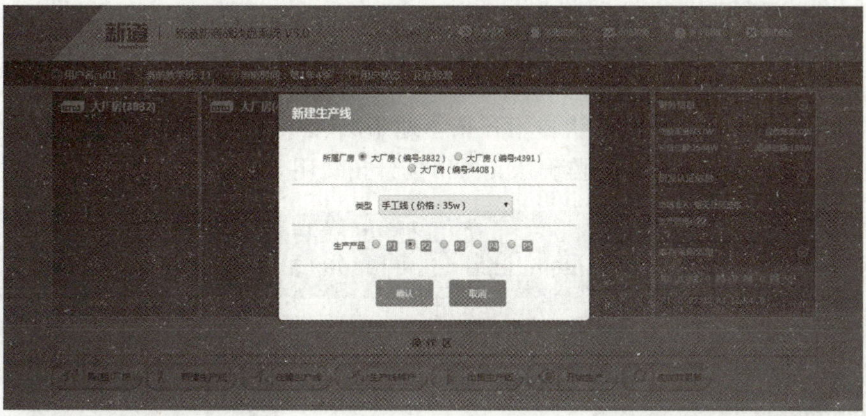

图 4-59　新建生产线

生产线建成后的盘面如图 4-60 所示。

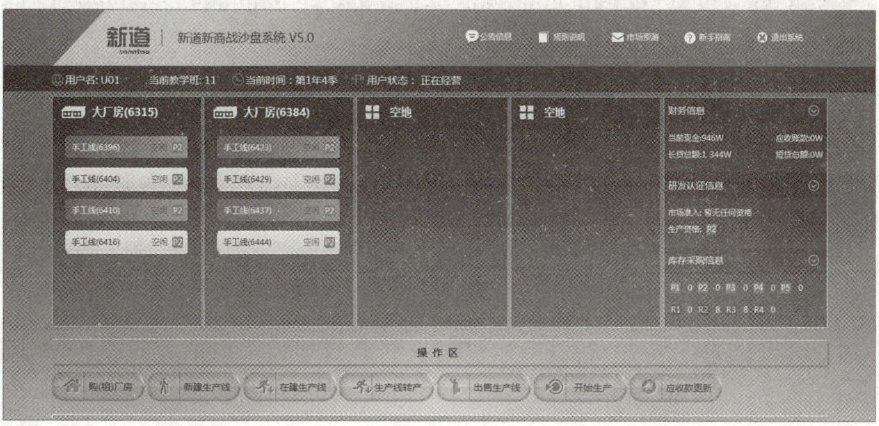

图 4-60　生产线建成后的盘面

(6) 开始下一批生产。运营总监确认 8 条手工线生产 P2 产品,如图 4-61 所示。财务总监确认支付加工费 80W。

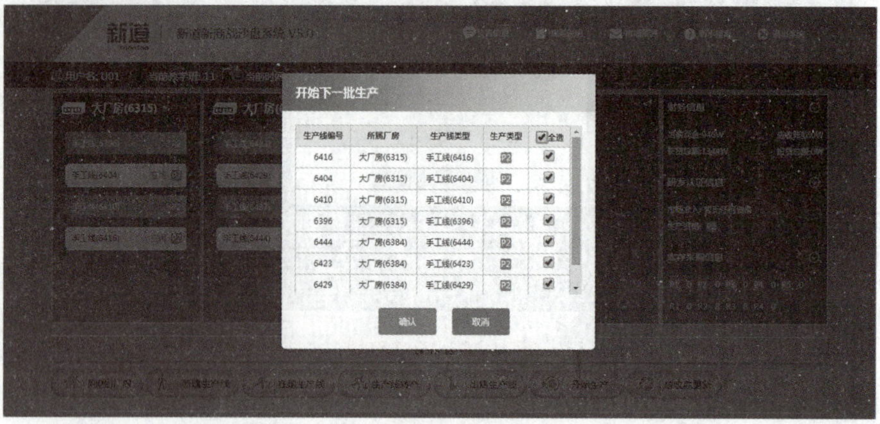

图 4-61　确认支付加工费用

(7) 应收款更新。营销总监确认本期无应收款入账。

(8) 产品研发。运营总监确认本期需研发 P5 产品,共投资 12W。

(9) 市场开拓。营销总监确认本年开拓本地市场、区域市场、国内市场、亚洲市场和国际市场,如图 4-62 所示。财务总监确认支付市场开拓费用 50W。

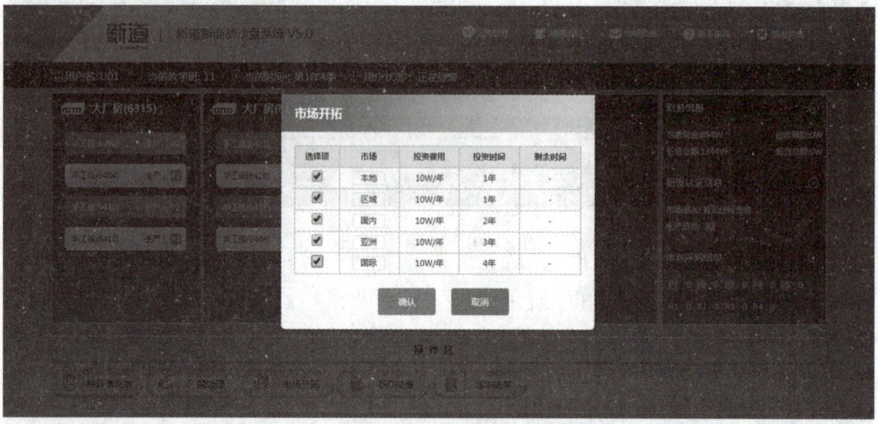

图 4-62　确认市场开拓费用

(10) ISO 认证。营销总监确认进行 ISO 9001 和 ISO 14000 认证,如图 4-63 所示。财务总监确认支付 ISO 认证费用 20W。

(11) 当年结束。财务总监确认本年结束,支付行政管理费 10W、设备维护费 40W,如图 4-64 所示。

(12) 填写报表。填写本年企业综合费用表、利润表和资产负债表如图 4-65、图 4-66 和图 4-67 所示。

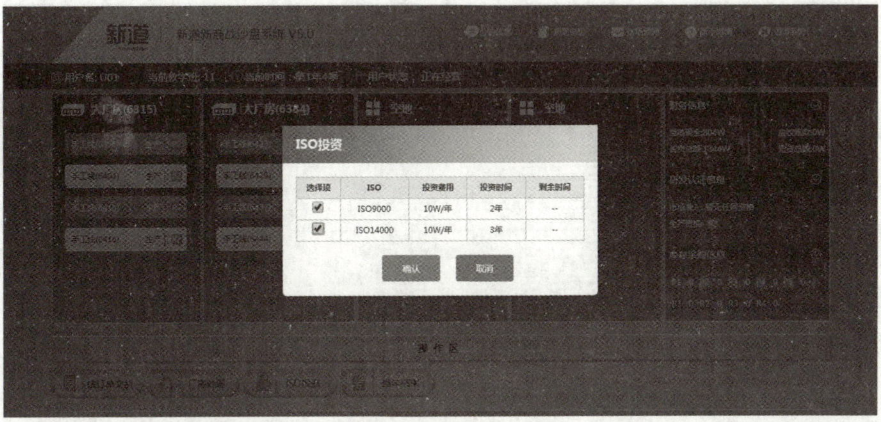

图 4-63　ISO 认证

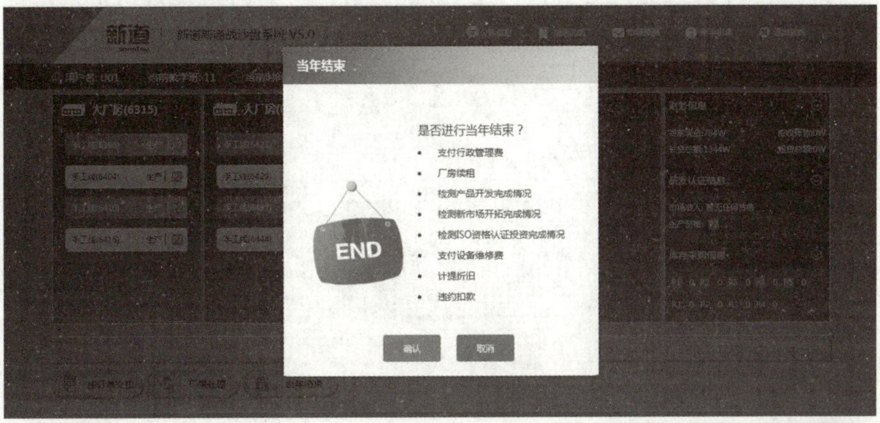

图 4-64　当年结束

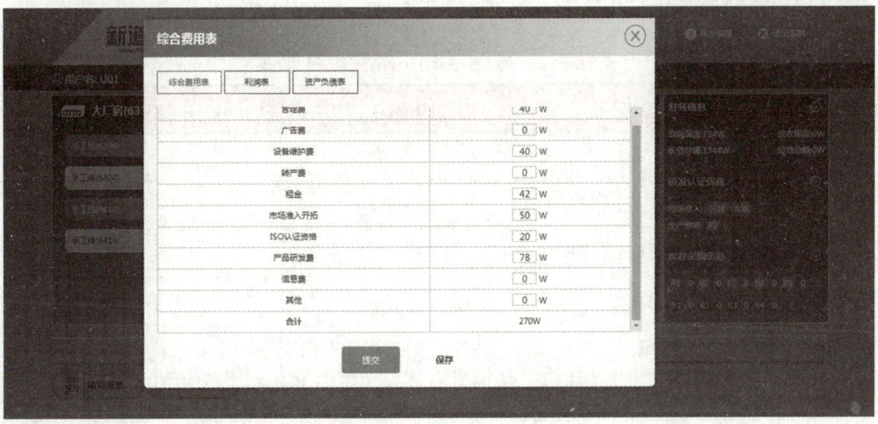

图 4-65　填写第一年综合费用表

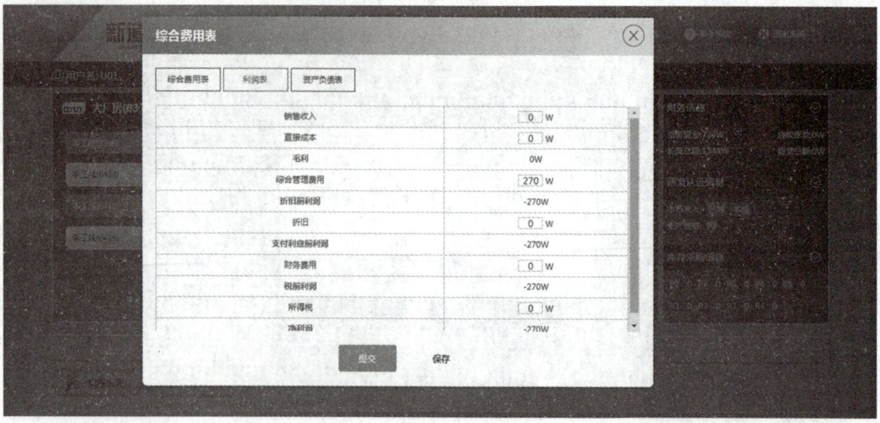

图 4-66　填写第一年利润表

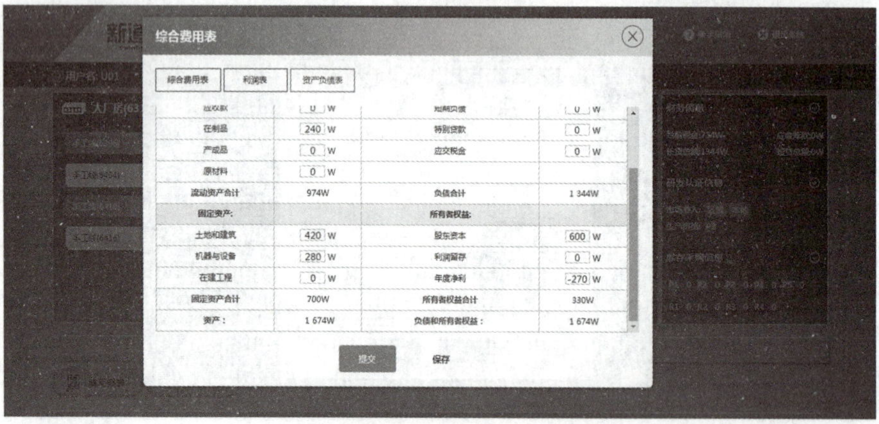

图 4-67　填写第一年资产负债表

第一年 U01 经营流程表如表 4-1 所示。

表 4-1　第一年 U01 经营流程表

操作顺序	操作流程	第一季度	第二季度	第三季度	第四季度
年初	广告投放				
	参加订货会选单/登记订单				
	参加竞单会/登记订单				
	支付税金				
	支付长贷利息				
	更新长期贷款/归还长期贷款				
	申请长期贷款	1 344			
1	更新短期贷款/短期贷款还本付息				

续表

操作顺序	操作流程	第一季度	第二季度	第三季度	第四季度
2	申请短期贷款				
3	原材料入库/更新原材料订单			−80	−80
4	下原材料订单	√		√	√
5	购买/租用厂房				−42−420
6	更新生产/完工入库				
7	新建/在建/转产/租赁/变卖生产线				−280
8	紧急采购原料(随时)				
9	开始下一批生产				−80
10	更新应收款/应收款收现				
11	紧急采购产成品(随时)				
12	按订单交货				
13	产品研发投资	−22	−22	−22	−12
14	厂房出售(买转租)/退租/租转买				
15	支付管理费	−10	−10	−10	−10
16	出售库存				
17	厂房贴现				
18	应收款贴现				
年末	缴纳违约订单罚款				
	支付设备维护费				−40
	计提折旧				
	新市场开拓/ISO 资格认证				−70
	结账	1 912	1 880	1 768	734

(13) 教师端下发公告文件。指导教师将各组的三张表下发到公告留言中,同时公布第一年经营结果,供各组进行比较分析,如图 4-68 所示。

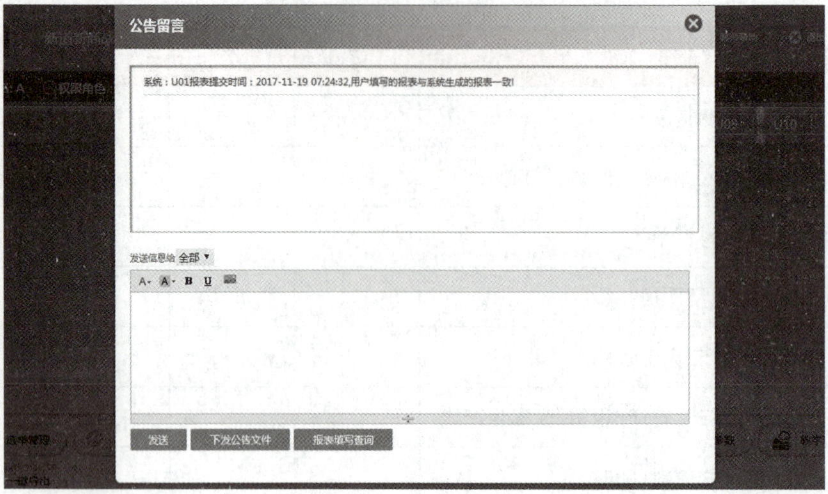

图 4-68　下发公告文件

微课
商战——第 2 年订货会

微课
商战——第 3 年订货会

微课
商战——第 4 年订货会和竞单会

微课
商战——第 5 年订货会

微课
商战——第 6 年订货会和竞单会

三、学生端操作——第二年经营

1. 第一季度

（1）参加订货会。营销总监进行广告投放，如图 4-69 所示。财务总监确认支付广告费 60W。

（2）教师端进入选单管理页面，待所有组投放广告完毕可以单击“开始选单”。

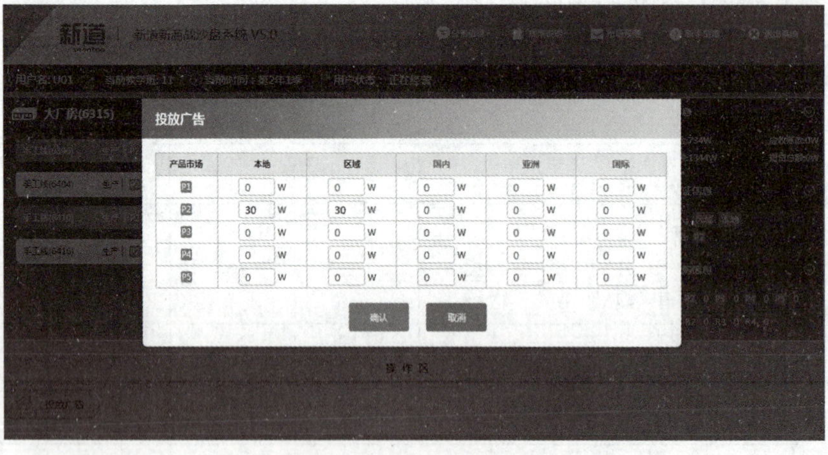

图 4-69　第二年经营投放广告

（3）学生进入选单页面，营销总监按照运营总监提供的产能情况进行选单，运营总监提供本企业第二年 U01 产能如表 4-2 所示，本组选单结果如图 4-70 所示。

表 4-2　第二年 U01 产能表

时　间	第一季度	第二季度	第三季度	第四季度
完工产品数量		8P2		8P2

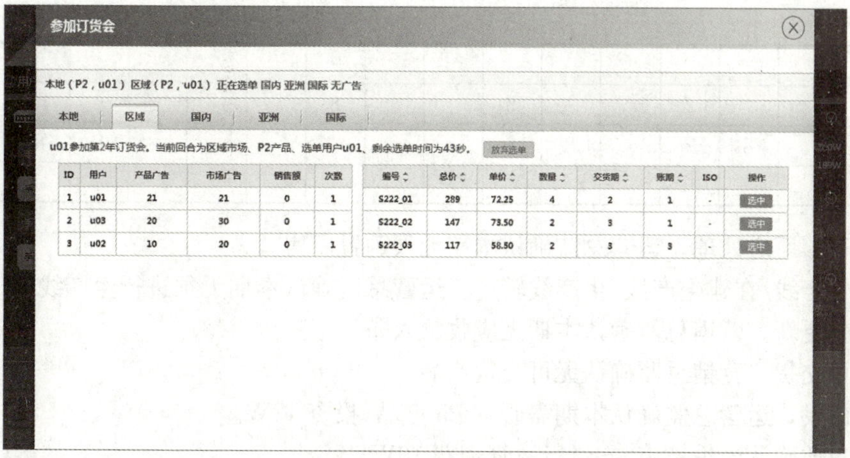

图 4-70　第二年 U01 选单

（4）学生可以通过单击主页的订单信息按钮查询本企业今年的订单情况，第二年 U01 订单信息如图 4-71 所示。

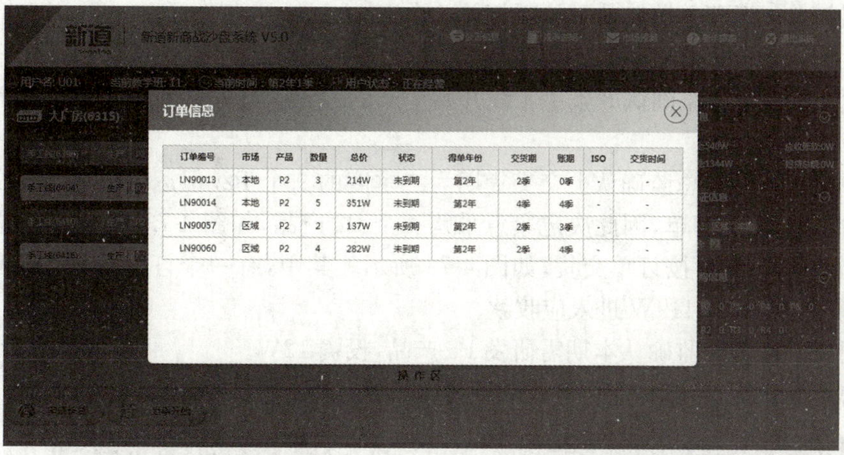

图 4-71　第二年 U01 订单信息

（5）支付长贷利息/申请长贷。财务总监确认支付长期贷款利息 134W，本年无长期贷款额度。

（6）申请短贷。财务总监确认本期无须借入短期贷款。

（7）更新原料库。运营总监确认有 8 个 R3 入库，财务总监支付资金 80W。

（8）下原料订单。运营总监根据第二年 U01 原料采购表（见表 4-3）确认下原料订单8 个R2。

表 4-3　第二年 U01 原料采购表

第一年	第一季度				第二季度				第三季度				第四季度			
原料	R1	R2	R3	R4	R1	R2	R3	R4	R1	R2	R3	R4	R1	R2	R3	R4
订购数量			8							8	8				8	
采购入库											8			8		

微课
商战——第 2 年
1-4 季度经营

微课
商战——第 3 年
1-4 季度经营

微课
商战——第 4 年
1-4 季度经营

微课
商战——第 5 年
1-4 季度经营

微课
商战——第 6 年
1-4 季度经营

续表

完成记录																
订购数量		8					8			8					12	
采购入库			8			8	8							8	8	
完成记录																

(9) 购置厂房/厂房处理。运营总监确认本期无须购置厂房。

(10) 新建生产线/在建生产线/生产线转产。运营总监确认本期无须进行生产线操作。

(11) 应收款更新。营销总监确认本期无应收款入账。

(12) 按订单交货。营销总监确认无可交货产品。

(13) 产品研发。运营总监确认本期需研发 P5 产品,投资 12W。

(14) 财务总监确认当季结束,支付行政管理费 10W。

2. 第二季度

(1) 申请短贷。财务总监确认本期无短期贷款额度。

(2) 原料入库。运营总监确认有 8 个 R2、8 个 R3 入库,财务总监支付资金 160W。

(3) 下原料订单。运营总监确认下原料订单 8 个 R3。

(4) 更新生产。运营总监确认入库产成品 8 个 P2 产品。

(5) 开始生产。运营总监确认 8 条手工线开始生产 P2 产品,财务总监确认支付 80W 加工费。

(6) 按订单交货。营销总监确认上交交货期为二季度的 9 个 P2,但运营总监确认少一个 P2 产品,不能完全上交订单,因此决定紧急采购一个 P2 产品,如图 4-72 所示,财务总监支付紧急采购款 90W。之后按订单交货,如图 4-73 所示。其中,有一个订单金额 214W 为 0 账期,直接入现金库,其他 419W 进入应收款。

(7) 产品研发。运营总监确认本期需研发 P5 产品,投资 12W。

(8) 财务总监确认当季结束,支付行政管理费 10W。

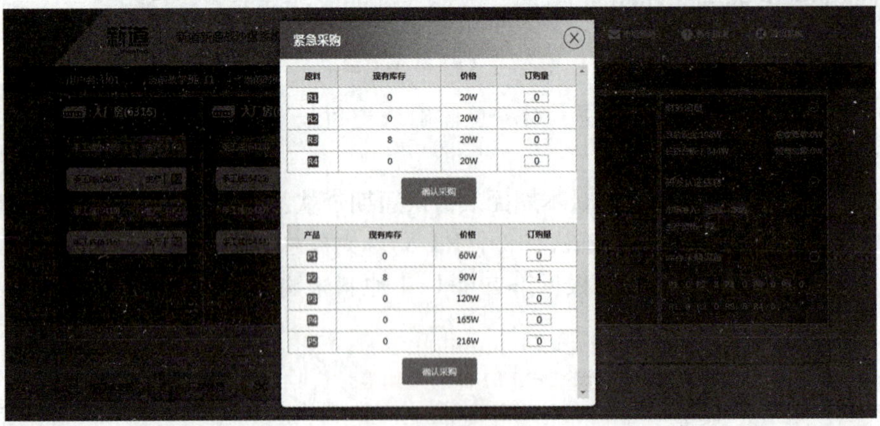

图 4-72 紧急采购

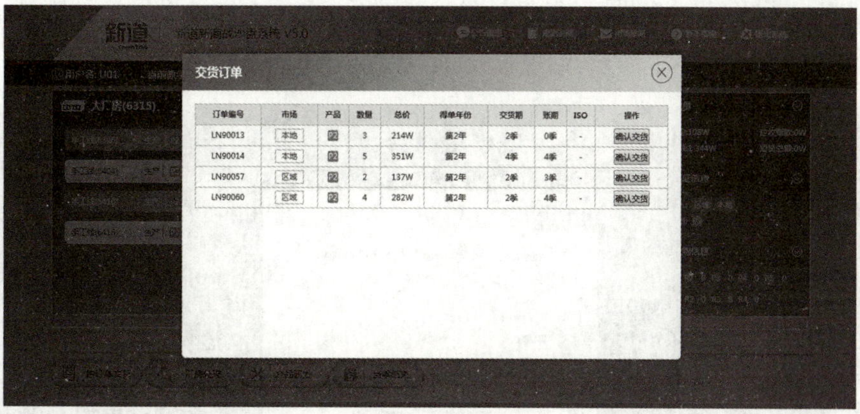

图 4-73　按订单交货

3. 第三季度

(1) 申请短贷。财务总监确认本期无短期贷款额度。

(2) 原料入库。运营总监确认本期无入库原料。

(3) 下原料订单。运营总监确认下原料订单 8 个 R2。

(4) 更新应收款。财务总监确认本期无应收款入账。

(5) 产品研发。运营总监确认本期无须研发产品。

(6) 财务总监确认当季结束,支付行政管理费 10W。

4. 第四季度

微课
商战——第 3 年
第四季度

(1) 申请短贷。财务总监确认本期无短期贷款额度。

(2) 原料入库。运营总监确认有 8 个 R2、8 个 R3 入库,财务总监支付资金 160W。

(3) 下原料订单。运营总监确认下原料订单 12 个 R3。

(4) 更新生产。运营总监确认入库产成品 8 个 P2 产品。

(5) 开始生产。运营总监确认 5 条手工线开始生产 P2 产品,3 条手工线开始生产 P5 产品,由于缺少 R1 原材料,因此紧急采购 3 个 R1。运营总监进入生产线转产页面将 3 条手工线转产为 P5 产品(见图 4-74),然后开始生产。

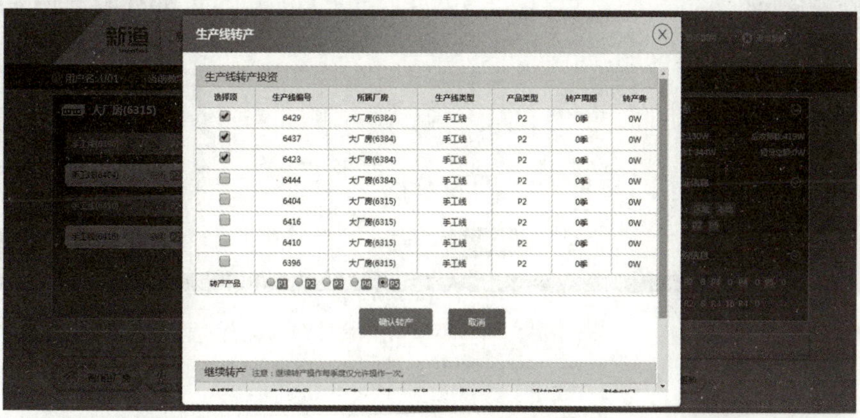

图 4-74　生产线转产

财务总监确认支付 80W 加工费,60W 紧急采购款。此时企业现金不足,财务总监进行应收款贴现操作,如图 4-75 所示,贴现收入 246W。

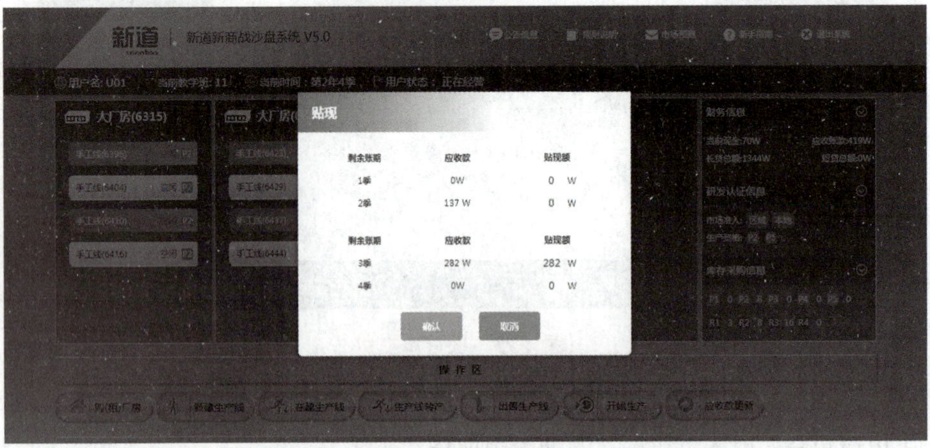

图 4-75 应收款贴现

(6) 按订单交货。营销总监确认交货 5 个 P2,351W 进入应收款。

(7) 市场开拓。营销总监确认本年开拓国内市场、亚洲市场和国际市场,财务总监确认支付市场开拓费用 30W。

(8) ISO 认证。营销总监确认进行 ISO 9001 认证。财务总监确认支付 ISO 认证费用 10W。

(9) 结账。当年结束,系统自动扣除支付行政管理费 10W,1 个厂房租金 42W,设备维修费 40W,计提折旧 80W。

(10) 填写报表。第二年 U01 综合费用表、利润表和资产负债表,如图 4-76、图 4-77 和图 4-78 所示。

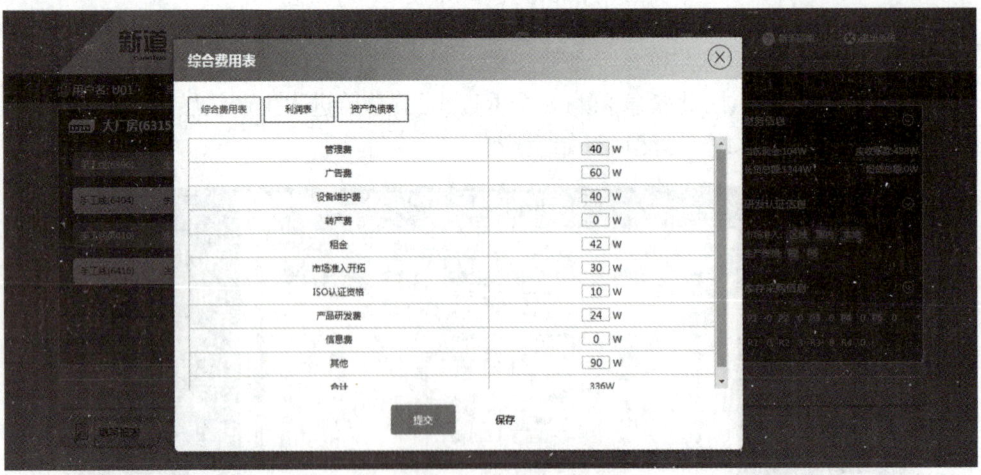

图 4-76 第二年 U01 综合费用表

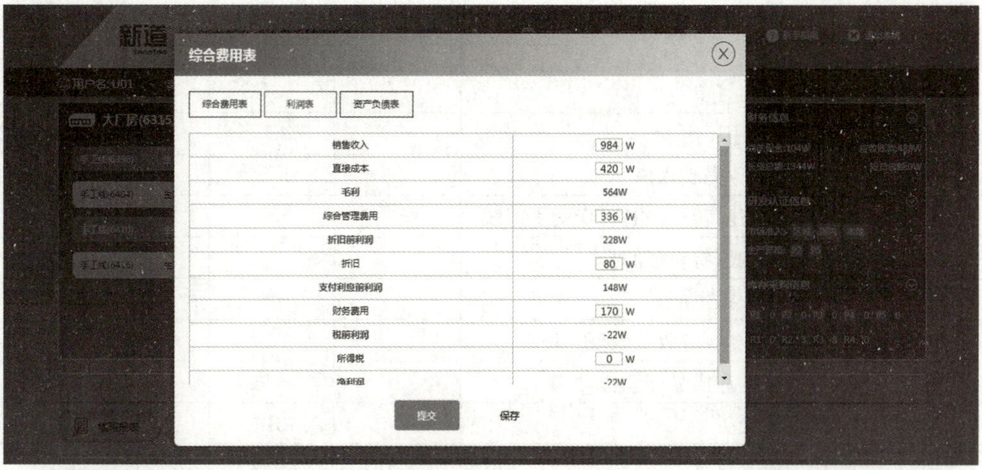

图 4-77　第二年利润表

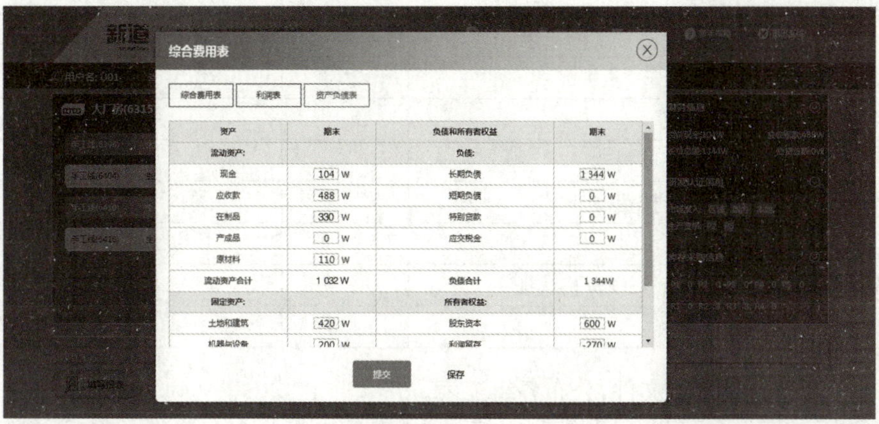

图 4-78　第二年资产负债表

第二年 U01 经营流程表如表 4-4 所示。

表 4-4　第二年 U01 经营流程表

操作顺序	操作流程	第一季度	第二季度	第三季度	第四季度
年初	广告投放	−60			
	参加订货会选单/登记订单				
	参加竞单会/登记订单				
	支付税金				
	支付长贷利息	−134			
	更新长期贷款/归还长期贷款				
	申请长期贷款				
1	更新短期贷款/短期贷款还本付息				
2	申请短期贷款				
3	原材料入库/更新原材料订单	−80	−160		−160

续表

操作顺序	操作流程	第一季度	第二季度	第三季度	第四季度
4	下原材料订单	√	√	√	√
5	购买/租用厂房				−42
6	更新生产/完工入库				
7	新建/在建/转产/租赁/变卖生产线				
8	紧急采购原材料(随时)				−60
9	开始下一批生产		−80		−80
10	更新应收款/应收款收现				
11	紧急采购产成品(随时)		−90		
12	按订单交货		214		
13	产品研发投资	−12	−12		
14	厂房出售(买转租)/退租/租转买				
15	支付管理费	−10	−10	−10	−10
16	出售库存				
17	厂房贴现				
18	应收款贴现				246
年末	缴纳违约订单罚款				
	支付设备维护费				−40
	计提折旧				(80)
	新市场开拓/ISO 资格认证				−40
	结账	438	300	290	104

(11) 教师端下发公告文件,公布各组三表。

第三年及以后各年的操作同前两年,第三年、第六年竞单会在订货会之后,各组竞单成功后,竞单也列入订单列表,各小组可以在订单列表中查看,并按期交货、收款。

情境小结

通过电子沙盘操作的训练可以拓展学员模拟经营的视野,使学员学到更多种类的经营规则,并能对市场进行预测,具备应对不同市场状况、做出不同经营决策的能力。学员能够真正对 ERP 沙盘产生兴趣,不断探索新的经营策略和竞争策略。

微实训

请以自己模拟经营的企业为例说明企业如何合理安排技术研发。

学习情境五　新道"约创"电子沙盘模拟经营过程

学习目标

了解新道"约创"电子沙盘的操作流程；

能够基于对手工沙盘原理的理解，深入研究"约创"电子沙盘的操作规则；

能够在"约创"沙盘的规则下制定企业的相关经营策略。

素养目标

训练良好的沟通技巧与表达习惯；

培训合作共赢的团结意识。

情境引入

本学习情境旨在进行手工沙盘模拟企业经营推演的基础上让学生理解ERP沙盘的精髓所在，并领会如何培养团队精神，如何带领团队在沙盘模拟经营活动中胜出。学生应掌握"约创"电子沙盘的基本操作，明确职责分工，使模拟经营过程更具专业性，并能够扩展企业模拟经营策略的思路。

模块一　新道“约创”电子沙盘操作流程

“约创”的教师端操作和新道以前版本的软件差异不大,此处不再赘述。这里主要介绍学生端的操作要点。“约创”的学生操作界面更加直观、友好,角色分工更加明晰,在操作界面和角色任务的填报设计方面都有很大的提升。

一、“约创”软件操作的基本流程

(1) 总经理按照老师分配的账号登入沙盘操作主页(见图 5-1)。

资料
竞赛背景资料

图 5-1　总经理登入沙盘操作主页

(2) 登入界面后将进入自己的公司进行任务操作,单击“公司大厦”(见图 5-2)。

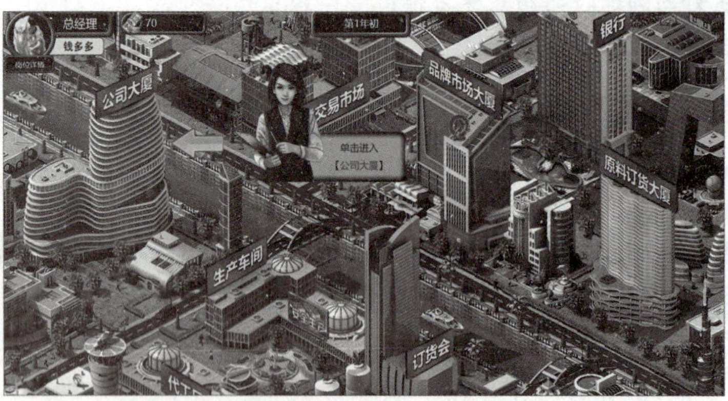

微课
约创——第 1 年选单

图 5-2　单击“公司大厦”

(3) 进入公司大厦界面后，先单击“总经理办公室”按钮进入总经理办公室(见图 5-3)。

图 5-3　公司大厦界面

(4) 进入总经理办公室界面后(见图 5-4)，单击“公司详情”按钮，进入公司详情界面（见图 5-5)，了解公司的现状。

图 5-4　总经理办公室界面

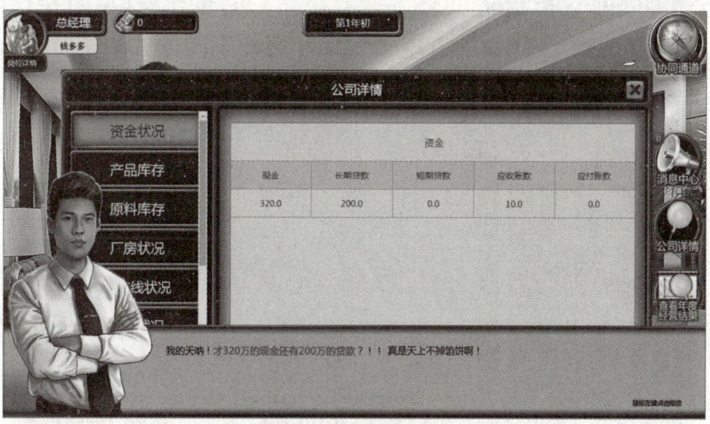

图 5-5　公司详情界面

(5) 返回“总经理办公室”界面，通过“协同通道”进入“财务总监办公室”界面(见图 5-6)，了解企业的详细信息(见图 5-7)。

图 5-6　通过“协同通道”进入“财务总监办公室”

图 5-7　“财务总监办公室”界面

(6) 由财务总监查看公司的资金状况(见图 5-8)、公司的产品库存(见图 5-9)、公司的原料库存(见图 5-10)、公司的厂房状况(见图 5-11)、公司的生产线状况(见图 5-12)、公司的资质状况(见图 5-13)、公司的操作人员状况(见图 5-14)、公司 OID 的集合(见图 5-15)、公司的知名度集合(见图 5-16)。可以看到，公司目前有现金 320 万元，长期贷款 200 万元，应收账款 10 万元。

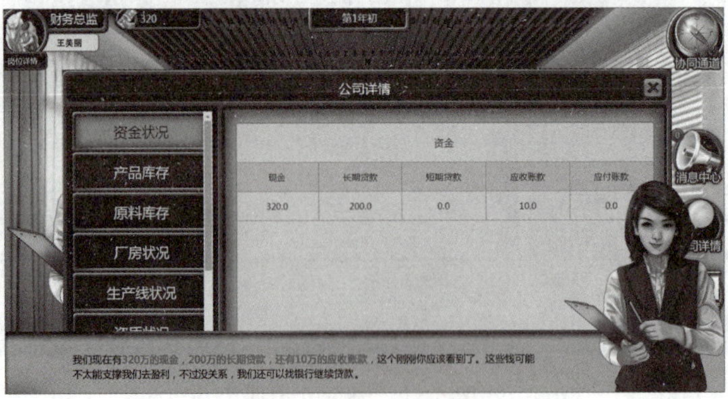

图 5-8　公司的资金状况

微课
约创——第 1 年第一季度

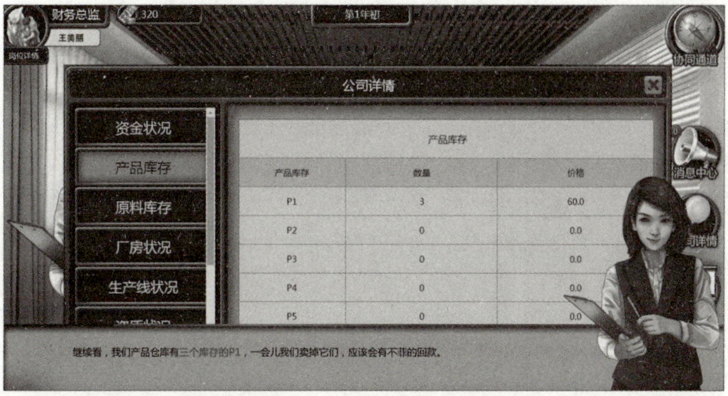

图 5-9　公司的产品库存

微课
约创——第 1 年第二季度

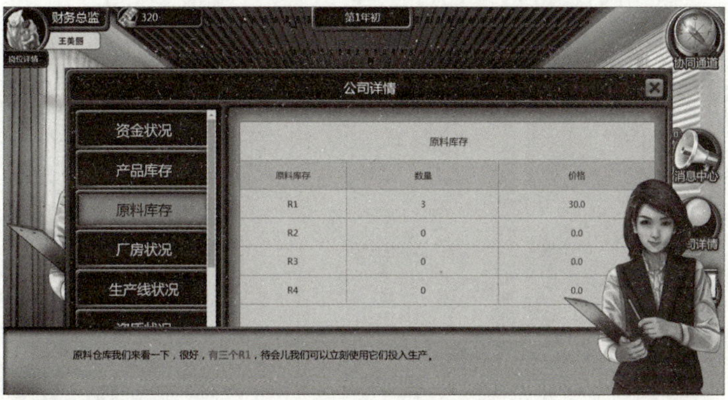

图 5-10　公司的原料库存

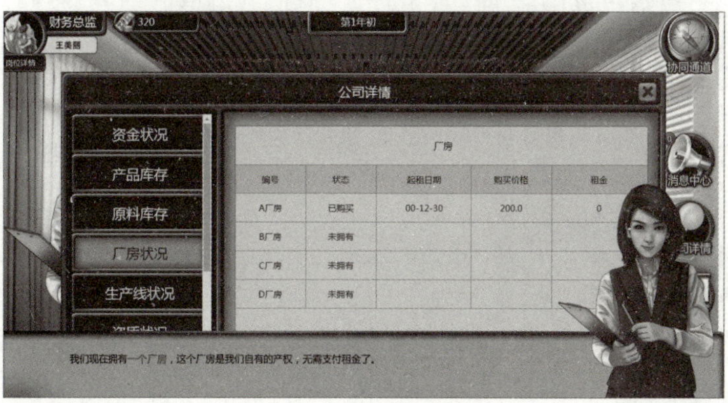

图 5-11　公司的厂房状况

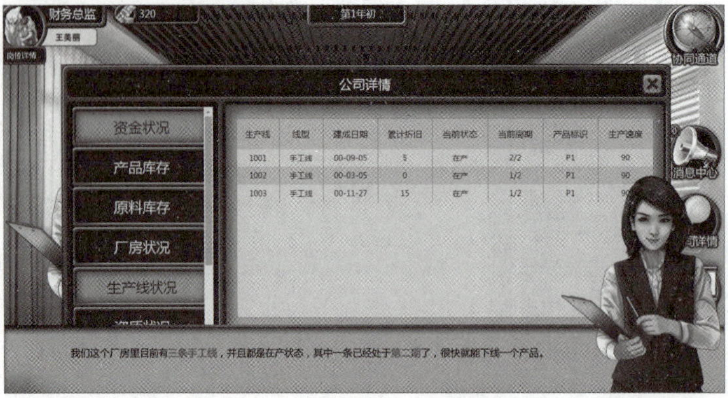

图 5-12　公司的生产线状况

微课
约创——第 1 年第三季度

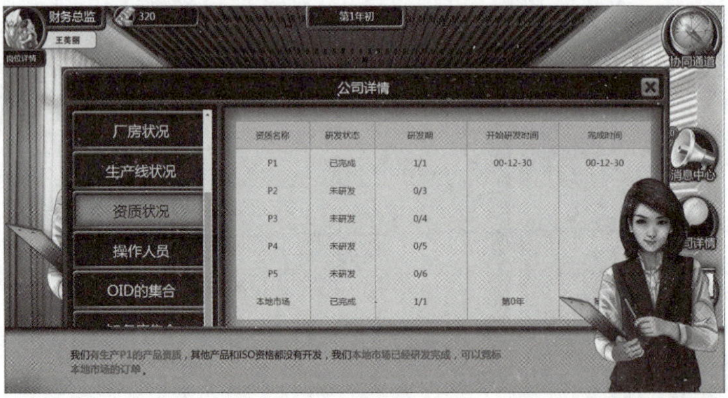

图 5-13　公司的资质状况

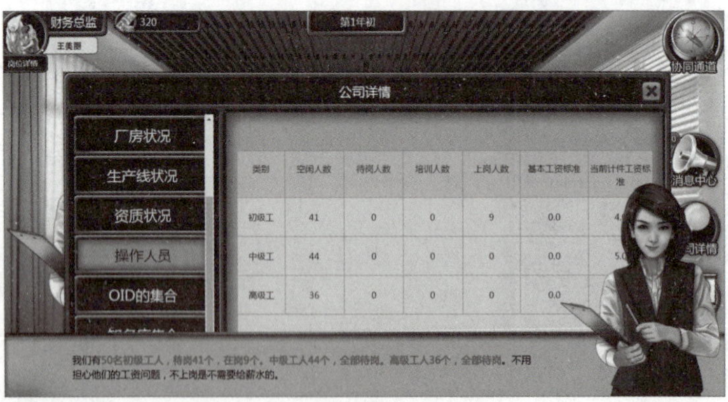

图 5-14　公司的操作人员状况

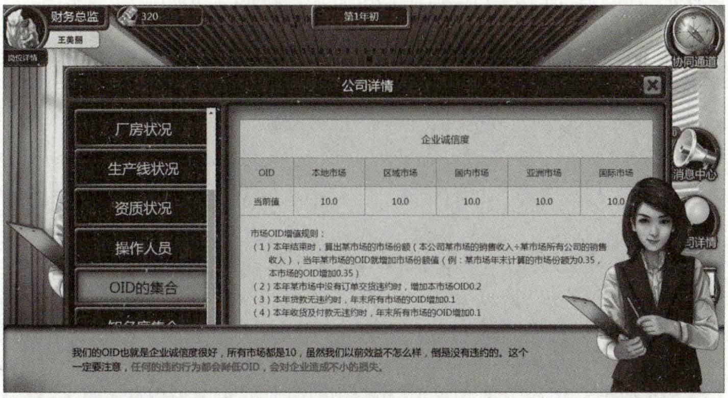

图 5-15　公司 OID 的集合

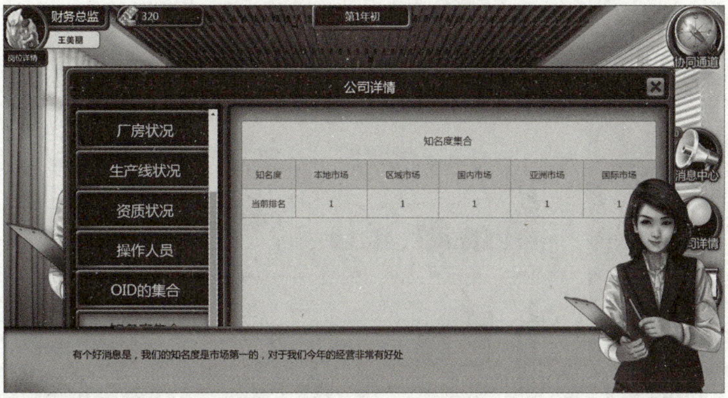

图 5-16　公司的知名度集合

(7) 返回单击进入“年初订货”(见图 5-17),参加订货会。

图 5-17　参加订货会

(8) 在参加订货会前,先进行市场分析(见图 5-18、图 5-19)。

图 5-18　市场分析入口

微课
约创——第 2 年第一季度

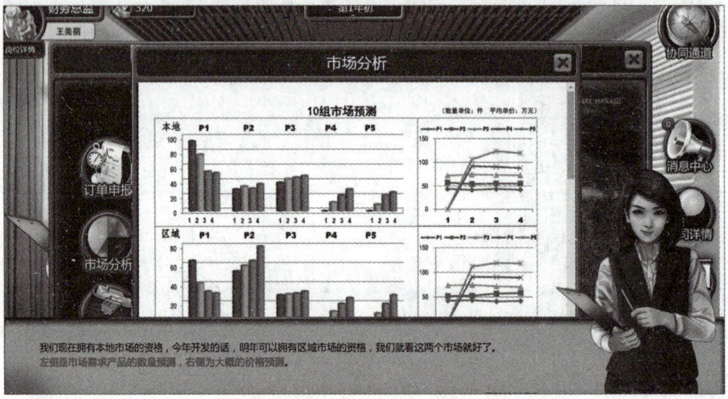

图 5-19　市场分析图

(9) 如果决定做 P1 产品了,需要进入生产总监的办公室查看企业能够生产多少 P1 产品,通过“协同通道”(见图 5-20)进入“生产总监办公室”(见图 5-21)。

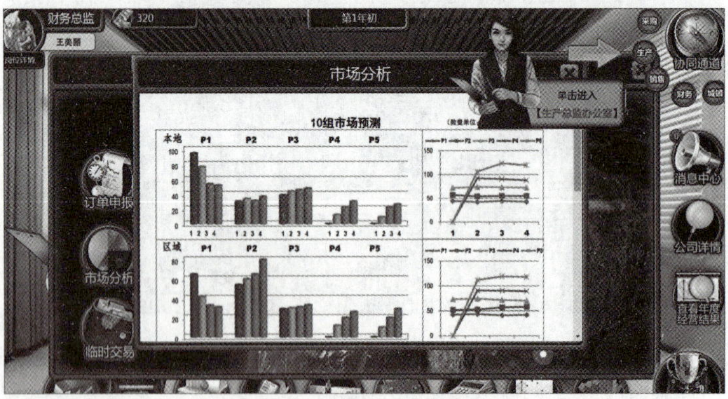

图 5-20　通过“协同通道”进入“生产总监办公室”

图 5-21　生产总监办公室

微课
约创——第 2 年
第二季度

(10) 通过“厂房”(见图 5-22)入口进入查看企业的厂房情况(见图 5-23)。

图 5-22　“厂房”入口

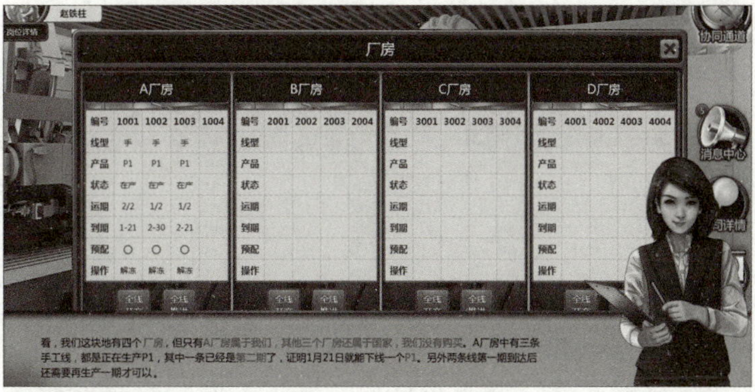

图 5-23　企业的厂房情况

(11) 不同生产线的建设和使用规则如图 5-24、图 5-25 所示。

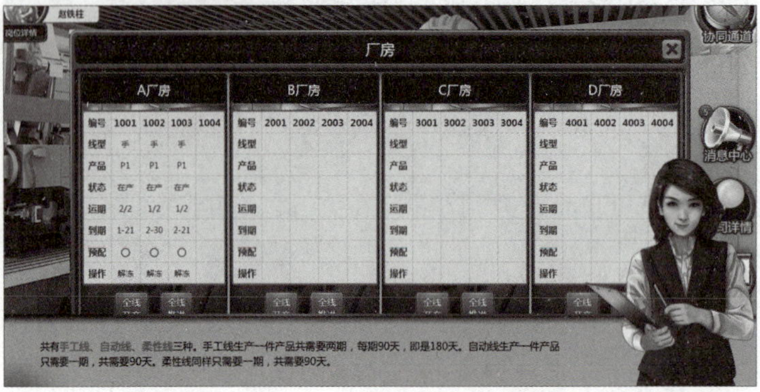

图 5-24　不同生产线的建设和使用规则(1)

微课
约创——第 2 年
第三季度

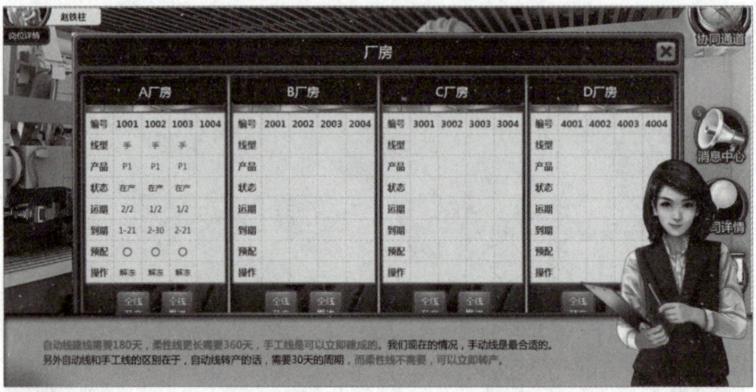

图 5-25　不同生产线的建设和使用规则(2)

(12) 在“约创”的规则中，原材料是有期限的。原材料到期时间在系统中都会有体现(见图 5-26)。

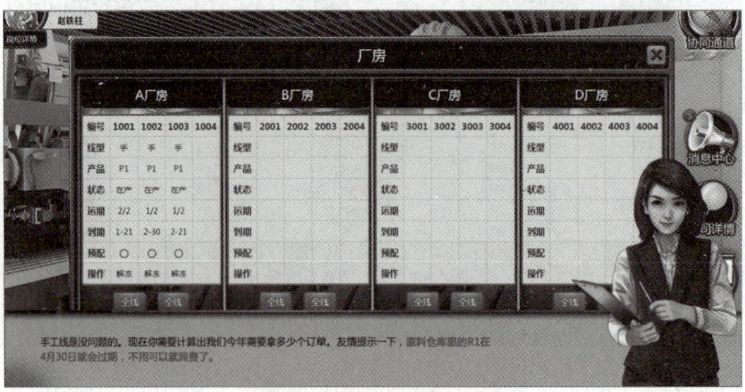

图 5-26　原材料期限问题

（13）生产线的产能计算举例如图 5-27、图 5-28、图 5-29、图 5-30 所示。

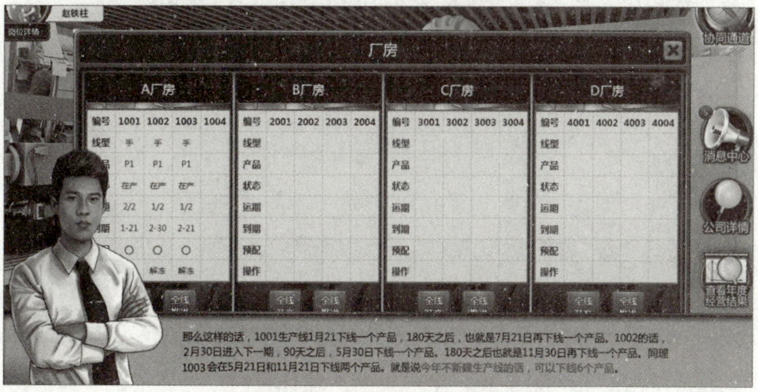

微课
约创——第 2 年第四季度

图 5-27　生产线的产能计算(1)

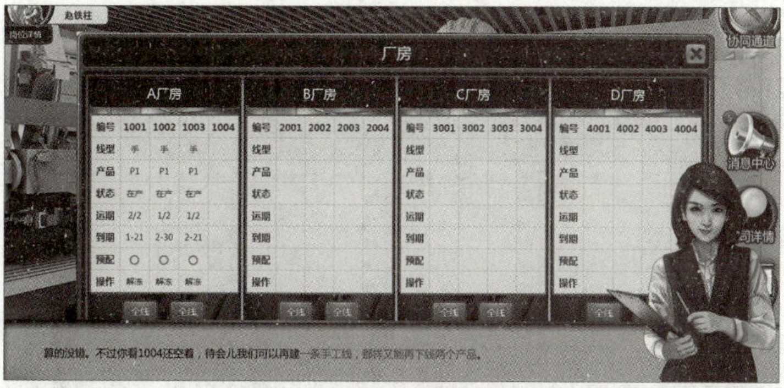

图 5-28　生产线的产能计算(2)

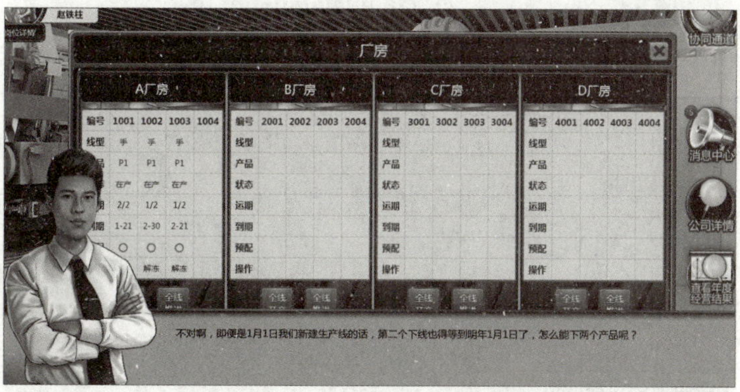

图 5-29　生产线的产能计算(3)

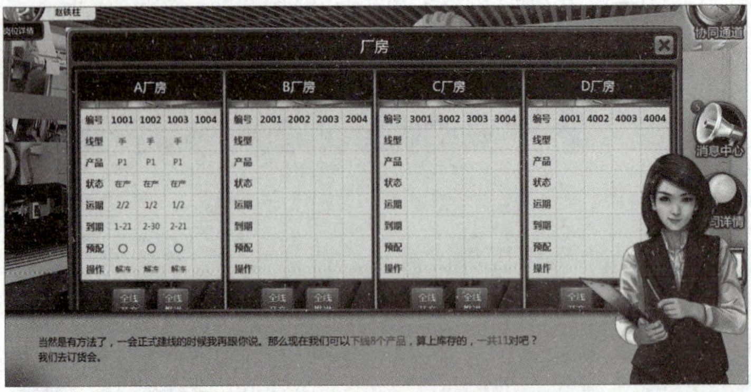

图 5-30 生产线的产能计算(4)

(14) 产能计算好了之后，返回订货会(见图 5-31)投放广告(见图 5-32、图 5-33、图 5-34、图 5-35、图 5-36)，拿订单。

图 5-31 返回订货会

微课
约创——第3年选单

图 5-32 投放广告(1)

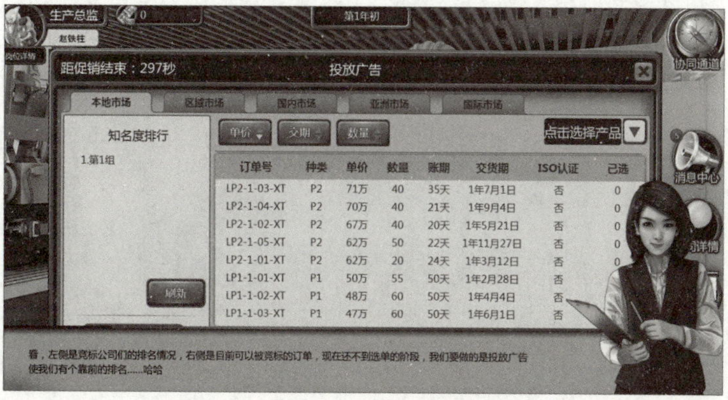

图 5-33 投放广告(2)

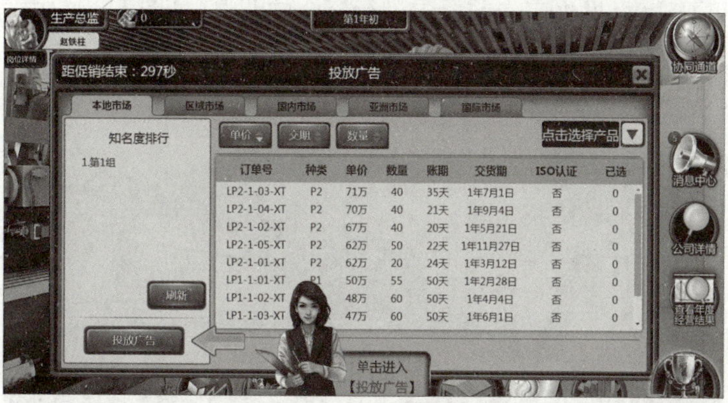

图 5-34 投放广告(3)

微课
约创——第 3 年
第一季度

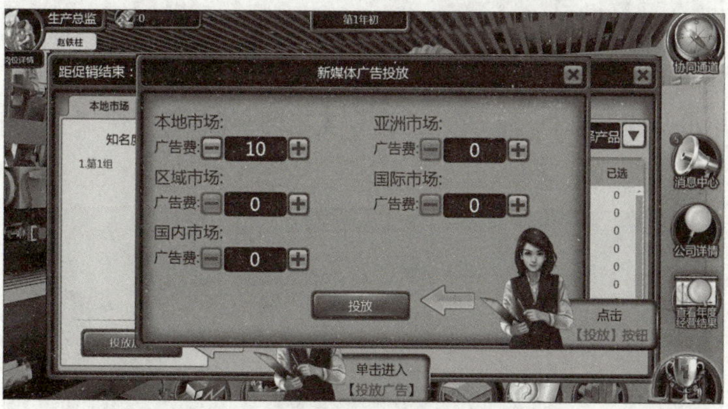

图 5-35 投放广告(4)

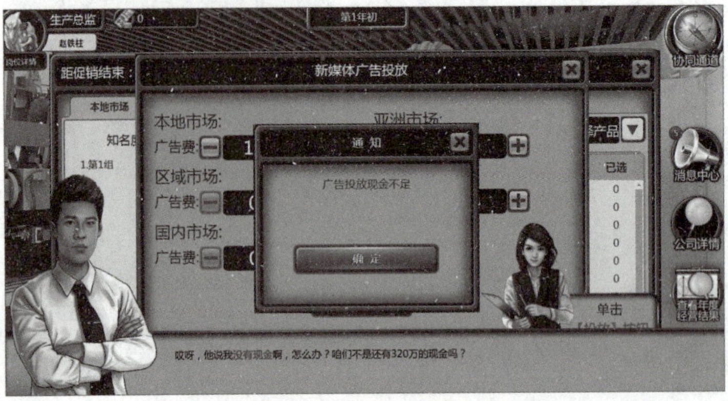

微课
约创——第 3 年第二季度

图 5-36　投放广告(5)

(15) 在这里要注意,投放广告前要先进行资金的调拨(见图 5-37),由总经理进行预算申请。

图 5-37　总经理进行预算申请

(16) 一般申报金额(见图 5-38)是本次预计支出的金额,为了保证企业正常的现金流和下面的活动顺利进行。

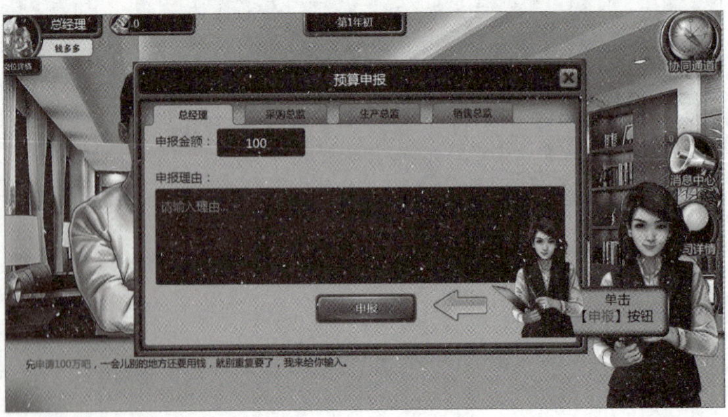

图 5-38　申报预算

(17) 财务总监通过协同通道进入自己的界面进行拨款(见图 5-39、图 5-40)。

微课
约创——第 3 年第三季度

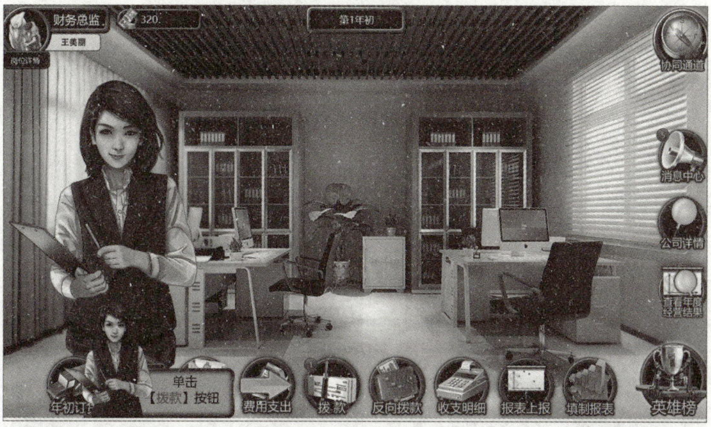

图 5-39　拨款(1)

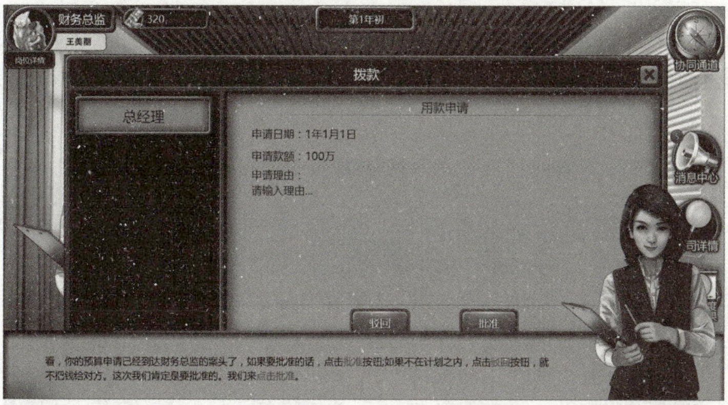

图 5-40　拨款(2)

(18) 拨款后，总经理从协同通道回到自己的办公室(见图 5-41)。

图 5-41　总经理回到办公室

(19) 总经理拿到拨款后,先做资质研发,总经理单击“资质开发”按钮进入“资质开发”(见图 5-42)。

图 5-42　进入“资质开发”

微课
约创——第 3 年第四季度

(20) 先看市场准入资质(见图 5-43)。将下侧的滚动条向左拉动,就会看到国际市场了。国际市场没有在第一页面显示。在初始状态下,本地市场已经开拓,可以开拓其他市场(见图 5-44)。

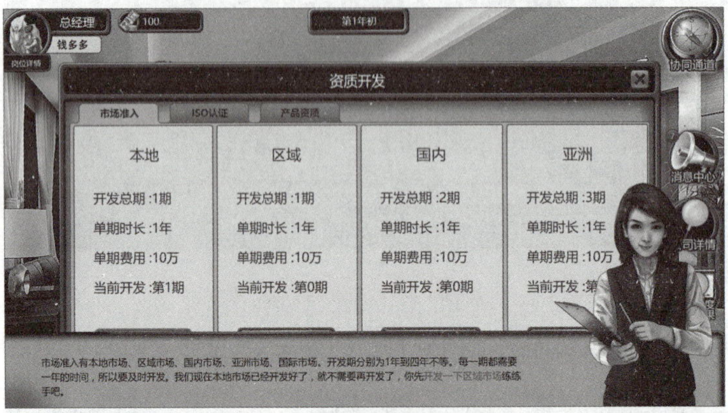

图 5-43　查看市场准入资质

图 5-44　市场准入资质开发

(21) 接下来看 ISO 认证情况(见图 5-45)。

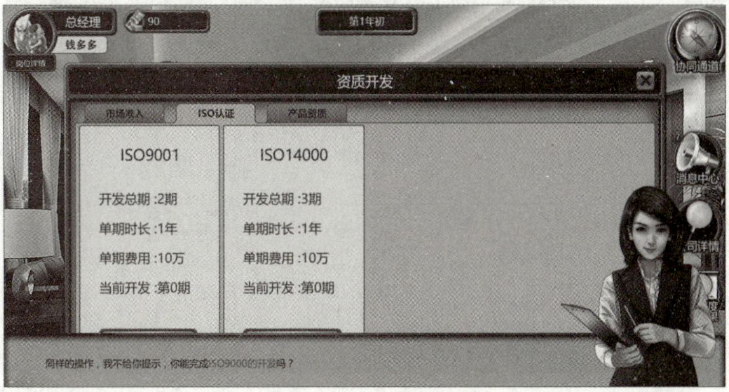

微课
约创——第 4 年选单

图 5-45　查看 ISO 认证情况

(22) 最后看产品研发情况(见图 5-46)。

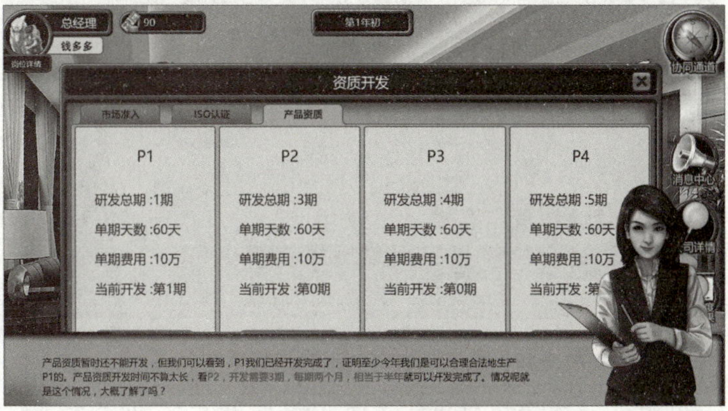

图 5-46　产品资质开发情况

(23) 了解了以上情况后,返回订货会进行选单(见图 5-47、图 5-48、图 5-49)。

图 5-47　返回订货会进行选单

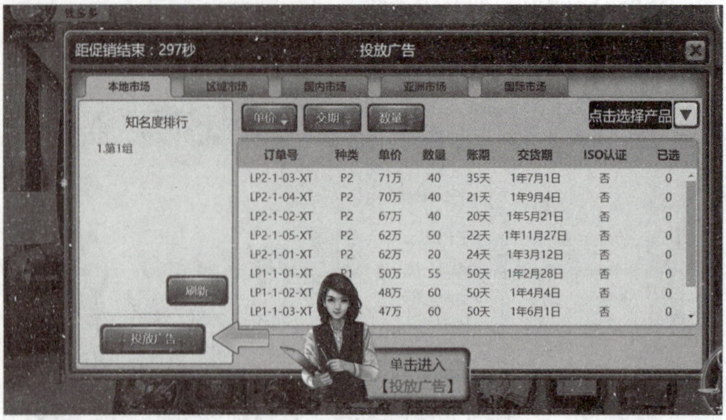

微课
约创——第 4 年第一季度

图 5-48　单击"投放广告"查看订单情况(1)

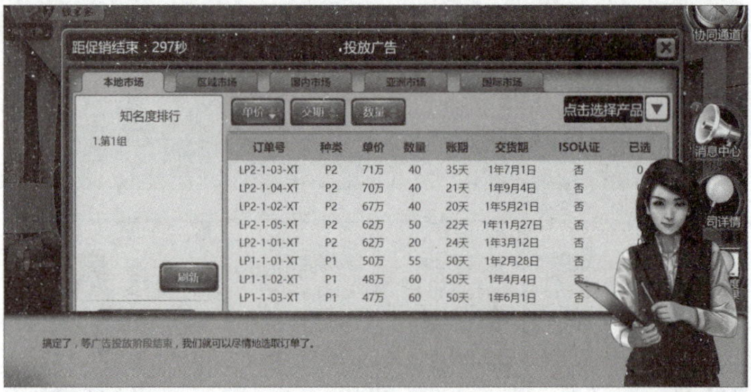

图 5-49　单击"投放广告"查看订单情况(2)

(24) 选单时按照自己要选的产品进行筛选订单(见图 5-50、图 5-51、图 5-52、图 5-53)。

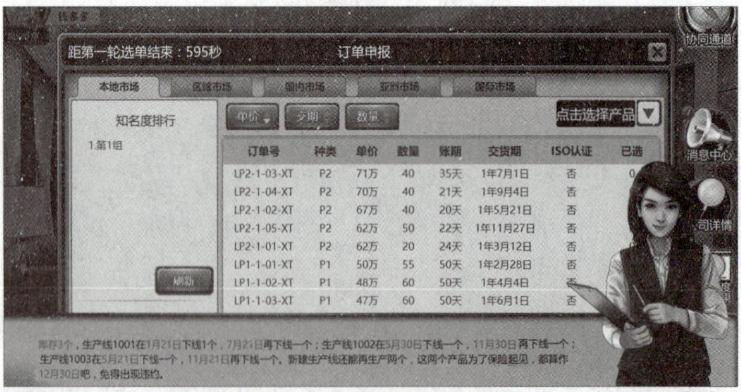

图 5-50　按产能筛选订单(1)

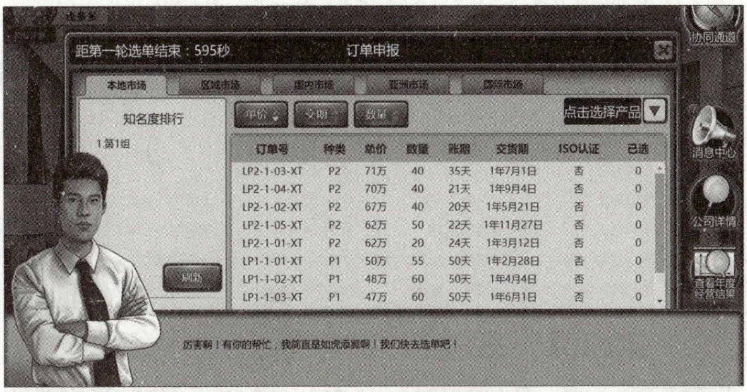

图 5-51　按产能筛选订单(2)

微课
约创——第 4 年
第二季度

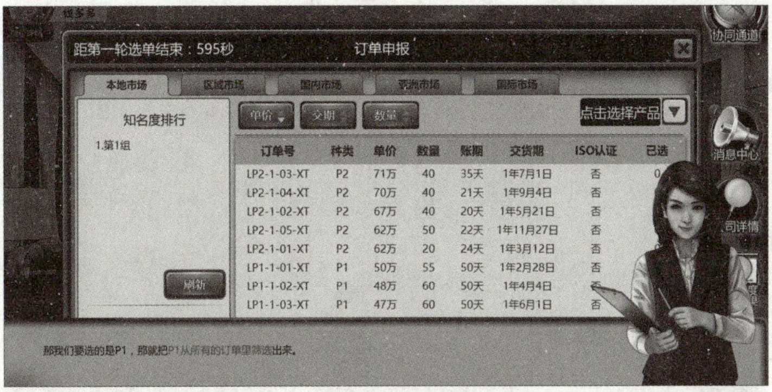

图 5-52　按产能筛选订单(3)

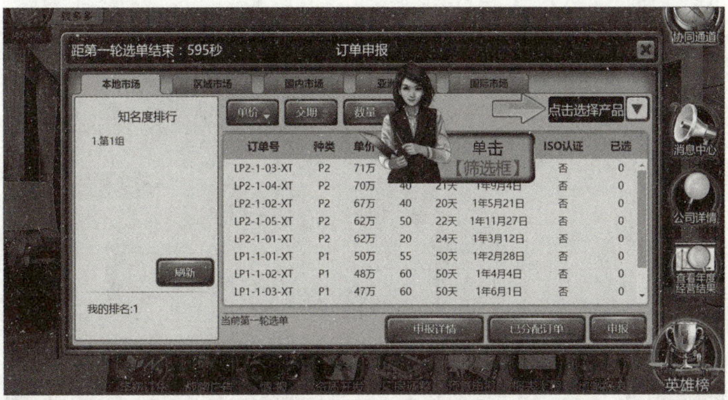

图 5-53　按产能筛选订单(4)

(25)“约创”在选单这里和其他规则不同，订单的产品、价格、数量、账期、交货期、认证要求都会给出，但是每个订单的数量是要按照自己的生产能力填写的(见图 5-54、图 5-55、图 5-56、图 5-57)。

图 5-54　订单申报(1)

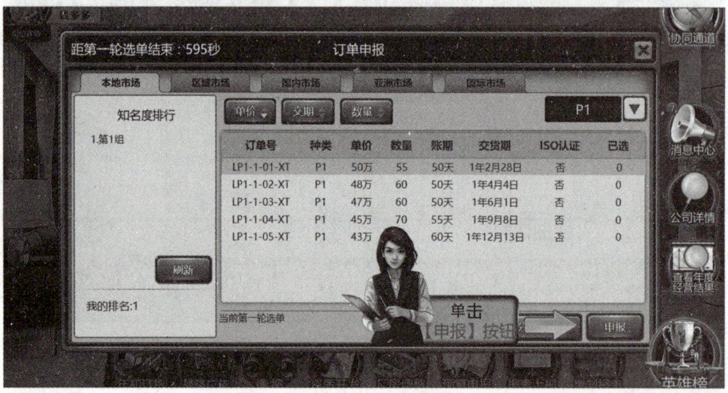

图 5-55　订单申报(2)

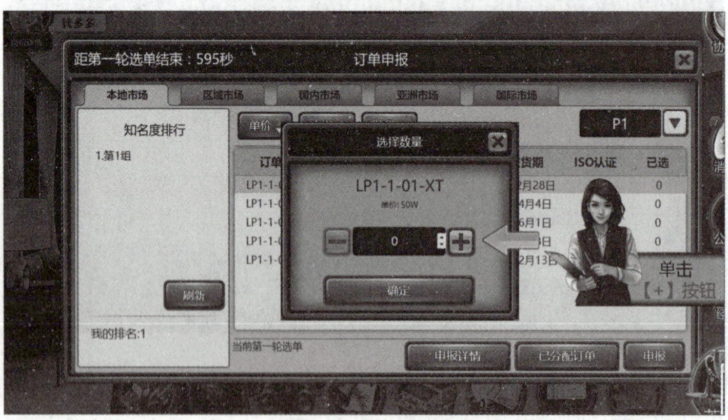

图 5-56　订单申报(3)

微课
约创——第 4 年
第三季度

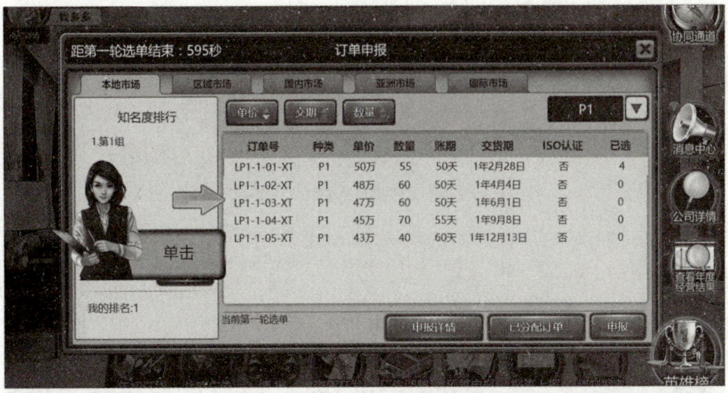

图 5-57　订单申报(4)

微课
约创——第 4 年第四季度

(26) 订单申报完成后会看到自己的申报列表(见图 5-58)。

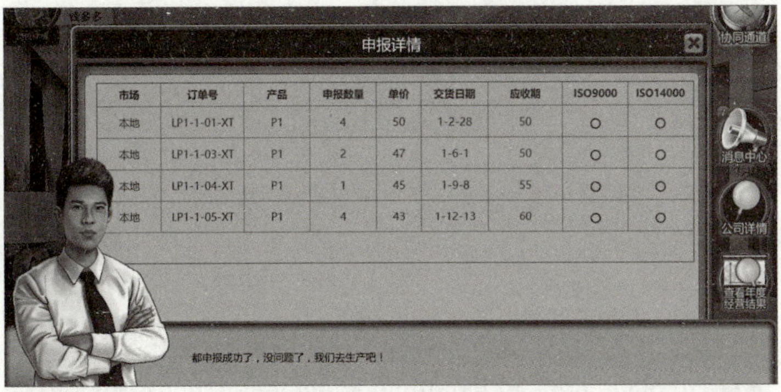

图 5-58　查看申报列表

(27)“约创”的选单规则设置了第二轮和第三轮补选的机会(见图 5-59)。

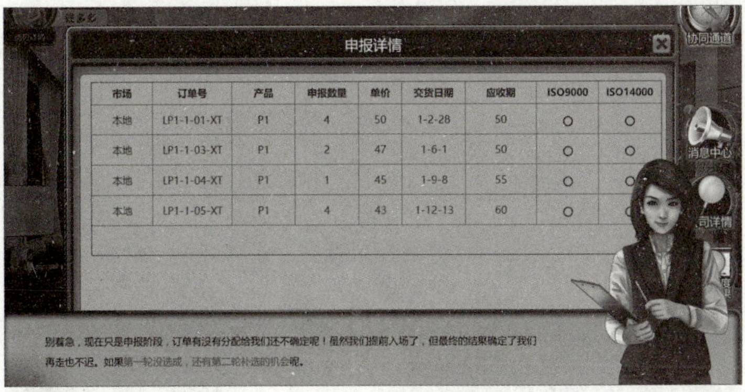

图 5-59　补选订单机会

（28）查看“已分配订单”情况（见图 5-60、图 5-61）。

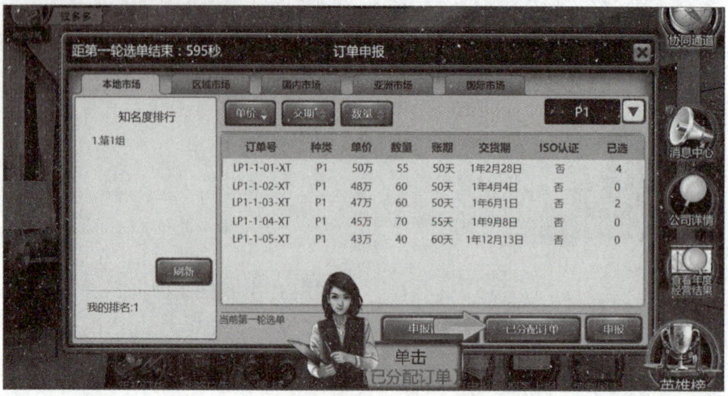

图 5-60　查看“已分配订单”情况（1）

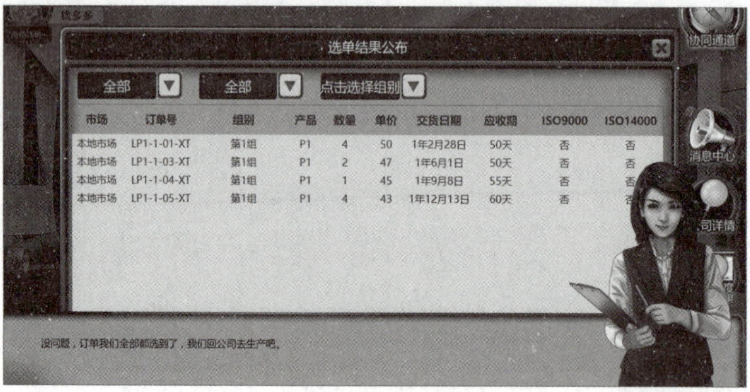

图 5-61　查看“已分配订单”情况（2）

（29）支付相关财务费用（见图 5-62、图 5-63、图 5-64、图 5-65）。温馨提示，财务费用一定要及时上交，否则需要缴纳滞纳金，而且企业的 OID 会下降。

图 5-62　支付相关财务费用（1）

图 5-63　支付相关财务费用(2)

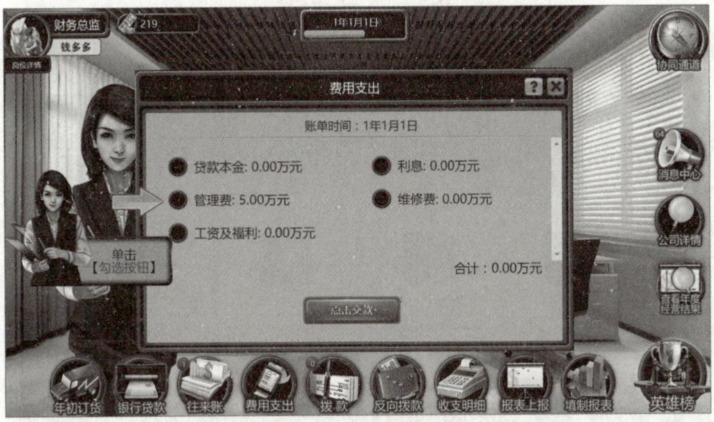

图 5-64　支付相关财务费用(3)

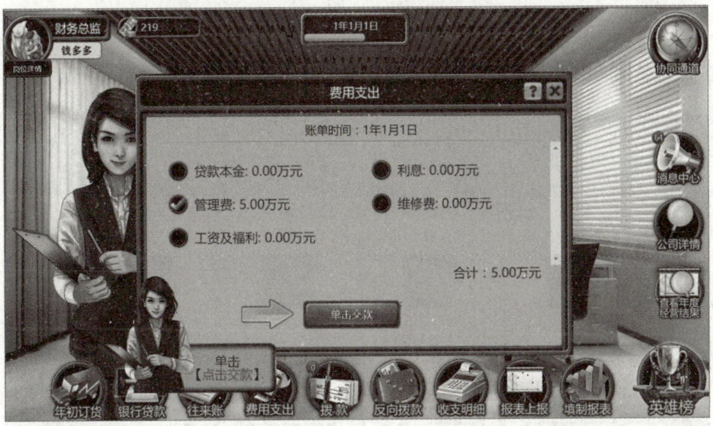

图 5-65　支付相关财务费用(4)

(30) 通过协同通道进入采购总监办公室进行原料采购(见图 5-66)。

图 5-66　原料采购

(31) 原料的订购规则如图 5-67 所示。

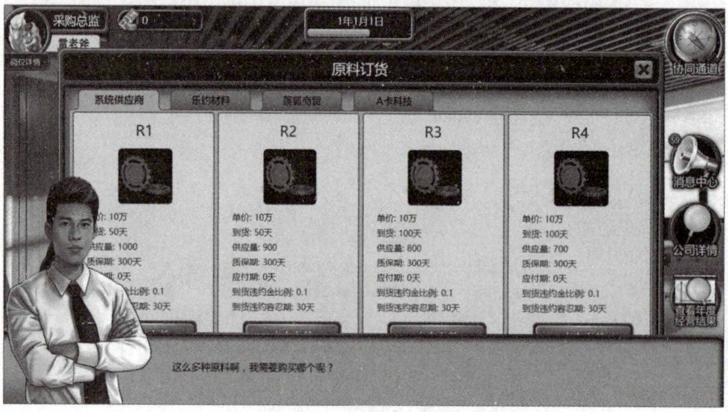

图 5-67　原料的订购规则

(32) 产品构成规则如图 5-68 所示。

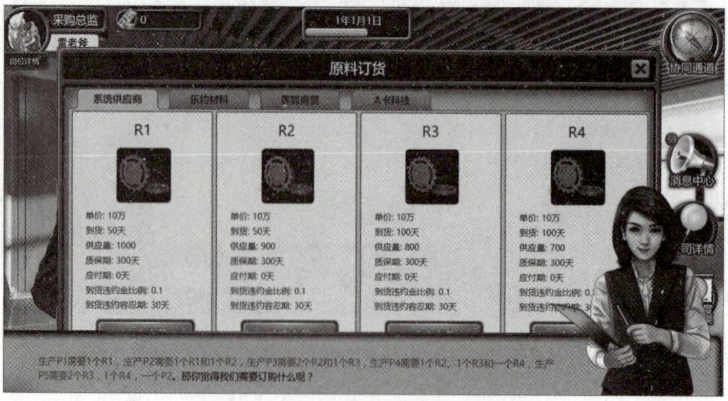

图 5-68　产品构成规则

（33）企业按照自己的生产安排预订原料(见图 5-69、图 5-70)。

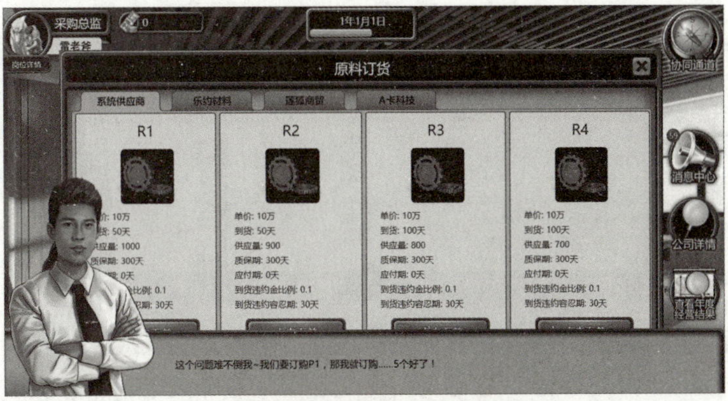

图 5-69　预订原料(1)

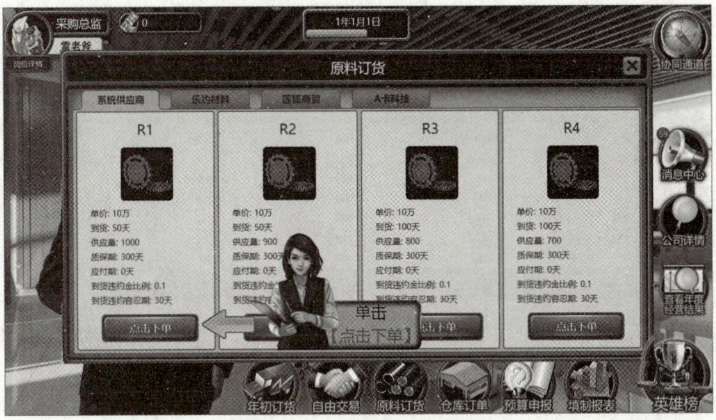

图 5-70　预订原料(2)

（34）原材料货到付款，财务总监可以付款时将资金打入采购总监的账户，也可以在预订原料时打入。

（35）如果厂房不够用，可以在此处查看企业的厂房情况，建厂房(见图 5-71)。

图 5-71　查看企业厂房情况

(36) 查看生产线状态(见图 5-72)。

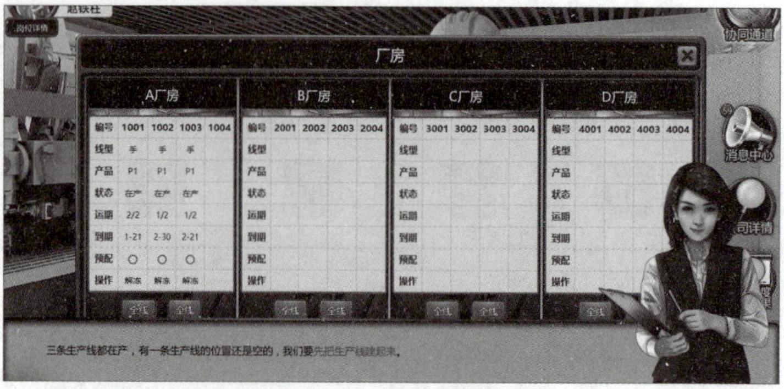

图 5-72　查看生产线状态

(37) 财务总监要先拨款(见图 5-73)。

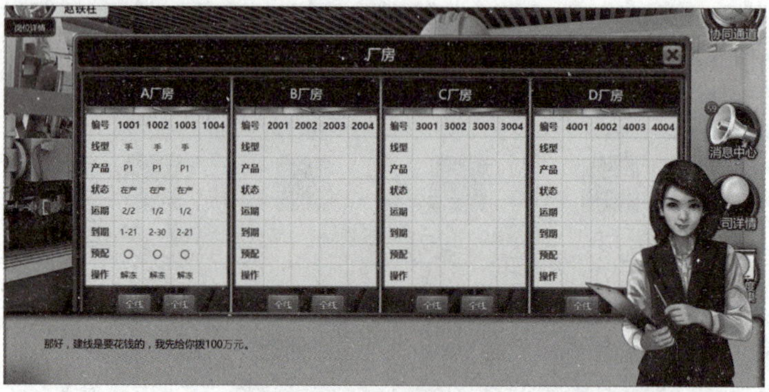

图 5-73　财务总监拨款

(38) 建设生产线(见图 5-74、图 5-75、图 5-76、图 5-77、图 5-78)。

图 5-74　建设生产线(1)

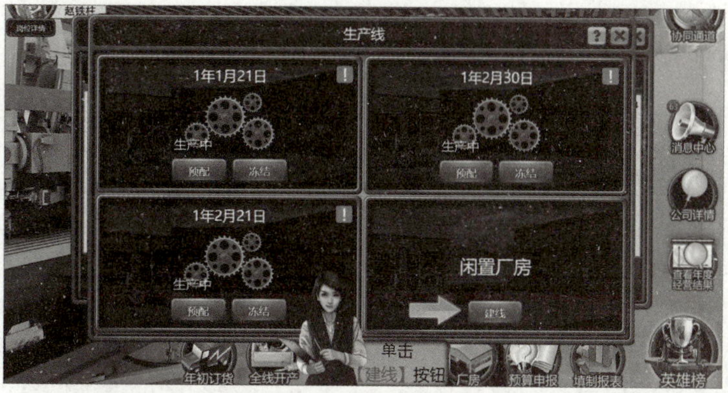

图 5-75　建设生产线(2)

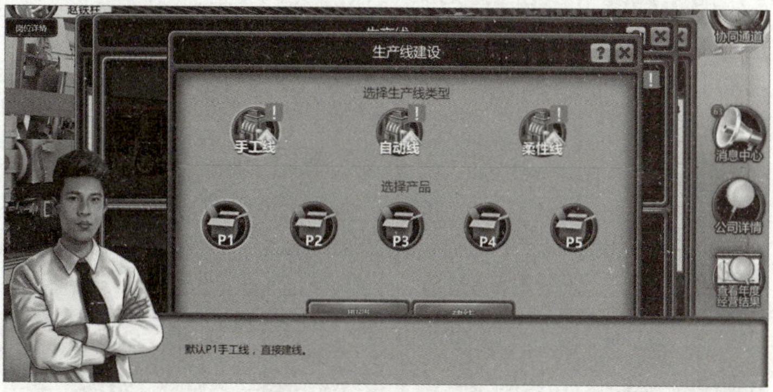

图 5-76　建设生产线(3)

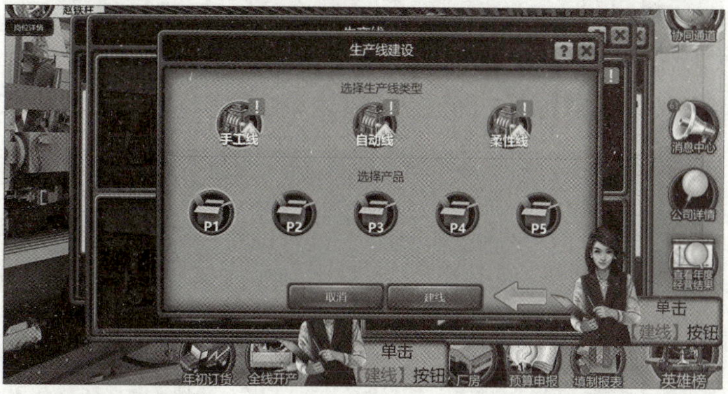

图 5-77　建设生产线(4)

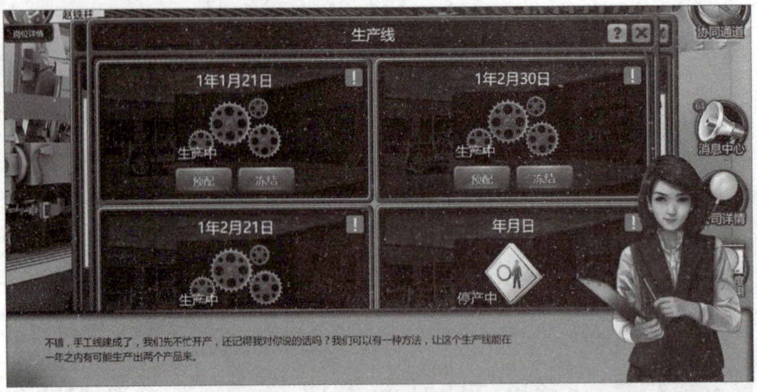

图 5-78　建设生产线(5)

(39) 对于停产的生产线可以技改(见图 5-79)，提高生产效率。每次只能作用于一条生产线。

图 5-79　对停产生产线技改

(40) 生产线技改的规则如图 5-80 所示。

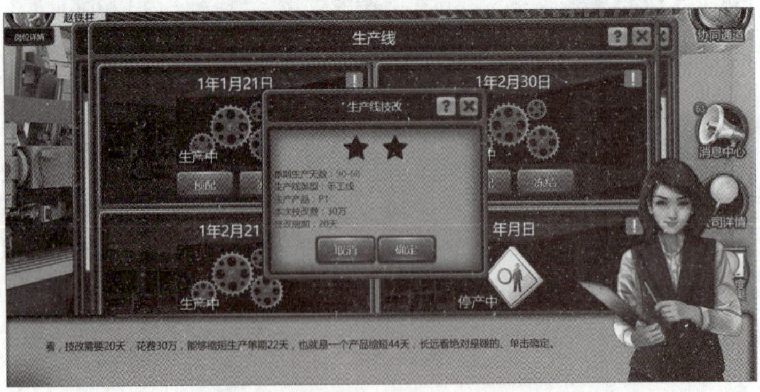

图 5-80　生产线技改的规则

（41）全线推进生产（见图 5-81、图 5-82）。

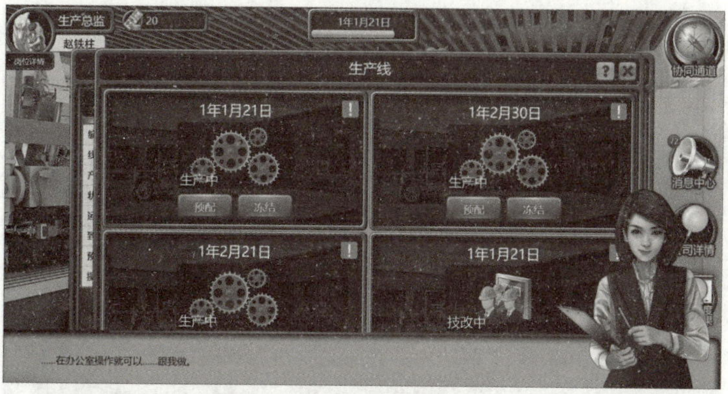

图 5-81　全线推进生产（1）

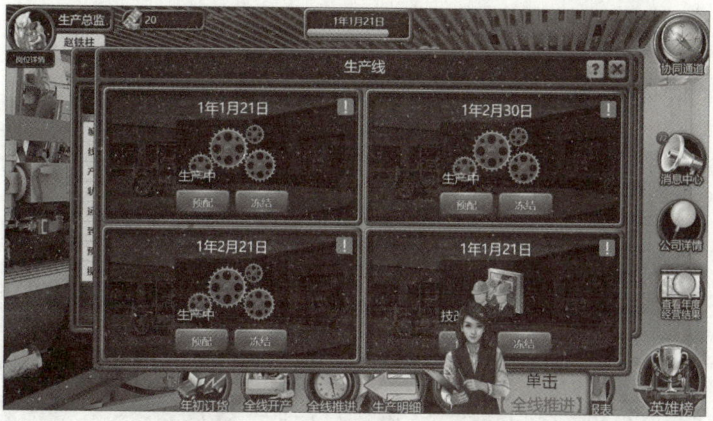

图 5-82　全线推进生产（2）

（42）推进成功显示（见图 5-83）。

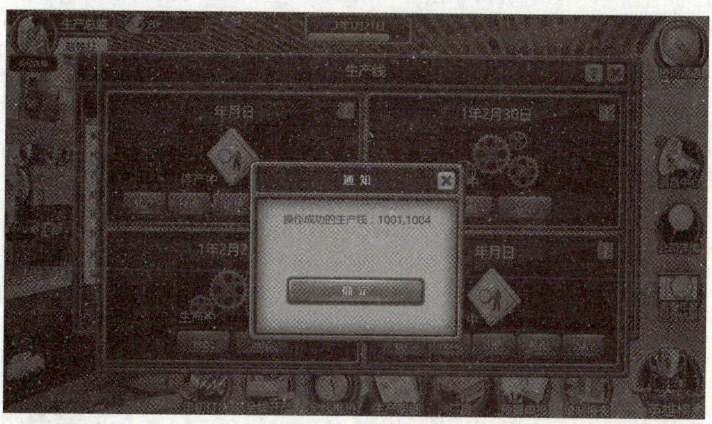

图 5-83　成功推进生产

(43) 生产预配(见图5-84、图5-85)。

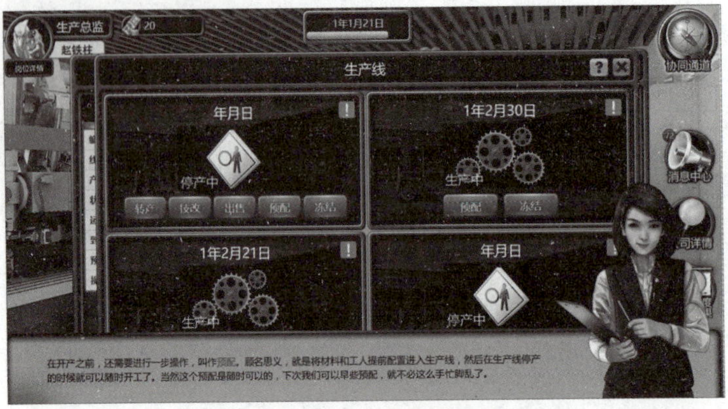

图5-84　生产预配(1)

图5-85　生产预配(2)

(44) 按照产品生产要求对原料(见图5-86、图5-87)和人员(见图5-88、图5-89、图5-90)进行预配。

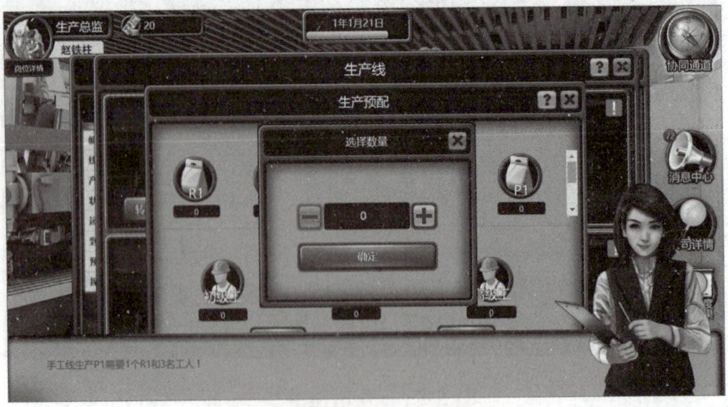

图5-86　对原料进行预配(1)

图 5-87　对原料进行预配（2）

图 5-88　对人员进行预配（1）

图 5-89　对人员进行预配（2）

图 5-90　对人员进行预配(3)

(45) 开始下一批生产(见图 5-91)。

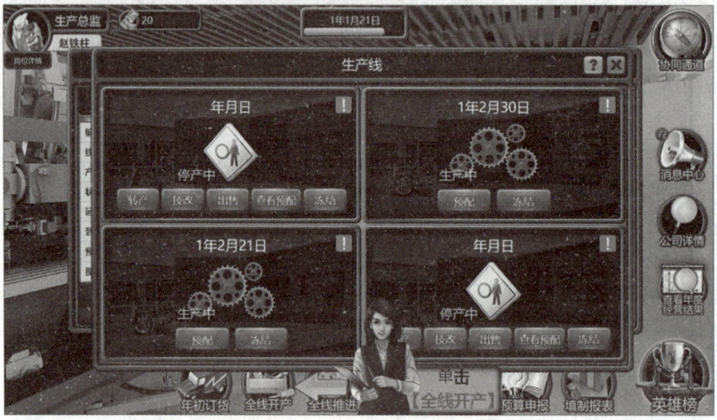

图 5-91　开始下一批生产

(46) 按订单交货。销售总监查看"仓库订单"(见图 5-92),并按照订单交货(见图 5-93)。

图 5-92　查看仓库订单

图 5-93　按照订单交货

(47) 应收款收现。财务总监通过“往来账”(见图 5-94)查看订单收款情况(见图 5-95)。

图 5-94　财务总监点击“往来账”

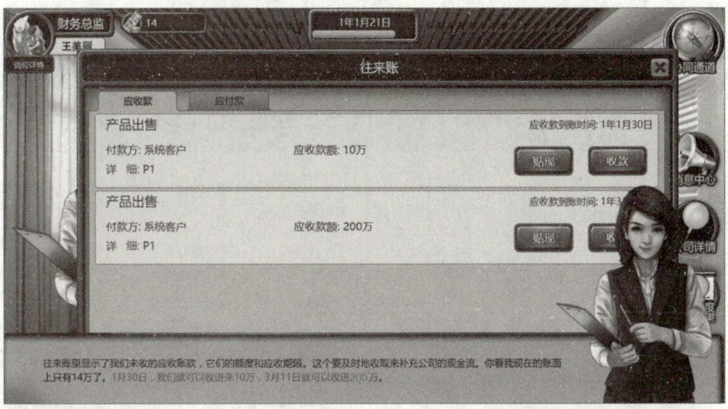

图 5-95　订单收款情况

(48) 银行贷款操作(见图 5-96)。

图 5-96　单击银行贷款

(49) 贷款的规则如图 5-97 至图 5-100 所示。短贷每份 10 万元,长贷每份 20 万元。

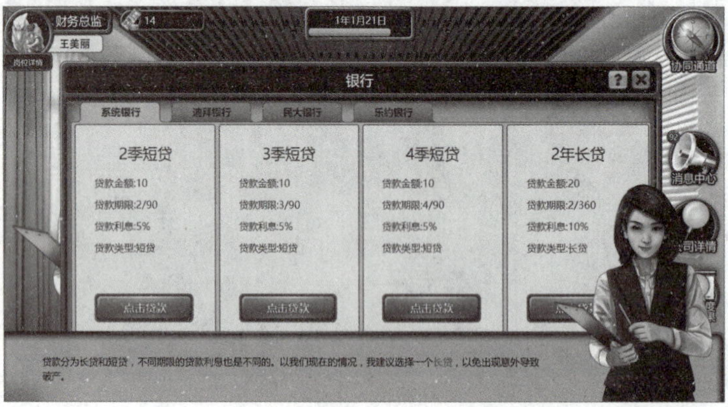

图 5-97　贷款规则(1)

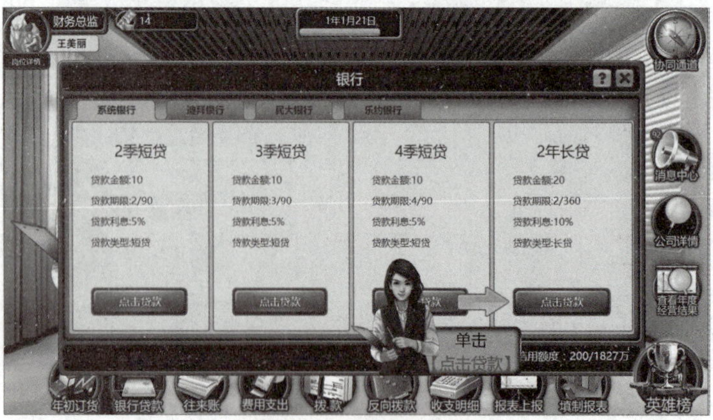

图 5-98　贷款规则(2)

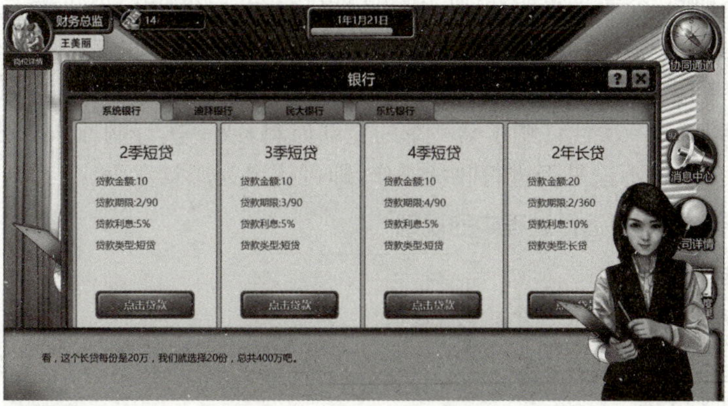

图 5-99　贷款规则(3)

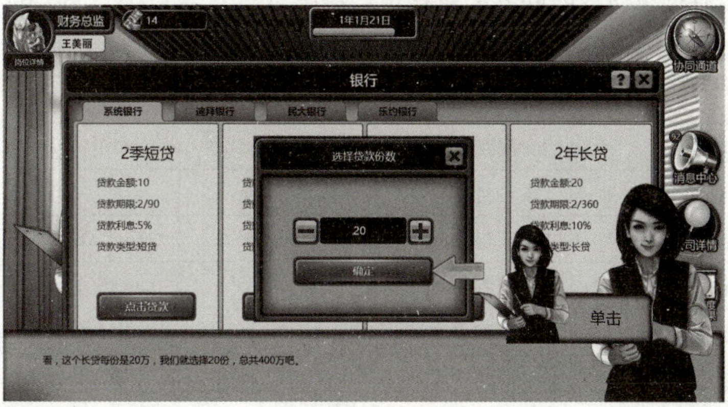

图 5-100　贷款规则(4)

以上就是“约创”软件操作的基本流程。项目日期的推进由每一组总经理进行，每一年推进到 12 月 31 日为止。每一位总监填报自己角色下的报表即可。

资料
竞赛通用规则

二、初始设置的竞赛通用技术规则

(一) 公司详情

公司详情如表 5-1 所示。

表 5-1　公司详情

项　目	目前状况
市场资质	本地市场:已开发完成 国内市场:未开发 亚洲市场:未开发 国际市场:未开发
现金	500 万元

(二) 比赛规则

为维护比赛公平竞争的环境，将以下情况认定为恶意竞争行为。

(1) 在比赛期间,公司当年所获取的销售订单总量超过本公司当年最大产能的 2 倍,且超过 75% 都算违约,在本年中发生违约取消的订单,本年中有同区域参赛队伍投诉的(投诉时间仅限当年),经大赛裁判组仲裁后认定为恶意竞争。

(2) 在比赛期间,一次性订购了某一季的全部原料,或一次订购原料总数超过该公司全年生产需求的 1.5 倍,不论是否进行收货操作,即可认定为恶意竞争。

(三) 比赛经营时间及运行过程中的规则

比赛经营年数:4 年。

每年分年初、年中和年末 3 个阶段运行。

年初时段:20 分钟。

年中时段:60 分钟。

年末时段:10 分钟。

每年运行过程的子阶段时间分配如表 5-2 所示。

表 5-2 每年运行过程的子阶段时间分配

经营功能	运行启动	年初阶段	年中阶段	年末阶段
促销及计划	裁判手动	5 分钟	×	×
第 1 次申请订单	自动	10 分钟	×	×
第 2 次申请订单	自动	5 分钟	×	×
第一季度	裁判手动	×	15 分钟	×
第二季度	裁判手动	×	15 分钟	×
第三季度	裁判手动	×	15 分钟	×
第四季度	裁判手动	×	15 分钟	×
商业情报收集+报表审核上报	裁判手动	×	×	10 分钟

注:×表示经营功能在本阶段禁止使用;每阶段的时间表示经营功能允许操作的时间,超过这个时间,该功能自动关闭。

1. 年初时段运行操作规则

年初时段任务清单如表 5-3 所示。

表 5-3 年初时段任务清单

任务清单	岗 位	促销及计划(5 分钟)	申请订单及分配(1)(10 分钟)	申请订单及分配(2)(5 分钟)
投放促销广告	总经理	√	×	×
市场资质(ISO)投资	总经理	√	√	√
申请销售订单	全岗	×	√	√
贴现	财务	√	√	√
预算费用申报	全岗	√	√	√

2. 促销及计划时段的操作规则

(1) 广告促销的目的是提升该市场中本企业的企业知名度排名，订单按照申报者的企业知名度排名顺序进行分配。企业知名度排名靠前的公司，更容易被分到申报的产品数量。

(2) 投放促销广告只能在表 5-2 规定的时间内进行。

(3) 促销广告分市场投放，每个市场投放的广告只影响本市场当年的企业知名度排名。

思政园地

《中华人民共和国广告法》中明确不能使用“国家级、最高级、最佳”等用语。触犯新广告法底线，罚款方面 20 万元起步，最高 100 万元。需要注意的词语如下。

(1) 与“最”有关。最、最佳、最具、最爱、最赚、最优、最优秀、最好、最大、最大程度、最高、最高级、最高档、最奢侈、最低、最低级、最低价、最底、最便宜、史上最低价、最流行、最受欢迎、最时尚、最聚拢、最符合、最舒适、最先、最先进、最先进科学、最先进加工工艺、最先享受、最后、最后一波、最新、最新科技、最新科学。

(2) 与“一”有关。第一、中国第一、全网第一、销量第一、排名第一、唯一、第一品牌、NO. 1、TOP1、独一无二、全国第一、一流、一天、仅此一次(一款)、最后一波、全国×大品牌之一。

(3) 与虚假有关。史无前例、前无古人、永久、万能、祖传、特效、无敌、纯天然、100%。

(4) 与欺诈有关，涉嫌欺诈消费者。点击领奖、恭喜获奖、全民免单、点击有惊喜、点击获取、点击转身、点击试穿、点击翻转、领取奖品涉嫌诱导消费者秒杀、抢爆、再不抢就没了、不会更便宜了、错过就没机会了、万人疯抢、全民疯抢/抢购、卖/抢疯了。

(资料来源：https://baijiahao.baidu.com/s? id=1710384740948191914&wfr=spider&for=pc，有删改。)

3. 第一次申报订单的操作规则

(1) 订单申报。

① 在规定的时间内，各队同时进行订单数量申报，互不冲突。在选单结束进行订单分配时，根据各队的企业知名度排序，确定各队实际申报到的订单。

② 选手以队为单位进行订单申报，可同时进行所有市场、产品的订单申报，即选择 1 张订单，填写需要获取的产品数量，然后点击申报按钮提交申请，申请产品的数量将被显示在订单表的申报详情栏中。

③ 所有岗位都可以进行任何市场的订单申报，系统只更新接受最后一次点击申报的数量。

(2) 订单分配。

① 每张订单按照申请公司的企业知名度排名顺序依次进行分配。

② 公司申请某订单的数量小于该订单剩余产品数量时，按照申请的数量全额分配。

③ 公司申请某订单的数量大于该订单剩余产品数量时，按照该订单剩余数量分配(申请人只能获得剩余产品数量)。

④ 当某订单的产品剩余数量为"0"时,该订单分配完成,还没排到的公司将不能获得该订单的产品。

⑤ 相同知名度排名时的订单分配。

如果两家以上企业知名度排名相同且申请了同一张订单,本着平等分配的原则,按照最小申请量平均分配法和按公司数平均分配法进行分配。

最小申请量平均分配法。取该订单申请排名相同的公司总数 S0 和相同排名各队中最小申请数量 P0,计算 M0= P0·S0,如果 M0 小于订单剩余的产品数量(订单的产品数量足够让各公司都获得 P0 个产品),则排名相同的各公司将分配到 P0 数量的产品,依次进行分配,直到 M0 大于订单剩余的产品数量(订单剩余产品数量不够按照 P0 平均分配)时,执行按公司数平均分配法。

按公司数平均分配法。取剩余公司数 S0 和订单剩余产品数 U0 进行比较,当 U0 大于等于 S0 时,计算 M1=U0/S0 取整,按照 M1 的取整值将产品分配给每个剩余公司,当 U0 小于 S0(剩余的产品数量不够剩余公司平均分到 1 个)时,本次分配结束,剩余的产品将进入下个排名的分配。

4. 第二次申报订单操作规则

(1) 第一次未分配完的产品订单在第二次申请阶段显示,已经分配完的订单不再出现在可选订单中。

(2) 第二次申报订单操作与第一次申报订单相同。第二次申报时间结束后,系统自动进行第二次分配。

5. 年中时段运行操作规则

(1) 年中运行的虚拟时间共为 1 年(共 4 季度)。1 年 12 月,每 3 月为 1 季(每季为 1 个阶段),每月为 30 天。每个季度运行时间为现实时间 15 分钟。

(2) 年中每个季度(阶段)中,各队可进行日期自选。

① 每月。各队可自主在一个月内选择经营日期进行操作(如 1 月 1 日,1 月 30 日)。允许跳选日期操作,但只能向前跳选,禁止回退。

② 每季度。在一个季度中,各队可自行结束每月操作,进入下月的日期操作(如 1 月 1 日,结束进入 2 月 1 日操作)。但每季度最后 1 月,只能等待统一的季度结束时间,不能自主跳至下一季度。

(3) 季度结束。设定的季度运行时间结束后,系统将自动结束本季度,所有未完成的操作,都将被自动跳转至本季结束状态。跳过的日期中如有没有完成的操作,系统会自动根据选定的日期判断跳过的操作是否违约,如从 3 月 1 日跳到 3 月 10 日,中间的 3 月 5 日有原料到货的操作未执行,则跳到 3 月 10 日时,系统自动判定 3 月 5 日应到货的采购订单为收货违约。

(4) 总经理可进行挑选日期操作。

(5) 总经理选择操作日期后,其他操作岗位可单击日期旁的"刷新"按钮,刷新当前日期。

(6) 运行中操作页面上的时间进度条,表示本季度运行的剩余时间(系统时间)。

(7) 每年的 12 月,会对本年所有未缴费用进行强制清缴,即将 12 月所有费用的容忍期到期日调整到12月29日；12月30日即对所有未缴费用按照强制扣除处理，并按照OID减值1，OID减值2扣减所有市场OID。

6. 年末时段运行操作规则

(1) 年末时段所有经营操作均被停止，企业必须在规定的时间内完成。

(2) 填制、上报经营报表。经营报表由费用表、利润表和资产负债表组成，每年各公司须在年末规定的时间内，完成经营报表的上报。经营报表的制作是按照以下环节完成的。

填制岗位统计表—提交岗位统计表—生成经营报表—上报经营报表

① 岗位统计表包括“经理统计表”“采购统计表”“销售统计表”“财务统计表”和“生产统计表”，分别由经理、采购总监、销售总监、财务总监和生产总监各自填报并提交完成。岗位报表可以多次提交，每次提交都会刷新上报的经营报表。

② 合成的经营报表不能直接修改，必须经岗位报表修改后再次刷新。

③ 合成的经营报表由总经理或财务总监在“报表上报”功能中，单击“提交报表完成”按钮上报，提交后不可修改。

④ 年末结束时，系统自动关闭本年的所有报表操作。

(3) 报表核查。待系统的“年末”到时后，可以在“报表上报”窗口中，选择本年查询经营报表的“系统值”和“上报值”的对比数据。

① 报表对比数据显示格式为系统值/本公司上报值。

② 显示的底色表示对比数据的一致与否：绿色表示系统值与上报值一致；粉色表示系统值与上报值不一致；黄色表示没有上报数据。

(4) 商业情报收集。进入年末时段，可以查询当年的“经营结果排名”。年末时段，可以通过总经理的商业情报功能，查看任何公司的公司详情，便于了解其他公司的经营动向。但现金为负的公司无法获取商业情报。

7. 容忍期和强制取消/执行

模拟运行中公司与外界的交易活动(或业务)必须在规定时间内完成(如产品销售订单必须在交货日期前交货，原料订货必须在到货日期收货入库等)，否则将降低企业的经营诚信度。

(1) 容忍期。凡是在规定日期没有完成的业务操作，允许延迟一段时间继续执行，这个延迟的时段被称为容忍期。在容忍期内除了要按照业务要求进行操作外，还必须支付相应的违约金，支付业务费用的同时支付违约金，并扣减经营诚信度分数。

(2) 强制取消/执行。容忍期结束时仍不能完成业务操作时，该业务将被强制处理。订单取消包括销售订单被取消，采购订单被取消，将强制扣除违约金，并额外扣减经营诚信度分数，取消的订单将返回临时市场继续。费用支付业务强制执行，如应还的贷款或利息等连同违约金。费用将被强制从财务账户中扣除，如果财务账户资金不足，将扣减至负值。

特别说明：容忍期和强制取消/执行是两种不同的惩罚措施。在容忍期内，原操作仍然可以进行，将被扣缴违约金，并扣除OID分值1；如强制执行，则不允许进行原操作，扣除违约金，并扣除OID分值1及OID分值2。

8. 企业知名度和经营诚信度OID

(1) 企业知名度。企业知名度是指公众对企业名称、商标、产品等方面认知和了解的程度。企业知名度分市场计算,各公司在一个市场中的企业知名度排名,决定该市场订单分配的先后顺序。广告分为战略广告和促销广告两类。促销广告只能在年初订单申请前进行投放,直接用于本年度企业知名度排名,本年年中运行开始后,促销广告不再影响企业知名度排名;战略广告在年中可随时投放,但是只在每季度末进行计算,下季度 1 号显示上季度最终知名度排名,即年初显示当前排名;第一季度显示年初排名;第二季度显示第一季度排名。战略广告对知名度有延续 3 年的影响,即投放的广告参与各年(3 年)知名度计算;两类广告均分市场投放,用于提升企业在该市场的企业知名度排名。

(2) 经营诚信度(简称 OID)是反映经营信用程度的指标,与公司运行行为关联,不符合规则的业务行为,将减少经营诚信度,每项业务的操作或对 OID 产生增值的效应,或对 OID 产生减值的效应。

① OID 的变化计算公式为

某市场的 OID 值=市场当前 OID 值+市场 OID 增值−OID 减值

其中,OID 增值每年末自动计算一次;OID 减值计算实时进行。

OID 增值的条件如表 5-4 所示。OID 减值的条件如表 5-5 所示。OID 增减相关的经营操作如表 5-6 所示。

表 5-4 OID 增值的条件

<table>
<tr><th>类 别</th><th>OID 影响因素</th><th>影响范围</th><th>计算方式</th></tr>
<tr><td rowspan="4">OID 增值</td><td>交货无违约</td><td>单一市场</td><td>常量</td></tr>
<tr><td>市场占有率</td><td>单一市场</td><td>计算值</td></tr>
<tr><td>贷款无违约</td><td>全部市场</td><td>常量</td></tr>
<tr><td>付款收货无违约</td><td>全部市场</td><td>常量</td></tr>
</table>

表 5-5 OID 减值的条件

<table>
<tr><th>类 别</th><th colspan="2">OID 影响因素</th><th>影响范围</th></tr>
<tr><td rowspan="9">OID 减值</td><td rowspan="2">订单违约交单</td><td>容忍期内完成</td><td rowspan="2">单一市场</td></tr>
<tr><td>强制执行</td></tr>
<tr><td rowspan="2">还贷及利息违约</td><td>容忍期内完成</td><td rowspan="2">全部市场</td></tr>
<tr><td>强制执行</td></tr>
<tr><td rowspan="2">付款收货违约</td><td>容忍期内完成</td><td rowspan="2">全部市场</td></tr>
<tr><td>强制执行</td></tr>
<tr><td>年初现金为负</td><td>现金为负</td><td>全部市场</td></tr>
<tr><td rowspan="2">支付费用违约</td><td>容忍期内完成</td><td rowspan="2">全部市场</td></tr>
<tr><td>强制执行</td></tr>
</table>

注:当年初现金为负值时,全部市场 OID 值减 0.2。

表 5-6　OID 增减相关的经营操作

序　　号	操　　作	岗位	本地 OID	区域 OID	国内 OID	亚洲 OID	国际 OID	是否容忍	扣减违约金
1	交货无违约	系统	+	+	+	+	+	无	无
2	市场份额	系统	+	+	+	+	+	无	无
3	贷款无违约	系统			+			无	无
4	付款收货无违约	系统			+			无	无
5	订单违约交单	销售	—	—	—	—	—	有	有
6	取消订单强制扣除违约金	销售	—	—	—	—	—	有	有
7	原料订单延迟收货违约	采购			—			有	有
8	取消原料订单强制扣违约金	采购			—			有	有
9	零售市场出售原料未能履约	采购			—			有	有
10	零售市场出售产品未能履约	销售			—			有	有
11	代工延迟收货违约	销售			—			有	有
12	取消代工订单并强制扣除违约金	销售			—			有	有
13	贷款延迟还款违约	财务			—			有	有
14	强制扣除应还贷款及违约金	财务			—			有	有
15	贷款利息延迟支付违约	财务			—			有	有
16	强制扣除应还贷利息及违约金	财务			—			有	有
17	延迟支付维修费违约	财务			—			有	有
18	强制扣除维修费及违约金	财务			—			有	有
19	延迟支付厂房租金违约	经理			—			有	有
20	强制扣除厂房租金及违约金	经理			—			有	有

② 企业在某个市场中的知名度与该市场的广告和经营诚信度有关，具体计算公式为

某市场企业知名度的量化计算值＝该市场当前 OID 值×(该市场当前年战略广告×第一年有效权重＋上年战略广告×第二年有效权重＋前年战略广告×第三年有效权重)＋该市场当前的促销广告

注：广告和各年有效权重见“广告规则”。

9. 商业情报收集

在比赛过程中，其他参赛队的经营状况有两个途径进行收集，一是每年年初订单分配后，从订货会窗口中的订单分配详情功能处获取，可以通过产品、获取人、市场三个条件任意组合进行过滤筛选，获得整个市场的订单获取情况；二是年末，由总经理操作获取各队公司详情。现金为负的队伍无法获取情报。

10. 经营报表操作规则

(1) 经营报表格式与数据来源。费用统计如表 5-7 所示。

表 5-7　费用统计

序　　号	项　　目	填报岗位
1	管理费	财务
2	广告费	经理
3	设备维护费	财务
4	转产及技改	财务
5	租金	经理
6	市场准入投资	经理
7	产品研发	经理
8	ISO 资格投资	经理
9	信息费	经理
10	培训费	财务
11	基本工资	财务
12	费用合计	=本表 1～11 项之和

利润表数据来源如表 5-8 所示。

表 5-8　利润表数据来源

序　　号	项　　目	数据来源
1	销售收入	产品销售"收入"合计项
2	直接成本	产品生产 "成本"合计项
3	毛利	=本表 1 项－2 项
4	综合费用	费用表"费用合计"项
5	折旧前利润	=本表 3 项－4 项
6	折旧	财务统计表
7	支付利息前利润	=本表 5 项－6 项
8	财务费用	财务统计表
9	营业外收支	财务、原料统计表
10	税前利润	=本表 7 项－8 项+9 项
11	所得税	财务统计表
12	净利润	=本表 10 项－11 项

资产负债表如表 5-9 所示。

表 5-9　资产负债表

序　号	表　项	年初数(上年期末数)	期　末　数
1	现金		财务统计
2	应收款		财务统计
3	在制品		生产统计
4	产成品		销售统计
5	原材料		采购统计
6	流动资产合计		=本表 1～5 项之和
7	土地和建筑		经理统计
8	机器与设备		生产统计
9	在建工程		生产统计
10	固定资产合计		=本表 7 项+8 项+9 项
11	资产总计		=本表 6 项+10 项
12	长期负债		财务统计
13	短期负债		财务统计
14	应付款		财务统计
15	应交税金		=本年利润表 11 项
16	负债合计		=本表 12 项+13 项+14 项+15 项
17	股东资本		财务统计
18	利润留存	*	=本表年初 18 项+年初 19 项
19	本年利润	*	=本年利润表 12 项
20	权益合计		=本表 17 项+18 项+19 项
21	负债+所有者权益总计		=本表 16 项+20 项

注:① 表中"年初数"栏数据取自上年的"资产负债表"。

② 表中"期末数"栏的数据取自本年的"利润表"以及相关岗位的本年统计表,数据采集的说明详见"利润表"和相关岗位任务中报表部分的说明。

③ 特别注意的是,标注 * 的数据,在制作本表时,"年初数"是上年末的资产负债表的"期末数"栏的数据,所以制作本表时,需要从上年的资产负债表中提取数据。

11. 比赛结果评分

具体评分方法如表 5-10 所示。

表 5-10　具体评分方法

分值项目	分　值	评分方法	审核方法	公布方法
经营结果得分	100 分	以第四年的系统【分数】排名顺序确定评分	现场裁判审核	选手签字确认
报表减分	1 分/年	每年结束后裁判核对各组报表填写情况	参赛选手、现场裁判、监督签字	

特别说明:报表审核只审核“资产负债表”;所谓全部正确,是指报表各项(除所得税外)与系统报表数据完全相同;考虑计算工具的误差,所得税项与系统数据允许误差 0.01。系统分数的计算公式为

第四年的系统分数=第四年 OID 平均值×当年权益

其中,“OID 平均值”是各市场的 OID 值的平均数。

第四年分数排名评分标准如表 5-11 所示。

表 5-11　第四年分数排名评分标准

分数排名	得　分	分数排名	得　分
1	100	11	70
2	97	12	67
3	94	13	64
4	91	14	61
5	88	15	58
6	85	16	55
7	82	17	52
8	79	18	49
9	76	19	46
10	73	20	43

模块二　总经理相关规则及操作手册

资料
总经理相关技术规则

一、总经理任务清单

总经理任务清单如表 5-12 所示。

表 5-12　总经理任务清单

序　号	运行期	任　务
1	年初	市场开发投资
2	年初	ISO 认证开发投入申请
3	年初	投放促销广告
4	年初	参加订货会,获取订单
5	年初、年中	预算经费申报
6	年中	控制推进日期
7	年中	战略广告投放
8	年中	购买/租用厂房
9	年中	厂房处理
10	年中	产品研发投资
11	年末	商业情报收集
12	年中、年末	填报总经理报表,报表上报

二、市场资质研发规则

市场资质研发规则如表 5-13 所示。

表 5-13　市场资质研发规则

每次（年）投资额/万元	本地市场研发投资次数	区域市场研发投资次数	国内市场研发投资次数	亚洲市场研发投资次数	国际市场研发投资次数	ISO9000研发投资次数	ISO14000研发投资次数
20	已完成	已完成	1	1	2	1	1

注：操作时间为年初。每年年初阶段进行投资，下年年初阶段完成此次研发；最后一次投资后，下一年资质才能生效；每年每个市场/ISO 认证只能进行一次投资。

三、产品生产资质研发规则

产品生产资质研发规则如表 5-14 所示。

表 5-14　产品生产资质研发规则

序　号	产品标识	投资期	每期投资额/万元	每期天数/天
1	P1	1	10	30
2	P2	2	10	30
3	P3	3	10	30
4	P4	4	10	30
5	P5	6	10	30

以每期投资额投入的日期开始计时，经过每期天数之后，完成一期研发。每期研发完成后，即上期研发到期日的第二天（如到期日是 2 月 30 日，可以开始下一期研发投入的时间是 3 月 1 日）才能开始下期投资研发。

四、厂房使用规则

厂房使用规则如表 5-15 所示。

表 5-15　厂房使用规则

序号	厂房标识	生产线容量	购买价格	每年租金	出售账期	租金违约金比例	违约容忍期限/天	OID 减数 1	OID 减数 2
1	A	4	300	66	100	0.1	30	0.1	0.1
2	B	4	300	66	100	0.1	30	0.1	0.1
3	C	4	300	66	100	0.1	30	0.1	0.1
4	D	4	300	66	100	0.1	30	0.1	0.1

(1) 操作时间:年中。

(2) 厂房购买。在总经理室可进行厂房购买操作。

(3) 厂房租用及退租。

① 厂房租用以一年为期(租用开始日期至下一年到期日前),每年需支付租金。

② 租金到期前 30 天可进行续租支付,且到期日(含当天)前必须支付下一年租金,否则违约;在租金违约容忍期内支付租金的,需支付租金及违约金,并扣减所有市场 OID(OID 减数 1);过了容忍期仍未支付租金的,系统将强制扣除租金及违约金,并扣减所有市场 OID(OID 减数 1 及减数 2)。

③ 厂房退租。厂房退和且可通过出售厂房中全部生产线,并点击厂房退租。

(4) 厂房租转买。租用厂房后,可以随时进行租转买操作,扣除购买费用,租金不予退还。

(5) 厂房买转租。购买的厂房改为租用,需先支付一年租金,成功后,再出售厂房;出售厂房后的回款以购买时的价格计入应收账款,账期为出售账期。

五、广告和企业知名度规则

广告和企业知名度规则如表 5-16 所示。

表 5-16 广告和企业知名度规则

广告类型	投放时间	市场	广告效应延迟时间	广告基数	第一年有效权重	第二年有效权重	第三年有效权重
战略	年中	分市场	3 年	投入该市场有效战略广告总和	0.6	0.3	0.1
促销	年初订货会前	分市场	当年有效	该市场的促销广告总和	1	0	0

(1) 广告分为战略广告和促销广告两类。

① 战略广告。战略广告在年中可随时投放,但是只在每季度末进行计算,下季度 1 号显示上季度最终知名度排名。即年初显示当前排名;第一季度显示年初排名;第二季度显示第一季度排名;战略广告对知名度有延续三年的影响,即投放的广告参与各年(三年)知名度计算。

② 促销广告。促销广告只能在年初订单申请前进行投放,直接用于本年度企业知名度排名,本年年中运行开始后,促销广告不再影响企业知名度排名。

(2) 两类广告均为分市场投放,用于本市场提升企业知名度排名。

(3) 企业在某个市场中的知名度与该市场的广告和经营诚信度有关,具体计算公式为

某市场企业知名度的量化计算值=该市场当前 OID 值×(该市场当前年战略广告×第一年有效权重+上年战略广告×第二年有效权重+前年战略广告×第三年有效权重)+该市场当前的促销广告

注:广告和各年有效权重见“广告规则”。

六、控制推进日期的操作规则

操作时间:年中。

日期只能向后推进,无法向前推进。例如,当前时间为 3 月 1 日,可将日期推进到 3 月 15 日,但无法将日期从 3 月 15 日推进回 3 月 1 日。

七、总经理报表

总经理报表如表 5-17 所示。

总经理应在每年的经营中,按照表 5-17 中的项目填报总经理统计报表,填报时,只需填报金额栏,并按照各项的“金额项填报说明”,汇总当年发生的金额数据填报。表 5-17 中的“更新目标表的表项说明”表示所填报的项目金额将更新公司经营报表中的表格及项目。

表 5-17　总经理报表

项　　目	金额项填报说明	更新目标表的表项说明
广告费	当年战略和促销广告投放总额	费用表广告费(第 2 项)
租金	当年支付的厂房租金	费用表租金(第 5 项)
市场准入投资	当年市场资质投资总额	费用表市场准入投资(第 6 项)
产品研发	当年产品研发资质投资总额	费用表产品研发(第 7 项)
ISO 资格投资	当年 ISO 资质投资总额	费用表 ISO 资格投资(第 8 项)
信息费	当年购买商业情报的总费用	费用表信息费(第 9 项)
厂房价值	当前已购买的厂房总价值	资产负债表土地建筑(第 7 项)

注:统计报表可以在年中和年末的任何时间进行填报,每次填报后点击暂存保存数据,或点击提交更新经营报表。

附件:总经理填报表(复制 8 份)。

总经理填报表如表 5-18 所示。

表 5-18　总经理填报表

项　　目	金　　额
广告费	
租金	
市场准入投资	
产品研发	
ISO 资格投资	
信息费	
厂房价值	

模块三　运营总监相关规则及操作手册

资料
运营总监相关技术规则

一、运营总监任务清单

运营总监任务清单如表 5-19 所示。

表 5-19　运营总监任务清单

序　号	运 行 期	任　务
1	年初	参加订货会，获取订单
2	年初、年中	预算经费申报
3	年中	原料市场预订原料
4	年中	原料仓库收货和付款
5	年中	现货交易市场出售原料
6	年中	现货交易市场购买原料
7	年中	产品交货
8	年中	现货交易市场出售产品
9	年中	现货交易市场购买产品
10	年中	临时交易市场获取订单
11	年中、年末	填制报表

二、原料采购规则

原材料采购规则如表 5-20 所示。

表 5-20　原材料采购规则

序号	供应商标识	原料标识	单价	当前数量	质保期/天	交货期/天	违约金比例	违约容忍期/天	OID1	OID2	处理提前/天
1	系统供应商	R1	10	2 000	100	20	0.2	20	0.1	0.1	30
2	系统供应商	R2	10	2 000	100	20	0.2	20	0.1	0.1	30
3	系统供应商	R3	12	2 000	100	20	0.2	20	0.1	0.1	30
4	系统供应商	R4	12	2 000	100	20	0.2	20	0.1	0.1	30

(1) 原料采购市场。在原料市场中，公司可向系统购买原料；市场原料的数量每季各不相同，以系统当年各季度数据为准。

(2) 原料预订及收货。

① 原料供货需预订，预订不需要预付费用；原料订货订单自下达之日起，根据表 5-20 中的“交货期”确定收货日期。在收货日期当天可以进行收货操作；若当天未完成收货操作，第二日起进入收货违约容忍期，在容忍期间仍可以进行收货操作，但需缴纳违约金(与货款一同缴纳)，同时扣减所有市场的 OID 减数 1；若超过违约容忍期仍未完成收货，系统将强制取消订单，同时从财务账户强制扣除违约金，同时扣减所有市场的 OID 减数 1 和 OID 减数 2。

② 原料订单取消，则被取消的原料当天补充返回“现货交易市场”的原料订单，且该材料该年的出售单价改为“原料订货大厦”原料价格的两倍，可继续被订货，年末刷新。

③ 单击收货按钮时，系统将从运营总监账户划转资金，支付原料采购费用，同时收货。若运营总监账户资金不足，则收货操作失败。

(3) 原料出售与失效。

① 原料的质保期(见表 5-20)从到货日开始计算，在失效日期(含当天)内，原料可以上线生产；原料失效天数在提前处理期(见表 5-20)以上的，可以进行销售。

② 原材料失效日期过后的第一天，系统强制清除失效原料。

(4) 为避免原料采购中恶意占用资源的行为发生，在每次下原料订单时，当订购原材料价值超过企业总价时，无法订购原材料。当“现金总量＋当前应收＋当前贷款剩余额度＋(在产品价值＋产成品)×3＜本次订购原料价值＋未收货原料价值”时，无法进行原料订货。

具体判断方法如下。

① 先判断现金，若现金大于本次订购原料价值加未收货原料价值，则不受限制；若现金小于本次订购原料价值加未收货原料价值，再接着判断。

② 判断现金加当前应收，若大于本次订购原料价值加未收货原料价值，则不受限制；若小于，则继续判断。

③ 判断现金加当前应收加当前贷款额度，若大于本次订购原料价值大于未收货原料价值，则不受限制；若小于，则继续判断。

④ 判断现金加当前应收加当前贷款额度加在产品价值加库存价值，若大于本次订购原料价值加未收货原料价值，则不受限制；若小于，则提示资金风险，无法订购。

三、原材料现货交易规则

现货市场订单实例如表 5-21 所示。

表 5-21 现货市场订单实例

序号	商品标识	当前可售数量	市场出售单价/万元	市场收购单价/万元	出售质保期/天	交货期/天	年份
1	R1	20	20	5	50	0	1
2	R2	20	20	5	50	0	1
3	R3	20	24	6	50	0	1
4	R4	20	24	6	50	0	1

1. 现货交易

(1) 现货市场的交易均为现金现货交易,购买时,按照市场出售价(见表 5-21)从运营总监现金账户中划转资金;若资金账户不足则终止交易。

(2) 出售时,公司出售给现货市场的原料的失效天数在处理提前期(见表 5-20)之前的,按照市场收购价(见表 5-21)进行计算。系统自动按照先进先出的原则和处理提前期的原则,提取公司原料库存,如原料库存不足,则交易失败。

2. 现货交易市场的原料数量及价格

现货市场的订单各年均以表 5-21 列出的数量为基准,有公司购买成功,则减少相应数量;有公司销售成功,则增加相应数量。

四、订单相关规则

(一) 订单状态

当年分配的所有订单,均可在产品仓库订单中查询。每张订单都会标有状态(见表 5-22)。

表 5-22 销售订单状态说明

状　　态	状态印章	状态说明	下一步操作
订单未交货	未完成	正常未交货订单	交货
订单正常交货	完成	正常交货	收应收款
容忍期内未交货的订单	违约未完成	可以交货(计算违约金)	交货
容忍期内交货	违约完成	在容忍期内完成交货	收应收(扣除违约金)
容忍期后未交货	取消	取消订单并强扣违约金	强扣违约金

(二) 订单交货与取消规则

订单交货规则如表 5-23 所示。

表 5-23 订单交货规则

序号	市场	订单违约金比例	违约容忍期限/天	OID 减数 1	OID 减数 2	临时延期交货时间/天	临时单价放大倍数
1	本地	0.2	30	0.3	0.1	90	1
2	区域	0.2	30	0.3	0.1	90	1
3	国内	0.2	30	0.3	0.1	90	1
4	亚洲	0.2	30	0.3	0.1	90	1
5	国际	0.2	30	0.3	0.1	90	1

(1) 所有订单必须在订单规定的交货日期前(包括当日),按照订单规定的数量交货,订单不能拆分交货。

(2) 交货日期后的第一天还未完成交货的订单将被标注违约未完成状态,进入容忍期。在容忍期内仍然可以进行交货操作,但系统会计算“违约金”,并扣减诚信度 OID1。如果完成交货,违约金将从应收款中扣除。

(3) 容忍期结束日之后，仍未执行交货的订单将被派放到临时交易市场，原订单标注为“取消”状态，不能执行交货操作，同时强制扣除违约金和诚信度 OID2。

(4) 容忍期截止日期跨年的订单，可以保留到下年。下年完成交货后，计入下年的销售收入；下年不能完成的违约订单，将被直接取消，并扣减 OID2，但不进入下年的临时交易市场，扣除的违约金计入下年的报表。

(5) 交货完成的日期是应收账期的起点日期。

(三) 临时交易订单规则

临时交易订单规则如下。

(1) 临时交易在年中运行期内发生已被分配的订单取消时，重新设定“价格”和“交货期”后在临时交易市场中进行交易的活动。

(2) 临时交易发生在年中(1～12 月)的运行期间，如年初订货会中已分配的订单，被其他队伍违约取消，则出现在订货会中，可在订货会的临时交易可进行申请分配操作。

(3) 临时交易出现条件。当某公司的订单进入容忍期时，将向所有公司的运营总监发布临时交易市场订单预告，预告信息包括市场名、产品名、产品数量、预计上架日期等。

① 当容忍期的订单被取消时，取消当日按市场进入临时交易市场。如该订单为第二次被取消，则不进入临时交易市场。

② 如果预告的临时订单在容忍期内完成交货，则不再进入临时交易市场。

③ 订单交货期自原订单取消之日起，按系统设置天数后延；订单产品单价根据市场情况，可能与原订单不同。

④ 如果临时交易订单直到交货日到期后的第一天，仍然还有剩余的产品数量没有被申请，该订单将被取消，并且不再进入临时交易市场进行交易。

⑤ 临时市场未分配的订单不跨年，即本年结束后，撤销临时交易市场中所有未分配的订单；如取消订单容忍期在本年结束后，则不进入临时市场。

(4) 临时交易接取条件。

① 临时交易分市场进行，需有该市场资质。

② 获取临时交易订单的资质要求与订货会的要求一样，除此之外还要求公司本年在该市场中没有违约交货的记录(包括违约完成和取消的记录)，否则将不能获取本市场的临时交易订单。

③ 临时交易订单只能被运行在临时订单发生日期之后的公司查看到，运行时间在临时订单发生日期之前的公司将无法看到该订单。

④ 临时交易订单分配按照操作的系统时间先后顺序进行分配，与企业运行日期和企业知名度排名无关，即按照提交申请的系统时间确定先后。如果分配时订单产品剩余数量大于等于申请数量，全数分配；如果分配时订单产品剩余数量小于申请数量，按剩余数量分配；如果分配时订单产品剩余数量为 0，停止分配。

⑤ 临时交易订单可以被分割获得，即可以获取订单中的部分产品数量。临时交易订单可以被部分批准，即订单剩余产品数量小于申请数量时，按剩余产品数量分给申请公司(申请公司只能取得部分申请的产品数量)。

⑥ 临时交易中多次申请同一张订单成功，如果没有交货的情况下，则按照单号合并成一张订单，其中产品数量等于多张订单产品数量之和，已交货的订单除外。

⑦ 已分配的临时交易订单交货期跨年，可以保留到跨年交货，销售收入计入下年。

(四) 产品现货交易规则

现货市场订单实例如表 5-24 所示。

表 5-24　现货市场订单实例

序号	商品标识	当前可售数量	市场出售单价/万元	市场收购单价/万元	出售质保期/天	交货期/天	年　份
1	P1	20	100	30	0	0	1
2	P2	20	100	40	0	0	1
3	P3	20	200	50	0	0	1
4	P4	20	200	60	0	0	1

(1) 现货市场的订单各年均为表 5-24 列出的数量。

(2) 现货市场的交易都是现金现货交易，买卖成交后，先从销售岗现金账户中划转资金，再从市场中转移产品；如果账户资金不足，则终止交易。

(3) 现货市场采购产品的价格是表 5-24 中的"市场出售单价"，而公司出售产品的单价，按照表 5-24 中的"市场收购单价"计算。

(4) 公司出售给现货市场的产品成交后，增加当期的现货市场产品的库存量。

(五) 运营总监报表

运营总监报表包括产品统计表、销售收入计算规则表和原料统计表。

产品统计表如表 5-25 所示。

表 5-25　产品统计表

项　目	数　量	订单收入	违约罚款	销售成本	产品库存数	库存价值
P1					当前的产品库存数量	当前库存产品的价值
P2						
P3						
P4						

注：表中的(订单收入－违约罚款)按产品并入"产品统计表"的订单收入项；表中的销售成本按产品并入"产品统计表"。

销售收入计算规则如表 5-26 所示。

表 5-26　销售收入计算规则

销售操作	销售总额(数量×单价)	违约金(销售总额×违约比例)	销售收入计算
订单按期交货	订单总额	0	订单总额－0
订单违约交货	订单总额	订单总额×违约比例	订单总额×(1－违约比例)
订单违约取消	0	订单总额×违约比例	0－违约金
现货零售	产品出售总价	0	产品出售总价－0

在表 5-26 中，订单总额通过查询当年已完成的订单直接获取；违约金通过查询当年已处理（包括完成和取消）订单的“罚金”项直接获取；现货零售需要在现货市场卖出产品时，自行记录或从消息中获得；销售成本通过查询当年已处理的订单中的“转出成本”项直接获取；库存数量直接从库存状态中获取；库存价值直接从库存状态中获取。

原料统计表如表 5-27 所示。

表 5-27 原料统计表

原料	库存原料数量/件数	库存原料价值/万元	零售（含拍卖）收入/万元	零售（含拍卖）成本/万元	失效和违约价值/万元
R1					
R2					
R3					
R4					

注：表中的所有数据均按正数填入。

在表 5-27 中各数据项将用于合成三表，其中合成方式为：表中各原料的库存原料价值合计后，记为“资产负债表”的原材料项的“期末数”；表中各原料（零售收入－零售成本）合计后，记为“利润表”营业外收支项“金额”；表中各原料失效和违约价值合计后，以负数并入“利润表”的营业外收支项的“金额”；填报报表时的数据来自各个原料本年的以下数据。

（1）库存原料数量。库存原料数量是指当前的库存数量（在当前库存中查询）。

（2）库存原料价值。库存原料价值是指当前库存价值的总金额（在当前库存中查询）。

（3）零售（含拍卖）收入。当年在现货市场卖出原料和在拍卖市场卖出原料的总收入（需要在零售时记录）。

（4）零售（含拍卖）成本。当年在现货市场卖出和在拍卖市场卖出时出库的总成本（需要在零售时记录）。

（5）失效和违约价值。当年被强制清除的过期原料价值（需要查询相关消息统计），以及收货违约产生的违约金和订单取消产生的收货违约金（查询当年的采购订单获得）。

附件：运营总监报表（将表 5-25～表 5-27 各复制 8 份）。

模块四 生产总监技术规则及操作手册

一、生产总监任务清单

生产总监任务清单如表 5-28 所示。

资料

生产总监操作相关规则

表 5-28　生产总监任务清单

序　号	运行期	任　务
1	年初	参加订货会
2	年初、年中	预算经费申报
3	年中	新建生产线
4	年中	转产/技改生产线
5	年中	出售生产线
6	年中	全线推进(厂房内的所有生产线的状态推进)
7	年中	全线开产(厂房内的所有生产线上线开产)
8	年中、年末	填制生产报表

二、生产线规则

生产线参数如表 5-29 所示。

表 5-29　生产线参数

序号	生产线标识	安装每期投资	安装期数	每期安装天数	生产期数	每期生产天数	残值	技改期数	每期技改天数	每期技改费用	技改提升比例
1	手工线	50	0	0	2	60	5	1	30	40	0.20
2	自动线	50	3	30	1	80	15	1	10	20	0.20
3	柔性线	50	4	30	1	60	20	1	10	20	0.20

生产线规则如表 5-30 所示。

表 5-30　生产线规则

转产期数	每期转产天数	每期转产费用	提取折旧天数	维修费	操作工人总数	初级以上人数	中级以上人数	高级以上人数	技改次数上限	折旧年限
0	0	0	360	5	3	3			2	6
1	10	30	360	15	2		1		1	6
0	0	0	360	20	2			1	1	6

计件工资参数如表 5-31 所示。

表 5-31　计件工资参数

工资类/工种	初 级 工	中 级 工	高 级 工
计件工资	4	5	6

工人数量如表 5-32 所示。

表 5-32　工人数量

数量/工种	初级工	中级工	高级工
数量	50	50	30

1. 生产线安装

(1) 生产线共需经过安装(安装期数)可完全建成,每期需要投入时间(每期安装天数),投入资金(每期安装投资)。生产线建成总价的计算公式为

生产线建成总价＝安装期数×每期安装投资

生产线建成时间＝安装期数×每期安装天数

(2) 生产线安装完一期(到期当天或之后),需通过“全线推进”结束本期,开启下期。当生产线仍有下一安装期时,安装投资将从生产总监资金账户中划拨,如金额不足,则推进失败。

2. 生产线生产

(1) 生产线生产有先决条件:需拥有该产品生产资质;有充足的原材料;公司内有足够的操作工人;生产总监账户中资金需足够支付工人工资。

(2) 满足产品生产条件后,单击“全线开产”,开启生产周期。产品生产时间的计算公式为

产品生产时间＝生产期数×每期生产天数

(3) 当产品生产完成(到期当天或之后),需单击“全线推进”,进入下一个生产期,或完成生产。否则产品将一直处于“加工中”状态。

(4) 操作工。每种生产线需要相应的操作工人完成。

3. 生产线技改及转产

(1) 技改。对安装完成的生产线,通过技术改造减少每期生产天数。一次技改减少生产天数的计算公式为

一次技改减少生产天数＝当前每期生产天数×技改提升比

即

一次技改后的生产周期＝[原生产周期×(1－技改效率)]

取整方式为四舍五入。

例如,原生产效率为 66 天,技改提升效率为 0.25,则技改一次后的生产效率为 66×(1－0.25)＝49.5,进行四舍五入,其结果为 50 天。

(2) 转产。如生产线变换生产品种,需进行生产线转产,转产条件如下。

① 只能在停产状态时启动转产操作。

② 生产总监的资金账户必须有足够支付转产费用的资金。

4. 生产线相关费用计算

(1) 折旧。生产线建成后 360 天内不计提折旧,之后每年提取一次折旧,提取的时间是:建成第 361 天计提第一次折旧,第 721 天计提第二次折旧,依此类推,直到建成后的第七年,提取最后一次折旧后,不再进行折旧操作。提取的折旧额计算公式为

提取的折旧额＝(生产线总价值－生产线残值)/折旧年限

(2) 维修费。建成的生产线按年缴纳维修费,以建成当天开始计算,每年的这一天就是

支付维修费的截止日。

(3) 生产线残值与出售。当生产线净值大于等于生产线残值时,需要提折旧;当出售生产线时,其价格只能按照生产线残值出售。

三、产品物料清单

产品物料清单如表5-33所示。

表5-33 产品物料清单

序号	产品标识	R1/件	R2/件	R3/件	R4/件	P1/件	P2/件	P3/件	P4/件
1	P1	1							
2	P2	1	1						
3	P3		1	2					
4	P4	2			2				
5	P5	1	1	3	1				

产品物料清单是一个产品构成的所用原料或产品的件数,或称产品的生产配方。组织生产时,需要按照此配方准备原材料。

四、生产预配操作规则

生产预配分为手动预配和自动预配。

1. 手动预配

手动预配的主要特点如下。

(1) 将下次上线生产的原料从库房配送到指定的生产线。原料按照先进先出的原则,出库到生产线(原料库存减少)。

(2) 将操作工人指派到指定的生产线。

(3) 生产预配可以在年初以及年中的任意时间进行操作,生产线在停产、生产、技改、转产时均可以进行生产预配。

2. 自动预配

单击"全线开产"按钮,自动预配并开始生产。

(1) 生产线原则。生产线原则是指按编号顺序依次进行预配。

(2) 材料原则。材料原则是指以先进先出的方法来设置。

(3) 工人原则。工人原则是指在满足生产要求的情况下优先低级。

五、生产总监操作规则

生产总监通过对各厂房进行全线开产和全线推进两个操作,对厂房中的生产线进行开产和推进操作。

(1) 全线开产即对厂房内所有生产线进行生产操作。

(2) 全线推进是对厂房内所有生产线进程的推进操作,完成操作或开启下一期。

① 投资建线中的投资期完成并推进到下一投资期开始(包括最后一期推进完成建线)。

② 生产操作的加工期完成并推进到下一期开始(包括最后一期加工到期后,只有推进才能让产品完工下线)。

③ 转产操作的转产期完成并推进到下一转产期开始(包括最后一期转产到期,只有推进后才能结束转产)。

④ 技改过程的技改期完成并推进到下一技改期开始(包括最后一期技改到期后,只有推进才能结束技改)。

(3) 生产线的冻结和解冻。为了主动不让生产线进行全线开产和全线推进操作时,选择冻结,选择解冻即让生产线参加全线开产和全线推进的操作。

六、生产总监报表

生产总监报表包括在制品统计报表和生产设备统计报表。

在制品统计报表如表 5-34 所示。

表 5-34　在制品统计报表

项目/在制品	P1	P2	P3	P4	P5
数量					
在制品价值					

注:在制品价值合计后并入“资产负债表”的在制品项目的年末数。

生产设备统计报表如表 5-35 所示。

表 5-35　生产设备统计报表

项目/生产线	手　工	自　动	柔　性
总投资			
累计折旧			
在建已投资额			

注:各生产线的总投资合计－累计折旧合计(生产线净值)并入“资产负债表”的机器与设备项的“期末数”,各生产线的在建已投资额合计数并入“资产负债表”的在建工程项的“期末数”。

附件:生产总监报表(见表 5-34、表 5-35 各复制 8 份)。

模块五　财务总监技术规则及操作手册

一、财务总监任务清单

财务总监任务清单如表 5-36 所示。

资料
财务总监相关技术规则

表 5-36 财务总监任务清单

序号	运行期	任务
1	年初	参加订货会
2	全年	岗位现金申请审核并拨款
3	全年	资金调配(反向拨款)
4	年中	贷款申请
5	年中	每月支付费用(包括到期贷款和利息)
6	年中	提取应收款
7	年中	应收款贴现
8	年中、年末	填制财务统计报表
9	年末	审核年度报表并上报
10	全年	查询经营详情

二、贷款类型及贷款方式

贷款规则说明如表 5-37 所示。

表 5-37 贷款规则说明

序号	贷款类型	还款/利息违约容忍期/天	利息违约金比例	还款违约金比例	本金 OID 减数 1	本金 OID 减数 2	利息 OID 减数 1	利息 OID 减数 2
1	长贷	25/30	0.1	0.1	0.1	0.2	0.1	0.2
2	短贷	25/30	0.1	0.1	0.1	0.2	0.1	0.2

套餐详情如表 5-38 所示。

表 5-38 套餐详情

套餐名称	贷款期限	每期天数/天	贷款金额/份	利率
2 季短贷	2	90	10	0.05
3 季短贷	3	90	10	0.05
4 季短贷	4	90	10	0.05
2 年长贷	2	360	20	0.1
3 年长贷	3	360	20	0.1

(1) 贷款额度。贷款额度是指上年权益乘以额度计算倍数(上年权益额从上年"资产负债表"提取)。

(2) 贷款类型。贷款类型可以自由组合,但长短贷额度之和不能超出上年权益的 3 倍,具体包括长期借款和短期借款。

① 长期借款。长期借款是指企业向银行借入的期限在 1 年以上(不含 1 年)的各项借款。企业可在年中任何日期申请长期贷款,到期一次付息还本。

② 短期借款。短期借款是指企业向银行借入的期限在 1 年以内(含 1 年)的各项借款。

企业可在年中任何日期申请短期贷款，到期一次付息还本。

(3) 贷款申请时间。贷款申请时间是指各年正常经营的任何日期(不包括“年初”和“年末”)。贷款是以套餐方式提供，套餐中规定了每份套餐的具体参数，如 2 季短贷套餐一份 10 万元，使用期为 2 季(90 天/季)，贷款利息为年息 5%等。申请贷款时，输入申请改套餐的份数，如 10 份，总贷款量=10 份×10 万元(套餐金额)=100 万元。

(4) 贷款/利息的还款。

① 系统每月 1 日提供本月到期贷款和利息的账单，但不提供具体到期日的信息(可以在收支明细查询具体到期日期)。

② 正常还款和还利息可以在贷款到期或者利息到期日之前(包括到期日当天)操作，否则将进入容忍期及发生违约金和 OID 减数 1。

③ 如果当月应还贷款进入容忍期(违约未还)，则不能进行贷款操作(不论是否还有额度)。

三、应收款贴现规则

应收款贴现规则说明如表 5-39 所示。

表 5-39　应收款贴现规则说明

序　号	贴现费用率	贴现期/天数
1	0.05	30
2	0.1	60
3	0.15	90
4	0.2	120

注：贴现期 30 天的贴现率，是指含 30 天以内的贴现率均为 0.05，60 天为大于 30 且小于等于 60 天的贴现率。

四、应交费用计算和缴纳

应交费用计算规则如表 5-40 所示。

表 5-40　应交费用计算规则

序号	费用类型	算　法	计算值/万元	费用比例	扣减资源	计算时间	是否手工操作
1	管理费	固定常数	5	1	现金	每月 1 日	是
2	维修费	生产线原值×费用比例	计算	0.1	现金	满 360 天	是
3	折旧	(生产线原值－残值)÷折旧年限	计算	1	生产线净值	满 360 天	系统自动扣除
4	所得税	(当年权益－纳税基数)×费用比例	计算	0.2	现金	每年年末	系统自动扣除

(1) 每月 1 日,系统按照表 5-40 中规定的计算方式,自动计算出本月应交的费用项,分别列示在当月应交费用表内;利息和银行还款也被列在本费用表中一并处理(支付的相关规则见贷款规则)。

(2) 费用支付有系统自动扣减和手动支付两种。

① 自动扣减。自动扣减是指在当月计算后,系统自动执行支付,如所得税和折旧。

② 手动支付。手动支付是指在本月的任何日期,先手动选择费用项,点击支付按钮执行支付,被选定的费用项全额支付。

(3) 如果费用项有指定的到期支付日期(如生产线维修费 16 日为到期日),需在到期日之前(包括到期日当日)支付,否则按违约处理。

① 本月内到期的费用可以选择提前支付。

② 如果某种费用支付截止日前未完成支付操作,则被记为违约费用,需要额外计算违约金。违约金的计算公式为

$$违约金=费用本金\times违约比例$$

此时显示的应支付费用为费用本金加违约金。

③ 本月费用没有在 30 日前(包括 30 日)支付,将合并到下月费用中。但上月未交费用为违约未交状态,并按照设定的违约金比例,计算违约金,违约金将被合并到下月费用中。

④ 如果在容忍期内仍然没有完成支付,系统将强制扣除违约的费用及违约金,并按照表 5-40 的规则,扣减全市场的 OID 减数 1 及 OID 减数 2。

(4) 本年 12 月,将对本年的所有费用进行强制清缴,即 12 月的所有费用的容忍期到期日调整为 12 月 29 日,12 月 30 日即对所有未交费用按照强制扣除处理,并按照 OID 减数 1,OID 减数 2 扣减所有市场的 OID。

费用违约规则说明如表 5-41 所示。

表 5-41 费用违约规则说明

序号	费用明细	是否扣减全部市场 OID	违约金比例	违约容忍期限/天	OID 减数 1	OID 减数 2
1	管理费	是	1	30	0.1	0.1
2	所得税	否	0	30	0	0
3	折旧	否	0	30	0	0
4	维修费	是	0.2	30	0.1	0.1
5	基本工资	否	0	30	0	0
6	员工福利	否	0	30	0	0

五、财务总监报表

财务总监统计报表如表 5-42 所示。

表 5-42　财务总监统计报表

资金项目	金　　额	目标表表项
管理费		费用表管理费(第 1 项)
设备维修费		费用表设备维修费(第 2 项)
转产及技改		费用表转产及技改(第 3 项)
基本工资	金额为零	费用表基本工资(第 10 项)
培训费	金额为零	费用表培训费(第 11 项)
财务费用		利润表财务费用(+)(第 9 项)
本年折旧		利润表折旧(+)(第 5 项)
其他支出合计		利润表销售(−)(第 9 项)
现金余额		资产负债表现金 (第 1 项)
应收账款		资产负债表应收账款(第 2 项)
应付账款		资产负债表应付账款(第 14 项)
长期贷款余额		资产负债表长期贷款(第 12 项)
短期贷款余额		资产负债表短期贷款(第 13 项)
股东资本		资产负债表股东资本(第 17 项)
所得税		利润表所得税(第 11 项)

注:表中所有数据均按正数填写。

在表 5-42 中,部分项目的具体填列方法如下。

(1) 管理费、设备维修费、转产及技改是全年支付的总和。

(2) 基本工资、培训费是人力资源支出的操作工人的费用,每月 1 日在系统账单中列支,可以通过现金支出查询全年总和。

(3) 财务费用特指本年的贷款利息、利息违约金、还贷本金违约金和贴现息四项之和。

(4) 折旧。本年提取的生产线折旧合计,数据来源于本年消息通知有哪条生产线发生过折旧,然后查询生产线类型,计算出提取的折旧额。

(5) 其他支出合计。其他支出合计包括维修费违约、管理费违约、代工收货违约、税款违约金、租金违约金、处理财产损失等。财产损失是出售生成线的资产损失,资产损失的计算公式为

$$资产损失=生产线价值-累计折旧-残值$$

(6) 所得税。所得税需要根据本年的权益合计计算是否需要交税而定。操作方法如下。

① 当年税前利润为负(≤0),则当年为不盈利,不用交税。

② 当年税前利润为正(>0),则当年为盈利,其计算公式为

$$所得税=应税金额\times税率$$

其中,

$$应税金额=当年税前利润-以前年度亏损$$

附件:财务总监报表(将表 5-43 复制 8 份)。

表 5-43 财务总监报表

资金项目	金额
管理费	
设备维修费	
转产及技改	
基本工资	0
培训费	0
财务费用	
本年折旧	
其他支出合计	
现金余额	
应收款	
应付款	
长期贷款余额	
短期贷款余额	
股东资本	
所得税	

情境小结

通过本学习情境的实训操作，学员能够了解新道"约创"沙盘的操作方式和最新的规则，能够将 ERP 沙盘模拟经营的核心思想应用到新的模拟软件中。要确保每个团队成员能够在团队合作的基础上独立完成自己的岗位任务。

微实训

假设你是一家主营纯净水的饮料制造公司销售总监，请为公司新推出的秀山牌纯净水拟一条广告语并填入下框中。

附　录

微课

2020 年辽宁省职业院校技能大赛高职组沙盘模拟企业经营赛事指南

附录一　2017 年辽宁省 ERP 沙盘模拟经营大赛高职组规则

1. 融资

融资的规则如附表 1-1 所示。

附表 1-1　融资的规则

贷款类型	贷款时间	贷款额度	年 利 息	还款方式
长期贷款	每年年初	所有长贷和短贷之和不能超过上年权益的 3 倍	10%	年初付息,到期还本
短期贷款	每季度初		5%	到期一次还本付息
资金贴现	任何时间	视应收款额而定	10%(一季度、二季度),12.5%(三季度、四季度)	贴现各账期分开核算,分开计息
库存拍卖	原材料按八折出售,产成品按成本价出售			

规则说明如下。

(1) 长期贷款和短期贷款的信用额度。长、短期贷款的总额度(包括已借但未到还款期的贷款)为上年权益总计的 3 倍,长期贷款、短期贷款必须为大于等于 10W 的整数申请。例如,第一年所有者权益为 358W,第一年已借四年期长贷 506W(未申请短期贷款),则第二年可贷款总额度为 568(358×3－506)W。

(2) 贷款的具体规则如下。

① 长期贷款每年必须支付利息,到期归还本金。长期贷款最多可贷 4 年。

② 第六年经营结束时,不要求归还没有到期的各类贷款。

③ 短期贷款的年限为 1 年。如果某一季度有短期贷款需要归还,且同时还拥有贷款额度时,必须先归还到期的短期贷款,才能申请新的短期贷款。

④ 所有的贷款不允许提前还款。

⑤ 企业间不允许私自融资,只允许企业向银行贷款,银行不提供高利贷。

⑥ 计算贷款利息时采用四舍五入的方法。例如,短期贷款210W,则利息为10.5(210×5%)W,四舍五入,实际支付利息为11W。

⑦ 长期贷款利息是根据长期贷款的贷款总额乘以利率计算的。例如,第一年申请504W长期贷款,第二年申请204W长期贷款,则第三年所需支付的长期贷款利息为70.8[(504+204)×10%]W,四舍五入,实际支付利息为71W。

(3) 出售库存的具体规则如下。

① 原材料按八折出售。例如,出售1个原材料获得8(10×0.8)W。

② 产成品按成本价出售。例如,出售1个P2产品获得30(1×30)W。

2. 厂房

厂房的规则如附表1-2所示。

附表1-2 厂房的规则

厂房	买价	租金	售价	容量
大厂房	420W	42W/年	420W	4条
中厂房	300W	30W/年	300W	3条
小厂房	180W	18W/年	180W	2条

规则说明如下。

(1) 租用或购买厂房可以在任何季度进行。如果决定租用厂房或者厂房买转租,租金在开始租用的季度支付。

(2) 厂房租入后,一年后可做租转买、退租等处理。例如,第一年第一季度租用厂房,则以后每一年的第一季度末"厂房处理"均可"租转买"。如果到期没有选择"租转买",系统自动做续租处理,租金在当季结束时和行政管理费一并扣除。

(3) 要新建或租赁生产线,必须先购买或租用厂房。没有购买或租用厂房,则不能新建或租赁生产线。

(4) 如果厂房中没有生产线,可以选择厂房退租。

(5) 厂房出售得到4个账期的应收款,在紧急情况下可进行厂房贴现(四季贴现),直接得到现金。如果厂房中有生产线,那么出售厂房的同时要进行厂房租赁,系统同时扣租金。

(6) 厂房使用可以任意组合,但总数不能超过4个,且大厂房数量最多为3个。例如,租4个小厂房、买3个大厂房、租1个小厂房或租1个大厂房、买3个中厂房。

3. 生产线

生产线的规则如附表1-3所示。

附表 1-3　生产线的规则

生产线	购置费	安装周期	生产周期	总转产费	转产周期	设备维护费	残　值
超级手工线	35W	无	2Q	0W	无	5W/年	5W
租赁线	0W	无	1Q	20W	1Q	70W/年	−85W
自动线	150W	3Q	1Q	20W	1Q	20W/年	30W
柔性线	200W	4Q	1Q	0W	无	20W/年	40W

规则说明如下。

(1) 在系统中新建生产线需先选择厂房，然后选择生产线的类型，特别要确定生产产品的类型。生产产品一经确定，本生产线所生产的产品便不能更换；如要更换，需在建成后进行转产处理。

(2) 每次操作可建一条生产线，同一季度可重复操作多次，直至生产线位置全部铺满。自动线和柔性线待最后一期投资到位后，必须等到下一季度才算安装完成，允许投入使用。超级手工线和租赁线当季购入(或租入)当季即可使用。

(3) 新建生产线一经确认即刻进入第一期在建，当季便自动扣除现金。

(4) 不论何时出售生产线，从生产线净值中取出相当于残值的部分计入现金，净值与残值之差计入损失。

(5) 只有空的且已建成的生产线方可转产。

(6) 当年建成的生产线、转产中的生产线都要交纳维修费，已出售的生产线(包括退租的租赁线)和新购正在安装的生产线不交纳维护费。

(7) 生产线不允许在不同厂房间移动。

(8) 租赁线不需要购置费，没有安装周期，不计提折旧，维修费可以理解为租金；其在出售时(可理解为退租)，系统将按 85W/条的价格扣除清理费用，计入损失；该类生产线不计小分。

(9) 超级手工线不计小分。

(10) 生产线的折旧采用平均年限法计算，具体如附表 1-4 所示。

附表 1-4　生产线的折旧

生产线	购置费	残　值	建成第一年	建成第二年	建成第三年	建成第四年	建成第五年
超级手工线	35W	5W	0	10W	10W	10W	0
自动线	150W	30W	0	30W	30W	30W	30W
柔性线	200W	40W	0	40W	40W	40W	40W

当年建成的生产线当年不提折旧。当净值等于残值时，生产线不再计提折旧，但可以继续使用。

4. 产品研发

要生产某种产品，先要获得该产品的生产许可证。而要获得生产许可证，则必须经过产品研发。P1、P2、P3、P4、P5 产品都需要研发后才能获得生产许可证。产品研发需要分期投入研发费用,具体规则如附表 1-5 所示。

附表 1-5　产品研发的规则

名　　称	开发费用	开发总额	开发周期	加 工 费	直接成本	产品组成
P1	10W/季	20W	2 季	10W/个	20W/个	R1
P2	10W/季	30W	3 季	10W/个	30W/个	R2+R3
P3	10W/季	40W	4 季	10W/个	40W/个	R1+R3+R4
P4	11W/季	55W	5 季	10W/个	50W/个	P1+ R2+ R4
P5	12W/季	72W	6 季	10W/个	60W/个	P2+R1+R3

规则说明如下。

产品研发可以中断或终止,但不允许超前或集中投入。已投资的研发费不能回收。如果开发没有完成,系统不允许开工生产。

5. ISO 资格认证

ISO 资格认证的规则如附表 1-6 所示。

附表 1-6　ISO 资格认证的规则

ISO 类型	每年研发费用	年　　限	全部研发费用
ISO 9000	10W/年	2 年	20W
ISO 14000	10W/年	3 年	30W

规则说明如下。

(1) 无须交纳维护费。中途可以停止使用,也可以继续拥有资格并在以后年份使用。

(2) ISO 认证只能在每年的第四季度操作。

6. 市场开拓

市场开拓的规则如附表 1-7 所示。

附表 1-7　市场开拓的规则

市　　场	每年开拓费	开拓年限	全部开拓费用
本地	10W/年	1 年	10W
区域	10W/年	1 年	10W
国内	10W/年	2 年	20W
亚洲	10W/年	3 年	30W
国际	10W/年	4 年	40W

规则说明如下。

(1) 无须交纳维护费。中途可以停止使用,也可以继续拥有资格并在以后年份使用。

(2) 市场开拓只能在每年的第四季度操作。

（3）当投资中断时，已投入的资金依然有效。

7. 原材料

原材料的规则如附表 1-8 所示。

附表 1-8　原材料的规则

名　称	购买价格	提前期
R1	10W/个	1 季
R2	10W/个	1 季
R3	10W/个	2 季
R4	10W/个	2 季

规则说明如下。

（1）没有下订单的原材料不能采购入库。

（2）预订的原材料到期时必须全额现金购买。

（3）紧急采购时，原材料是直接成本的 2 倍，即 20W/个，在利润表中，直接成本仍然按照标准成本记录，紧急采购多付出的成本计入综合费用表中的“其他”项。

8. 选单规则

（1）在一个回合中，每投放 10W 广告费，理论上将获得一次选单机会；此后每增加 20W，理论上多一次选单机会。例如，在本地市场 P1 产品投入 30W 广告费，表示最多有 2 次选单机会，但是能否选到 2 次取决于市场需求及竞争态势。如果广告费的投资额小于 10W，则无选单机会，但仍扣除广告费，对计算市场广告额有效。广告投放可以是非 10 的倍数，如 11W、12W，且投 12W 比投 11W 或 10W 优先选单。

（2）投放广告时，只有裁判宣布的最晚时间，没有最早时间。也就是说，在系统当年经营结束后可以立即投放下一年的广告。

（3）选单时，先以当年本市场本产品广告额投放大小顺序依次选单；如果两队本市场本产品广告额相同，则在本市场广告投放总额高者先选单；如果本市场广告总额也相同，则上年本市场销售排名高者先选单；如仍无法决定，先投广告者先选单。第一年无订单。

（4）选单时，两个市场同时开单，各队需要同时关注两个市场的选单进展，其中一个市场先结束，则第三个市场立即开单，即任何时候都会有两个市场同开，除非到最后只剩下一个市场选单未结束。例如，某年有本地、区域、国内、亚洲四个市场有选单，则系统将本地、区域同时放单，各市场按 P1、P2、P3、P4、P5 顺序独立放单；若本地市场选单结束，则国内市场立即开单，此时区域、国内两个市场保持同开；紧接着区域市场结束选单，则亚洲市场立即放单，即国内、亚洲两个市场同开。选单时，各队需要单击相应的市场按钮（如国内），某一市场选单结束，系统不会自动跳到其他市场。

在选单时，需要注意以下几点。

① 出现确认框要在倒计时大于 5 秒时按下确认按钮，否则可能造成选单无效。

② 在某细分市场（如本地 P1）有多次选单机会，只要放弃一次，就视同放弃该细分市场所有选单机会。

③ 选单时各队为一台电脑连接入网。

④ 本次比赛无市场老大。

9. 竞单会

在第四年和第六年订货会后召开竞单会。系统一次同时放 3 张竞单,具体竞拍订单的信息将和市场预测图一起下发。

10. 订单交货

订单必须在规定季交货,也可提前交货,应收账期从交货季开始算起。应收款收回系统自动完成,不需要各队填写收回金额。

11. 取整规则(均精确或舍到个位整数)

(1) 违约金扣除——四舍五入。

(2) 库存拍卖所得现金——向下取整。

(3) 贴现费用——向上取整。

(4) 扣税——四舍五入。

(5) 长短贷利息——四舍五入。

12. 关于违约问题

所有订单要求在本年度内完成(按订单上的产品数量和交货期交货)。如果订单没有完成,则视为违约订单,按下列条款加以处罚。

(1) 分别按违约订单销售总额的 20%(四舍五入)计算违约金,并在当年第四季度结束后扣除,违约金计入"损失"项。例如,某组违约了 2 张订单(附图 1-1),则缴纳的违约金分别为 74(372×20%)W、50(249×20%)W,合计为 124(74+50)W。

订单编号	市场	产品	数量	总价	状态	得单年份	交货期	账期	ISO	交货时间
180166	区域	P4	3	372W	违约	第3年	3季	1季	-	-
180218	国内	P4	2	249W	违约	第3年	4季	3季	-	-
180038	本地	P4	1	127W	已交货	第2年	4季	0季	-	第2年第4季
180007	本地	P1	3	145W	已交货	第2年	4季	1季	-	第2年第4季

附图 1-1 违约订单

(2) 违约订单一律收回。

13. 重要参数

规则中的重要参数如附表 1-9 所示。

附表 1-9 规则中的重要参数

项 目	参 数	项 目	参 数
违约金比例	20%	贷款额倍数	3 倍
产品折价率	100%	原料折价率	80%
长贷利率	10%	短贷利率	5%

续表

项　目	参　数	项　目	参　数
1～2 期贴现率	10%	3～4 期贴现率	12.5%
初始现金	600W	管理费	10W
信息费	1W	所得税率	25%
最大长贷年限	4 年	最小得单广告额	10W
原料紧急采购倍数	2 倍	产品紧急采购倍数	3 倍
选单时间	45 秒	首位选单补时	20 秒
市场同开数量	2	市场老大	无
竞单时间	90 秒	同时竞单数量	3
最大厂房数量	4 个		

规则说明如下。

(1) 每个市场每种产品选单时，第一队选单时间为 65 秒；自第二队起，选单时间为 45 秒。

(2) 初始资金为 600W。

(3) 信息费为 1W/次 · 队$^{-1}$，即交 1W 可以查看一队的企业信息，交费企业以 Excel 表格形式获得被间谍企业的详细信息。在竞单会进行时，无法使用间谍。

14. 竞赛排名

比赛结果以参加比赛各队第六年经营结束后的系统分数减去罚分后的分数进行排名，分数高者排名在前。总成绩的计算公式为

$$总成绩=所有者权益\times(1+企业综合发展潜力/100)-罚分$$

企业综合发展潜力的规则如附表 1-10 所示。

附表 1-10　企业综合发展潜力的规则

项　目	综合发展潜力系数
自动线	+8/条
柔性线	+10/条
本地市场开发	+7
区域市场开发	+7
国内市场开发	+8
亚洲市场开发	+9
国际市场开发	+10
ISO 9000	+8
ISO 14000	+10
P1 产品开发	+7

续表

项　目	综合发展潜力系数
P2 产品开发	+8
P3 产品开发	+9
P4 产品开发	+10
P5 产品开发	+11
大厂房	+10
中厂房	+8
小厂房	+7

规则说明如下。

(1) 如有若干队分数相同，则参照各队第六年经营结束后的最终权益，权益高者排名在前；若权益仍相等，则参照第六年经营结束时间，先结束第六年经营的队伍排名在前。

(2) 破产队参与排名，排名在非破产队之后；若有多支队伍破产，则按照破产队伍在系统内的破产时间先后顺序进行倒序排列。例如，U01 组第四年二季度破产，U03 组第四年四季度破产，则排名时 U03 组排名在 U01 组之前。

(3) 生产线建成即加分(第六年年末交纳维修费的生产线才算建成)，无须生产出产品，也无须有在制品。超级手工线、租赁线无加分。

15. 罚分细则

(1) 运行超时扣分。运行超时有两种情况：一是不能在规定时间内完成广告投放(可提前投放广告)；二是不能在规定时间内完成当年经营(以单击系统中“当年结束”按钮并确认为准)。

处罚：按超时 50 分/分钟(不满 1 分钟按 1 分钟计算)计算罚分，最多不能超过 10 分钟。如果到 10 分钟后还不能完成相应的运行，将取消该队的参赛资格。

注：投放广告时间、完成经营时间及提交报表时间系统均会记录，作为扣分依据。

(2) 报表错误扣分。必须按规定时间在系统中填制资产负债表，如果上交的报表与系统自动生成的报表对照有误，在总得分中按照 200 分/次扣罚，并以系统提供的报表为准修订。

注：系统对上交报表时间做了规定，延误提交报表即视为错误一次，即使后来在系统中填制正确也要扣分。由运营超时引发延误提交报表视同报表错误并扣分。例如，某队超时 4 分钟，将被扣除 400(50×4+200)分。

(3) 其他违规扣分。在运行过程中，下列情况属违规。

① 对裁判正确的判罚不服从。

② 在比赛期间擅自到其他赛区走动。

③ 指导教师擅自进入比赛现场。

④ 其他严重影响比赛正常进行的活动。

有以上行为者，视情节轻重，在第六年经营结束后扣除该队总得分500～2 000分。

(4) 所有罚分在第六年经营结束后计算总成绩时一起扣除。

16. 破产处理

当参赛队权益为负（指当年结束系统生成的资产负债表为负）或现金断流时（权益和现金可以为零），企业破产。

参赛队破产后，直接退出比赛。

17. 关于摆盘和巡盘

本次大赛过程中使用便利贴纸摆盘，只需要摆出当年结束状态，中间过程不要求。本次摆盘只要求摆出生产线（含在制品）、在建工程、现金、应收款（包括金额与账期）、原材料库存、产成品库存、各种资格（包括已完成资格和申请中资格），不需要摆厂房、各类费用、原材料订单。年末由裁判统一发令，可观看对手的盘面和电脑屏幕，并可要求对方点开任何信息，且不允许拒绝；巡盘期间至少留一人在本组；不允许操作对手电脑；巡盘过程中不允许拍照，否则取消比赛资格。每一年经营结束后，将有10分钟巡盘时间。

规则说明如下。

(1) 现金及应收款——在空白卡片上手工填写金额，放在相应位置。

(2) 原材料及产成品库存——在标识上手工填写数量，放在仓库。

(3) 在建工程——将投资金额放在生产线上（背面朝上），在生产线上手工标出所生产产品。

(4) 生产线净值——手工填写空白卡片，放净值处。

(5) 在制品——将产品标识放置于生产线相应生产周期处。

(6) 各类资格——投入完成，摆上相应资格卡片；中间投入金额不用摆。

(7) 比赛摆盘过程不允许使用教具，请各参赛队自行准备便利贴或纸张以备摆盘时填写使用。

18. 关于所得税的计算

所得税在沙盘模拟中是一个综合概念，可以理解为模拟企业的经营盈利部分所要交的税费。交税满足的条件有经营当年盈利（税前利润为正），或者连续弥补了前面至多5年亏损后仍盈利。以利润表为计算依据最为清晰，下面以实例说明。某模拟企业的税前利润、所得税和年度净利润如附表1-11所示。

附表1-11　某模拟企业的税前利润、所得税和年度净利润　　单位：W

年　份	第一年	第二年	第三年	第四年	第五年	第六年
税前利润	－10	50	－20	－30	40	130
所得税	0	10	0	0	0	30
年度净利润	－10	40	－20	－30	40	100

由附表1-11可知，第一年亏损，不用交所得税；第二年盈利50W，弥补第一年亏损后盈利40W，税率为25%，则所得税为10W；第三、第四年亏损，不用交所得税；第五年盈利，但不足以弥补第三、第四年的亏损，故也不用交所得税，此处要注意，第一年虽然亏损，但在第二年已经弥补，所以第五年不需要再次弥补第一年的亏损；第六年盈利，需要与未交税的第三、

第四、第五年累计计算应税利润,为 120(－20－30＋40＋130)W,则所得税为 30W。

从当年开始,与前面连续无所得税年份(最多 5 年)的税前利润累加得到应税利润,若大于零,则应交所得税。

系统中只取整数,对小数如何处理呢? 下面以两个例子来说明。模拟企业 A 和企业 B 的税前利润、所得税和年度净利润分别如附表 1-12 和附表 1-13 所示。

附表 1-12　模拟企业 A 的税前利润、所得税和年度净利润　　单位:W

年　份	第一年	第二年	第三年	第四年
税前利润	－160	50	111	5
所得税	0	0	0	2
年度净利润	－160	50	111	3

由附表 1-12 可知,模拟企业 A 第三年累计税前利润为 1W,应税利润为 1W,所得税为 0.25 W,四舍五入,当年不交。由于第三年没有交,则当年 1W 应税利润要累计到下年,第四年税前利润为 5W,应税利润为 6W,四舍五入,所得税为 2W。

附表 1-13　模拟企业 B 的税前利润、所得税和年度净利润　　单位:W

年　份	第一年	第二年	第三年	第四年
税前利润	－160	50	115	5
所得税	0	0	1	1
年度净利润	－160	50	114	4

由附表 1-13 可知,模拟企业 B 第三年累计税前利润为 5W,应税利润为 5W,所得税为 1.25W,四舍五入为 1W。由于第三年交了税,则当年的 1W 未交应税利润不用累计到下年,第四年税前利润为 5W,应税利润为 5W,所得税为 1W。

通过以上两个例子可以看出,即使有小数,还是符合以下原则:从当年开始,与前面连续无所得税年份(最多 5 年)的税前利润累加得到应税利润,若大于零,则应交所得税。

19. 市场预测

2017 年辽宁省职业院校技能大赛(高职组)"沙盘模拟企业经营"赛项市场预测如附图 1-2 所示。

20. 竞单

2017 年辽宁省职业院校技能大赛(高职组)"沙盘模拟企业经营"赛项市场预测——竞单详情如附图 1-3 所示。

均价

序号	年份	产品	本地市场	区域市场	国内市场	亚洲市场	国际市场
1	2	P1	50.49	50.21	0	0	0
2	2	P2	71	70.88	0	0	0
3	2	P3	87.12	86.08	0	0	0
4	2	P4	131.35	131.22	0	0	0
5	2	P5	141.92	141.07	0	0	0
6	3	P1	51.49	50.1	50.24	0	0
7	3	P2	70.03	71.94	70.14	0	0
8	3	P3	85.38	0	87.53	0	0
9	3	P4	122.78	120.05	0	0	0
10	3	P5	0	142.73	142.47	0	0
11	4	P1	47.77	47.54	48.92	0	0
12	4	P2	66.12	0	66.54	0	0
13	4	P3	76.72	79.36	0	80.93	0
14	4	P4	0	131.27	132.19	120.15	0
15	4	P5	147.6	145.23	0	148.76	0
16	5	P1	44.09	0	43.29	0	56.36
17	5	P2	70.73	68.21	68.78	71.62	0
18	5	P3	87.81	81.71	0	0	85.47
19	5	P4	0	119.79	122.14	119.08	0
20	5	P5	149.24	0	0	150.3	160.67
21	6	P1	49.06	49.59	52.06	0	56.77
22	6	P2	0	70.06	71.09	75.47	0
23	6	P3	83.81	0	85.65	0	86.86
24	6	P4	127.12	130.88	0	132.48	0
25	6	P5	161.61	157.11	0	0	153.38

需求量

序号	年份	产品	本地市场	区域市场	国内市场	亚洲市场	国际市场
1	2	P1	45	39	0	0	0
2	2	P2	32	34	0	0	0
3	2	P3	26	24	0	0	0
4	2	P4	23	18	0	0	0
5	2	P5	13	14	0	0	0
6	3	P1	35	29	34	0	0
7	3	P2	32	17	21	0	0
8	3	P3	24	0	32	0	0
9	3	P4	18	22	0	0	0
10	3	P5	0	22	17	0	0
11	4	P1	44	35	36	0	0
12	4	P2	33	0	28	0	0
13	4	P3	25	22	0	29	0
14	4	P4	0	15	16	26	0
15	4	P5	20	22	0	37	0
16	5	P1	35	0	34	0	28
17	5	P2	33	24	32	40	0
18	5	P3	27	31	0	0	30
19	5	P4	0	28	22	24	0
20	5	P5	21	0	0	23	21
21	6	P1	36	27	32	0	31
22	6	P2	0	33	32	40	0
23	6	P3	36	0	26	0	21
24	6	P4	40	32	0	25	0
25	6	P5	23	18	0	0	32

市场预测

序号	年份	产品	本地市场	区域市场	国内市场	亚洲市场	国际市场
1	2	P1	12	11	0	0	0
2	2	P2	10	9	0	0	0
3	2	P3	9	8	0	0	0
4	2	P4	8	7	0	0	0
5	2	P5	6	5	0	0	0
6	3	P1	12	11	10	0	0
7	3	P2	10	10	10	0	0
8	3	P3	9	0	10	0	0
9	3	P4	8	7	0	0	0
10	3	P5	0	7	6	0	0
11	4	P1	12	10	10	0	0
12	4	P2	10	0	10	0	0
13	4	P3	9	7	0	10	0
14	4	P4	0	7	6	10	0
15	4	P5	6	6	0	8	0
16	5	P1	10	0	10	0	8
17	5	P2	10	9	10	11	0
18	5	P3	9	8	0	0	9
19	5	P4	0	8	6	9	0
20	5	P5	8	0	0	6	6
21	6	P1	10	9	9	0	8
22	6	P2	0	9	8	10	0
23	6	P3	10	0	8	0	6
24	6	P4	10	8	0	7	0
25	6	P5	7	6	0	0	7

附图 1-2　2017 年辽宁省职业院校技能大赛（高职组）“沙盘模拟企业经营”赛项市场预测

第四年						
序号	订单号	年份	市场	产品	数量	ISO
1	4J01	4	1	1	2	0
2	4J02	4	1	3	5	3
3	4J03	4	1	4	2	0
4	4J04	4	1	4	3	3
5	4J05	4	2	2	3	3
6	4J06	4	2	5	3	1
7	4J07	4	3	1	5	2
8	4J08	4	3	1	3	2
9	4J09	4	3	2	5	3
10	4J10	4	3	3	2	0
11	4J11	4	3	2	2	1
12	4J12	4	3	5	3	0

第六年						
序号	订单号	年份	市场	产品	数量	ISO
1	6J01	6	1	1	6	3
2	6J02	6	1	3	3	0
3	6J03	6	1	5	6	1
4	6J04	6	2	2	2	2
5	6J05	6	2	4	3	1
6	6J06	6	3	1	4	1
7	6J07	6	3	2	6	3
8	6J08	6	3	3	4	2
9	6J09	6	3	3	1	0
10	6J10	6	3	3	2	3
11	6J11	6	4	2	3	3
12	6J12	6	4	2	4	2
13	6J13	6	4	2	4	3
14	6J14	6	4	4	2	3
15	6J15	6	4	4	4	3
16	6J16	6	5	1	5	0
17	6J17	6	5	1	2	3
18	6J18	6	5	3	4	3
19	6J19	6	5	3	6	3
20	6J20	6	5	5	5	1
21	6J21	6	5	5	4	3

附图 1-3　2017年辽宁省职业院校技能大赛(高职组)“沙盘模拟企业经营”赛项市场预测——竞单详情

附录二　用友手工沙盘各职务用表

1. 企业报表

在用友手工沙盘模拟经营中，模拟企业用到的报表有经营流程表、现金预算表、订单登记表、综合费用表、利润表、资产负债表、商业情报人员用表和年终总结表。

(1) 模拟企业第一年用到的相关企业报表如附表 2-1～附表 2-8 所示。

附表 2-1　经营流程表(第一年)

第　　组　　第　一　年				
(1) 新年度规划会议		×	×	×
(2) 参加订货会/登记销售订单		×	×	×
(3) 制订新年度计划		×	×	×
(4) 支付税金		×	×	×
(5) 季初现金盘点				
(6) 更新短期贷款/还本付息/申请短期贷款				
(7) 原材料入库				
(8) 下原材料订单				
(9) 更新生产/完工入库				
(10) 投资新生产线/变卖生产线/生产线转产				
(11) 开始下一批生产				
(12) 更新应收款				
(13) 出售厂房				
(14) 按订单交货				
(15) 产品研发投资				
(16) 支付行政管理费				
(17) 其他现金收支情况				
(18) 现金收入合计				
(19) 现金支出合计				
(20) 期末现金对账				
(21) 支付长期贷款利息/更新长期贷款/申请长期贷款	×	×	×	
(22) 支付设备维护费	×	×	×	
(23) 支付租金/购买厂房	×	×	×	
(24) 计提折旧	×	×	×	
(25) 新市场开拓/ISO 资格认证投资	×	×	×	
(26) 结账	×	×	×	

附表 2-2 现金预算表(第一年)

项　目	1Q	2Q	3Q	4Q
期初库存现金				
支付上年应交税金				
支付广告费				
短期贷款还款付息				
原材料采购支付				
生产线投资				
转产费				
支付的加工费				
收到现金前的所有支出				
贴现费用				
应收账款到期				
产品研发投资				
支付管理费				
支付长期贷款利息				
支付到期长期贷款				
设备维护费用				
支付租金/购买厂房				
市场开拓投资				
ISO 认证投资				
其他				
期末库存现金余额				

附表 2-3 订单登记表(第一年)

项　目	订单 1	订单 2	订单 3	订单 4	订单 5	订单 6	合　计
市场							╳
产品							╳
数量							╳
销售额							
账期							╳
成本							
毛利							

附表 2-4　综合费用表(第一年)

项　目	金　额	备　注
管理费		
广告费		
设备维护费		
租金		
转产费		
ISO 资格认证		□ISO 9001　□ISO 14000
市场准入开拓		□本地　□区域　□国内　□亚洲　□国际
产品研发		P1(　)　P2(　)　P3(　)　P4(　)　P5(　)
其他		
合计		

附表 2-5　利润表(第一年)

项　目	上年数	本年数
销售收入		
直接成本		
毛利		
综合费用		
折旧前利润		
折旧		
支付利息前利润		
财务费用		
税前利润		
所得税		
净利润		

附表 2-6　资产负债表(第一年)

项　目	金　额	项　目	金　额
流动资产:		负债:	
现金		短期负债	
应收账款		一年内到期的长期负债	
在制品		应交税金	
产成品		长期负债	
原材料			
流动资产合计		负债合计	
固定资产:		所有者权益:	
土地和建筑		股东资本	
机器与设备		利润留存	
在建工程		年度净利	
固定资产合计		所有者权益合计	
资产总计		负债和所有者权益总计	

附表 2-7 商业情报人员用表(第一年)

组 别	所有者权益	现 金	长/短期贷款	应收款	产品研发	生产线	库存商品	市场开拓	原材料(含在途)

附表 2-8 年终总结表(第一年)

1. 在本年的企业营中学会了什么?

2. 在本年的企业经营中哪个环节比较顺利?

3. 在本年的企业经营中遇到的困境是什么?

4. 下一年将如何改进?

(2) 模拟企业第二年用到的相关企业报表如附表 2-9～附表 2-16 所示。

附表 2-9　经营流程表(第二年)

第　组　第　二　年				
(1) 新年度规划会议				
(2) 参加订货会/登记销售订单				
(3) 制订新年度计划				
(4) 支付税金				
(5) 季初现金盘点				
(6) 更新短期贷款/还本付息/申请短期贷款				
(7) 原材料入库				
(8) 下原材料订单				
(9) 更新生产/完工入库				
(10) 投资新生产线/变卖生产线/生产线转产				
(11) 开始下一批生产				
(12) 更新应收款				
(13) 出售厂房				
(14) 按订单交货				
(15) 产品研发投资				
(16) 支付行政管理费				
(17) 其他现金收支情况				
(18) 现金收入合计				
(19) 现金支出合计				
(20) 期末现金对账				
(21) 支付长期贷款利息/更新长期贷款/申请长期贷款				
(22) 支付设备维护费				
(23) 支付租金/购买厂房				
(24) 计提折旧				
(25) 新市场开拓/ISO 资格认证投资				
(26) 结账				

附表 2-10　现金预算表(第二年)

项　目	1Q	2Q	3Q	4Q
期初库存现金				
支付上年应交税金				
支付广告费				
短期贷款还款付息				
原材料采购支付				
生产线投资				
转产费				
支付的加工费				
收到现金前的所有支出				
贴现费用				
应收账款到期				
产品研发投资				
支付管理费				
支付长期贷款利息				
支付到期长期贷款				
设备维护费用				
支付租金/购买厂房				
市场开拓投资				
ISO认证投资				
其他				
期末库存现金余额				

附表 2-11　订单登记表(第二年)

项　目	订单1	订单2	订单3	订单4	订单5	订单6	合　计
市场							╳
产品							╳
数量							╳
销售额							
账期							╳
成本							
毛利							

附表 2-12　综合费用表(第二年)

项　目	金　额	备　注
管理费		
广告费		
设备维护费		
租金		
转产费		
ISO 资格认证		□ISO 9001　□ISO 14000
市场准入开拓		□本地　□区域　□国内　□亚洲　□国际
产品研发		P1(　)　P2(　)　P3(　)　P4(　)　P5(　)
其他		
合计		

附表 2-13　利润表(第二年)

项　目	上年数	本年数
销售收入		
直接成本		
毛利		
综合费用		
折旧前利润		
折旧		
支付利息前利润		
财务费用		
税前利润		
所得税		
净利润		

附表 2-14　资产负债表(第二年)

项　目	金　额	项　目	金　额
流动资产：		负债：	
现金		短期负债	
应收账款		一年内到期的长期负债	
在制品		应交税金	
产成品		长期负债	
原材料			
流动资产合计		负债合计	
固定资产：		所有者权益：	
土地和建筑		股东资本	
机器与设备		利润留存	
在建工程		年度净利	
固定资产合计		所有者权益合计	
资产总计		负债和所有者权益总计	

附表 2-15　商业情报人员用表(第二年)

组　别	所有者权益	现　金	长/短期贷款	应收款	产品研发	生产线	库存商品	市场开拓	原材料(含在途)

附表 2-16　年终总结表(第二年)

1. 在本年的企业经营中学会了什么?

2. 在本年的企业经营中哪个环节比较顺利?

3. 在本年的企业经营中遇到的困境是什么?

4. 下一年将如何改进?

(3) 模拟企业第三年用到的相关企业报表如附表 2-17～附表 2-24 所示。

附表 2-17　经营流程表(第三年)

第　组　第　三　年				
(1) 新年度规划会议		╳	╳	╳
(2) 参加订货会/登记销售订单		╳	╳	╳
(3) 制订新年度计划		╳	╳	╳
(4) 支付税金		╳	╳	╳
(5) 季初现金盘点				
(6) 更新短期贷款/还本付息/申请短期贷款				
(7) 原材料入库				
(8) 下原材料订单				
(9) 更新生产/完工入库				
(10) 投资新生产线/变卖生产线/生产线转产				
(11) 开始下一批生产				
(12) 更新应收款				
(13) 出售厂房				
(14) 按订单交货				
(15) 产品研发投资				
(16) 支付行政管理费				
(17) 其他现金收支情况				
(18) 现金收入合计				
(19) 现金支出合计				
(20) 期末现金对账				
(21) 支付长期贷款利息/更新长期贷款/申请长期贷款	╳	╳	╳	
(22) 支付设备维护费	╳	╳	╳	
(23) 支付租金/购买厂房	╳	╳	╳	
(24) 计提折旧	╳	╳	╳	
(25) 新市场开拓/ISO 资格认证投资	╳	╳	╳	
(26) 结账	╳	╳	╳	

附表 2-18　现金预算表（第三年）

项　　目	1Q	2Q	3Q	4Q
期初库存现金				
支付上年应交税金				
支付广告费				
短期贷款还款付息				
原材料采购支付				
生产线投资				
转产费				
支付的加工费				
收到现金前的所有支出				
贴现费用				
应收账款到期				
产品研发投资				
支付管理费				
支付长期贷款利息				
支付到期长期贷款				
设备维护费用				
支付租金/购买厂房				
市场开拓投资				
ISO 认证投资				
其他				
期末库存现金余额				

附表 2-19　订单登记表（第三年）

项　　目	订单 1	订单 2	订单 3	订单 4	订单 5	订单 6	合　　计
市场							
产品							
数量							
销售额							
账期							
成本							
毛利							

附表 2-20　综合费用表（第三年）

项　目	金　额	备　注
管理费		
广告费		
设备维护费		
租金		
转产费		
ISO 资格认证		□ISO 9001　□ISO 14000
市场准入开拓		□本地　□区域　□国内　□亚洲　□国际
产品研发		P1（　）P2（　）P3（　）P4（　）P5（　）
其他		
合计		

附表 2-21　利润表（第三年）

项　目	上年数	本年数
销售收入		
直接成本		
毛利		
综合费用		
折旧前利润		
折旧		
支付利息前利润		
财务费用		
税前利润		
所得税		
净利润		

附表 2-22　资产负债表（第三年）

项　目	金　额	项　目	金　额
流动资产：		负债：	
现金		短期负债	
应收账款		一年内到期的长期负债	
在制品		应交税金	
产成品		长期负债	
原材料			
流动资产合计		负债合计	
固定资产：		所有者权益：	
土地和建筑		股东资本	
机器与设备		利润留存	
在建工程		年度净利	
固定资产合计		所有者权益合计	
资产总计		负债和所有者权益总计	

附表 2-23　商业情报人员用表（第三年）

组　别	所有者权益	现　金	长/短期贷款	应收款	产品研发	生产线	库存商品	市场开拓	原材料（含在途）

附表 2-24　年终总结表（第三年）

1. 在本年的企业经营中学会了什么？

2. 在本年的企业经营中哪个环节比较顺利？

3. 在本年的企业经营中遇到的困境是什么？

4. 下一年将如何改进？

（4）模拟企业第四年用到的相关企业报表如附表 2-25～附表 2-32 所示。

附表 2-25　经营流程表(第四年)

第　　组　　　第　　四　　年				
（1）新年度规划会议				
（2）参加订货会/登记销售订单				
（3）制订新年度计划				
（4）支付税金				
（5）季初现金盘点				
（6）更新短期贷款/还本付息/申请短期贷款				
（7）原材料入库				
（8）下原材料订单				
（9）更新生产/完工入库				
（10）投资新生产线/变卖生产线/生产线转产				
（11）开始下一批生产				
（12）更新应收款				
（13）出售厂房				
（14）按订单交货				
（15）产品研发投资				
（16）支付行政管理费				
（17）其他现金收支情况				
（18）现金收入合计				
（19）现金支出合计				
（20）期末现金对账				
（21）支付长期贷款利息/更新长期贷款/申请长期贷款				
（22）支付设备维护费				
（23）支付租金/购买厂房				
（24）计提折旧				
（25）新市场开拓/ISO 资格认证投资				
（26）结账				

附表 2-26　现金预算表（第四年）

项　　目	1Q	2Q	3Q	4Q
期初库存现金				
支付上年应交税金				
支付广告费				
短期贷款还款付息				
原材料采购支付				
生产线投资				
转产费				
支付的加工费				
收到现金前的所有支出				
贴现费用				
应收账款到期				
产品研发投资				
支付管理费				
支付长期贷款利息				
支付到期长期贷款				
设备维护费用				
支付租金/购买厂房				
市场开拓投资				
ISO 认证投资				
其他				
期末库存现金余额				

附表 2-27　订单登记表（第四年）

项　　目	订单 1	订单 2	订单 3	订单 4	订单 5	订单 6	合　　计
市场							╳
产品							╳
数量							╳
销售额							
账期							╳
成本							
毛利							

附表 2-28　综合费用表（第四年）

项　目	金　额	备　注
管理费		
广告费		
设备维护费		
租金		
转产费		
ISO 资格认证		□ISO 9001　□ISO 14000
市场准入开拓		□本地　□区域　□国内　□亚洲　□国际
产品研发		P1（　）　P2（　）　P3（　）　P4（　）　P5（　）
其他		
合计		

附表 2-29　利润表（第四年）

项　目	上年数	本年数
销售收入		
直接成本		
毛利		
综合费用		
折旧前利润		
折旧		
支付利息前利润		
财务费用		
税前利润		
所得税		
净利润		

附表 2-30　资产负债表（第四年）

项　目	金　额	项　目	金　额
流动资产：		负债：	
现金		短期负债	
应收账款		一年内到期的长期负债	
在制品		应交税金	
产成品		长期负债	
原材料			
流动资产合计		负债合计	
固定资产：		所有者权益：	
土地和建筑		股东资本	
机器与设备		利润留存	
在建工程		年度净利	
固定资产合计		所有者权益合计	
资产总计		负债和所有者权益总计	

附表 2-31　商业情报人员用表（第四年）

组　　别	所有者权益	现　　金	长/短期贷款	应 收 款	产品研发	生 产 线	库存商品	市场开拓	原材料（含在途）

附表 2-32　年终总结表（第四年）

1. 在本年的企业经营中学会了什么？

2. 在本年的企业经营中哪个环节比较顺利？

3. 在本年的企业经营中遇到的困境是什么？

4. 下一年将如何改进？

(5) 模拟企业第五年用到的相关企业报表如附表 2-33～附表 2-40 所示。

附表 2-33　经营流程表(第五年)

第　组　第　五　年				
(1) 新年度规划会议				
(2) 参加订货会/登记销售订单				
(3) 制订新年度计划				
(4) 支付税金				
(5) 季初现金盘点				
(6) 更新短期贷款/还本付息/申请短期贷款				
(7) 原材料入库				
(8) 下原材料订单				
(9) 更新生产/完工入库				
(10) 投资新生产线/变卖生产线/生产线转产				
(11) 开始下一批生产				
(12) 更新应收款				
(13) 出售厂房				
(14) 按订单交货				
(15) 产品研发投资				
(16) 支付行政管理费				
(17) 其他现金收支情况				
(18) 现金收入合计				
(19) 现金支出合计				
(20) 期末现金对账				
(21) 支付长期贷款利息/更新长期贷款/申请长期贷款				
(22) 支付设备维护费				
(23) 支付租金/购买厂房				
(24) 计提折旧				
(25) 新市场开拓/ISO 资格认证投资				
(26) 结账				

附表 2-34　现金预算表(第五年)

项　目	1Q	2Q	3Q	4Q
期初库存现金				
支付上年应交税金				
支付广告费				
短期贷款还款付息				
原材料采购支付				
生产线投资				
转产费				
支付的加工费				
收到现金前的所有支出				
贴现费用				
应收账款到期				
产品研发投资				
支付管理费				
支付长期贷款利息				
支付到期长期贷款				
设备维护费用				
支付租金/购买厂房				
市场开拓投资				
ISO 认证投资				
其他				
期末库存现金余额				

附表 2-35　订单登记表(第五年)

项　目	订单 1	订单 2	订单 3	订单 4	订单 5	订单 6	合　计
市场							╳
产品							╳
数量							╳
销售额							
账期							╳
成本							
毛利							

附表 2-36 综合费用表(第五年)

项 目	金 额	备 注
管理费		
广告费		
设备维护费		
租金		
转产费		
ISO 资格认证		□ISO 9001 □ISO 14000
市场准入开拓		□本地 □区域 □国内 □亚洲 □国际
产品研发		P1( ) P2( ) P3( ) P4( ) P5( )
其他		
合计		

附表 2-37 利润表(第五年)

项 目	上年数	本年数
销售收入		
直接成本		
毛利		
综合费用		
折旧前利润		
折旧		
支付利息前利润		
财务费用		
税前利润		
所得税		
净利润		

附表 2-38 资产负债表(第五年)

项 目	金 额	项 目	金 额
流动资产:		负债:	
现金		短期负债	
应收账款		一年内到期的长期负债	
在制品		应交税金	
产成品		长期负债	
原材料			
流动资产合计		负债合计	
固定资产:		所有者权益:	
土地和建筑		股东资本	
机器与设备		利润留存	
在建工程		年度净利	
固定资产合计		所有者权益合计	
资产总计		负债和所有者权益总计	

附表 2-39　商业情报人员用表(第五年)

组　别	所有者权益	现　金	长/短期贷款	应收款	产品研发	生产线	库存商品	市场开拓	原材料(含在途)

附表 2-40　年终总结表(第五年)

1. 在本年的企业经营中学会了什么?

2. 在本年的企业经营中哪个环节比较顺利?

3. 在本年的企业经营中遇到的困境是什么?

4. 下一年将如何改进?

(6) 模拟企业第六年用到的相关企业报表如附表 2-41～附表 2-48 所示。

附表 2-41　经营流程表(第六年)

第　组　第　六　年				
(1) 新年度规划会议				
(2) 参加订货会/登记销售订单				
(3) 制订新年度计划				
(4) 支付税金				
(5) 季初现金盘点				
(6) 更新短期贷款/还本付息/申请短期贷款				
(7) 原材料入库				
(8) 下原材料订单				
(9) 更新生产/完工入库				
(10) 投资新生产线/变卖生产线/生产线转产				
(11) 开始下一批生产				
(12) 更新应收款				
(13) 出售厂房				
(14) 按订单交货				
(15) 产品研发投资				
(16) 支付行政管理费				
(17) 其他现金收支情况				
(18) 现金收入合计				
(19) 现金支出合计				
(20) 期末现金对账				
(21) 支付长期贷款利息/更新长期贷款/申请长期贷款				
(22) 支付设备维护费				
(23) 支付租金/购买厂房				
(24) 计提折旧				
(25) 新市场开拓/ISO 资格认证投资				
(26) 结账				

附表 2-42　现金预算表(第六年)

项　　目	1Q	2Q	3Q	4Q
期初库存现金				
支付上年应交税金				
支付广告费				
短期贷款还款付息				
原材料采购支付				
生产线投资				
转产费				
支付的加工费				
收到现金前的所有支出				
贴现费用				
应收账款到期				
产品研发投资				
支付管理费				
支付长期贷款利息				
支付到期长期贷款				
设备维护费用				
支付租金/购买厂房				
市场开拓投资				
ISO 认证投资				
其他				
期末库存现金余额				

附表 2-43　订单登记表(第六年)

项　目	订单 1	订单 2	订单 3	订单 4	订单 5	订单 6	合　计
市场							╳
产品							╳
数量							╳
销售额							
账期							╳
成本							
毛利							

附表 2-44　综合费用表(第六年)

项　　目	金　　额	备　　注
管理费		
广告费		
设备维护费		
租金		
转产费		
ISO 资格认证		□ISO 9001　□ISO 14000
市场准入开拓		□本地　□区域　□国内　□亚洲　□国际
产品研发		P1(　)　P2(　)　P3(　)　P4(　)　P5(　)
其他		
合计		

附表 2-45　利润表(第六年)

项　　目	上 年 数	本 年 数
销售收入		
直接成本		
毛利		
综合费用		
折旧前利润		
折旧		
支付利息前利润		
财务费用		
税前利润		
所得税		
净利润		

附表 2-46　资产负债表(第六年)

项　　目	金　　额	项　　目	金　　额
流动资产:		负债:	
现金		短期负债	
应收账款		一年内到期的长期负债	
在制品		应交税金	
产成品		长期负债	
原材料			
流动资产合计		负债合计	
固定资产:		所有者权益:	
土地和建筑		股东资本	
机器与设备		利润留存	
在建工程		年度净利	
固定资产合计		所有者权益合计	
资产总计		负债和所有者权益总计	

附表 2-47　商业情报人员用表(第六年)

组　别	所有者权益	现　金	长/短期贷款	应收款	产品研发	生产线	库存商品	市场开拓	原材料(含在途)

附表 2-48　年终总结表(第六年)

1. 你对本次模拟经营实训的成果满意吗？为什么？

2. 在本次训练中你有什么遗憾？

3. 在本次训练中你有什么经验和大家分享？

4. 你对自己的团队有什么希望和建议？

2. 辅助报表

除上述表格外，模拟企业在经营过程中还会用到生产计划表和采购计划表，具体如附表 2-49 和附表 2-50 所示。

附表 2-49　生产计划表

生产线		第一年				第二年				第三年			
		一季度	二季度	三季度	四季度	一季度	二季度	三季度	四季度	一季度	二季度	三季度	四季度
1	产品生产												
	原材料												
2	产品生产												
	原材料												
3	产品生产												
	原材料												
4	产品生产												
	原材料												
5	产品生产												
	原材料												
6	产品生产												
	原材料												
7	产品生产												
	原材料												
8	产品生产												
	原材料												
9	产品生产												
	原材料												
10	产品生产												
	原材料												
合计	完工产品												
	原材料												

续表

生产线		第四年				第五年				第六年			
		一季度	二季度	三季度	四季度	一季度	二季度	三季度	四季度	一季度	二季度	三季度	四季度
1	产品生产												
	原材料												
2	产品生产												
	原材料												
3	产品生产												
	原材料												
4	产品生产												
	原材料												
5	产品生产												
	原材料												
6	产品生产												
	原材料												
7	产品生产												
	原材料												
8	产品生产												
	原材料												
9	产品生产												
	原材料												
10	产品生产												
	原材料												
合计	完工产品												
	原材料												

附表 2-50　采购计划表

第　一　年	一季度				二季度				三季度				四季度			
原　材　料	R1	R2	R3	R4	R1	R2	R3	R4	R1	R2	R3	R4	R1	R2	R3	R4
订购数量																
采购入库																
完成记录																
第　二　年	一季度				二季度				三季度				四季度			
原　材　料	R1	R2	R3	R4	R1	R2	R3	R4	R1	R2	R3	R4	R1	R2	R3	R4
订购数量																
采购入库																
完成记录																
第　三　年	一季度				二季度				三季度				四季度			
原　材　料	R1	R2	R3	R4	R1	R2	R3	R4	R1	R2	R3	R4	R1	R2	R3	R4
订购数量																
采购入库																
完成记录																
第　四　年	一季度				二季度				三季度				四季度			
原　材　料	R1	R2	R3	R4	R1	R2	R3	R4	R1	R2	R3	R4	R1	R2	R3	R4
订购数量																
采购入库																
完成记录																
第　五　年	一季度				二季度				三季度				四季度			
原　材　料	R1	R2	R3	R4	R1	R2	R3	R4	R1	R2	R3	R4	R1	R2	R3	R4
订购数量																
采购入库																
完成记录																
第　六　年	一季度				二季度				三季度				四季度			
原　材　料	R1	R2	R3	R4	R1	R2	R3	R4	R1	R2	R3	R4	R1	R2	R3	R4
订购数量																
采购入库																
完成记录																

附录三 用友商战电子沙盘各职务用表

1. 企业报表

在用友商战电子沙盘模拟经营中,模拟企业用到的报表有经营流程表、现金预算表、订单登记表、综合费用表、利润表、资产负债表、商业情报人员用表和年终总结表。

(1) 模拟企业第一年用到的相关企业报表如附表3-1~附表3-8所示。

附表3-1 经营流程表(第一年)

第 组 第 一 年				
(1) 新年度规划会议		×	×	×
(2) 广告投放		×	×	×
(3) 参加订货会/登记销售订单		×	×	×
(4) 参加竞单会/登记销售订单		×	×	×
(5) 支付税金		×	×	×
(6) 支付长期贷款利息		×	×	×
(7) 更新长期贷款/归还长期贷款		×	×	×
(8) 申请长期贷款		×	×	×
(9) 季初现金盘点				
(10) 更新短期贷款/还本付息/申请短期贷款				
(11) 原材料入库				
(12) 下原材料订单				
(13) 购买/租用厂房				
(14) 更新生产/完工入库				
(15) 投资新生产线/租赁生产线/变卖生产线/生产线转产				
(16) 紧急采购原材料(随时)				
(17) 开始下一批生产				
(18) 更新应收款				
(19) 紧急采购产成品(随时)				
(20) 按订单交货				
(21) 产品研发投资				
(22) 厂房出售(买转租)/退租/租转买				
(23) 支付管理费				
(24) 其他现金收支情况				
(25) 期末现金对账				
(26) 缴纳违约订单罚款	×	×	×	
(27) 支付设备维护费	×	×	×	

续表

（28）计提折旧				
（29）新市场开拓/ISO 资格认证投资				
（30）结账				

附表 3-2　现金预算表（第一年）

项　目	1Q	2Q	3Q	4Q
期初库存现金				
支付上年应交税金				
支付长期贷款利息				
支付到期长期贷款				
支付广告费				
短期贷款还款付息				
支付租金/购买厂房				
原材料采购支付				
生产线投资				
转产费				
支付的加工费				
收到现金前的所有支出				
贴现费用				
应收账款到期				
产品研发投资				
支付管理费				
设备维护费用				
市场开拓投资				
ISO 认证投资				
其他				
期末库存现金余额				

附表 3-3　订单登记表（第一年）

项　目	订单 1	订单 2	订单 3	订单 4	订单 5	订单 6	合　计
市场							
产品							
数量							
销售额							
账期							
成本							
毛利							

附表 3-4　综合费用表(第一年)

项　　目	金　　额	备　　注
管理费		
广告费		
设备维护费		
租金		
转产费		
ISO 资格认证		□ISO 9001　□ISO 14000
市场准入开拓		□本地　□区域　□国内　□亚洲　□国际
产品研发		P1(　)　P2(　)　P3(　)　P4(　)　P5(　)
其他		
合计		

附表 3-5　利润表(第一年)

项　　目	上 年 数	本 年 数
销售收入		
直接成本		
毛利		
综合费用		
折旧前利润		
折旧		
支付利息前利润		
财务费用		
税前利润		
所得税		
净利润		

附表 3-6　资产负债表(第一年)

项　　目	金　　额	项　　目	金　　额
流动资产:		负债:	
现金		短期负债	
应收账款		一年内到期的长期负债	
在制品		应交税金	
产成品		长期负债	
原材料			
流动资产合计		负债合计	
固定资产:		所有者权益:	
土地和建筑		股东资本	
机器与设备		利润留存	
在建工程		年度净利	
固定资产合计		所有者权益合计	
资产总计		负债和所有者权益总计	

附表 3-7　商业情报人员用表(第一年)

组　别	所有者权益	现　金	长/短期贷款	应收款	产品研发	生产线	库存商品	市场开拓	原材料(含在途)

附表 3-8　年终总结表(第一年)

1. 在本年的企业经营中学会了什么?

2. 在本年的企业经营中哪个环节比较顺利?

3. 在本年的企业经营中遇到的困境是什么?

4. 下一年将如何改进?

(2) 模拟企业第二年用到的相关企业报表如附表 3-9～附表 3-16 所示。

附表 3-9　经营流程表(第二年)

第　组　第　二　年				
(1) 新年度规划会议				
(2) 广告投放				
(3) 参加订货会/登记销售订单				
(4) 参加竞单会/登记销售订单				
(5) 支付税金				
(6) 支付长期贷款利息				
(7) 更新长期贷款/归还长期贷款				
(8) 申请长期贷款				
(9) 季初现金盘点				
(10) 更新短期贷款/还本付息/申请短期贷款				
(11) 原材料入库				
(12) 下原材料订单				
(13) 购买/租用厂房				
(14) 更新生产/完工入库				
(15) 投资新生产线/租赁生产线/变卖生产线/生产线转产				
(16) 紧急采购原材料(随时)				
(17) 开始下一批生产				
(18) 更新应收款				
(19) 紧急采购产成品(随时)				
(20) 按订单交货				
(21) 产品研发投资				
(22) 厂房出售(买转租)/退租/租转买				
(23) 支付管理费				
(24) 其他现金收支情况				
(25) 期末现金对账				
(26) 缴纳违约订单罚款				
(27) 支付设备维护费				
(28) 计提折旧				
(29) 新市场开拓/ISO 资格认证投资				
(30) 结账				

附表 3-10　现金预算表(第二年)

项　　目	1Q	2Q	3Q	4Q
期初库存现金				
支付上年应交税金				
支付长期贷款利息				
支付到期长期贷款				
支付广告费				
短期贷款还款付息				
支付租金/购买厂房				
原材料采购支付				
生产线投资				
转产费				
支付的加工费				
收到现金前的所有支出				
贴现费用				
应收账款到期				
产品研发投资				
支付管理费				
设备维护费用				
市场开拓投资				
ISO 认证投资				
其他				
期末库存现金余额				

附表 3-11　订单登记表(第二年)

项　　目	订单 1	订单 2	订单 3	订单 4	订单 5	订单 6	合　　计
市场							╳
产品							╳
数量							╳
销售额							
账期							╳
成本							
毛利							

附表3-12　综合费用表（第二年）

项　目	金　额	备　注
管理费		
广告费		
设备维护费		
租金		
转产费		
ISO资格认证		□ISO 9001　□ISO 14000
市场准入开拓		□本地　□区域　□国内　□亚洲　□国际
产品研发		P1（　）　P2（　）　P3（　）　P4（　）　P5（　）
其他		
合计		

附表3-13　利润表（第二年）

项　目	上年数	本年数
销售收入		
直接成本		
毛利		
综合费用		
折旧前利润		
折旧		
支付利息前利润		
财务费用		
税前利润		
所得税		
净利润		

附表3-14　资产负债表（第二年）

项　目	金　额	项　目	金　额
流动资产：		负债：	
现金		短期负债	
应收账款		一年内到期的长期负债	
在制品		应交税金	
产成品		长期负债	
原材料			
流动资产合计		负债合计	
固定资产：		所有者权益：	
土地和建筑		股东资本	
机器与设备		利润留存	
在建工程		年度净利	
固定资产合计		所有者权益合计	
资产总计		负债和所有者权益总计	

附表 3-15　商业情报人员用表(第二年)

组　别	所有者权益	现　金	长/短期贷款	应收款	产品研发	生产线	库存商品	市场开拓	原材料(含在途)

附表 3-16　年终总结表(第二年)

1. 在本年的企业经营中学会了什么?

2. 在本年的企业经营中哪个环节比较顺利?

3. 在本年的企业经营中遇到的困境是什么?

4. 下一年将如何改进?

(3) 模拟企业第三年用到的相关企业报表如附表 3-17~附表 3-24 所示。

附表 3-17　经营流程表(第三年)

第　组　第　三　年				
(1) 新年度规划会议				
(2) 广告投放				
(3) 参加订货会/登记销售订单				
(4) 参加竞单会/登记销售订单				
(5) 支付税金				
(6) 支付长期贷款利息				
(7) 更新长期贷款/归还长期贷款				
(8) 申请长期贷款				
(9) 季初现金盘点				
(10) 更新短期贷款/还本付息/申请短期贷款				
(11) 原材料入库				
(12) 下原材料订单				
(13) 购买/租用厂房				
(14) 更新生产/完工入库				
(15) 投资新生产线/租赁生产线/变卖生产线/生产线转产				
(16) 紧急采购原材料(随时)				
(17) 开始下一批生产				
(18) 更新应收款				
(19) 紧急采购产成品(随时)				
(20) 按订单交货				
(21) 产品研发投资				
(22) 厂房出售(买转租)/退租/租转买				
(23) 支付管理费				
(24) 其他现金收支情况				
(25) 期末现金对账				
(26) 缴纳违约订单罚款				
(27) 支付设备维护费				
(28) 计提折旧				
(29) 新市场开拓/ISO 资格认证投资				
(30) 结账				

附表 3-18　现金预算表（第三年）

项　目	1Q	2Q	3Q	4Q
期初库存现金				
支付上年应交税金				
支付长期贷款利息				
支付到期长期贷款				
支付广告费				
短期贷款还款付息				
支付租金/购买厂房				
原材料采购支付				
生产线投资				
转产费				
支付的加工费				
收到现金前的所有支出				
贴现费用				
应收账款到期				
产品研发投资				
支付管理费				
设备维护费用				
市场开拓投资				
ISO 认证投资				
其他				
期末库存现金余额				

附表 3-19　订单登记表（第三年）

项　目	订单 1	订单 2	订单 3	订单 4	订单 5	订单 6	合　计
市场							
产品							
数量							
销售额							
账期							
成本							
毛利							

附表 3-20　综合费用表(第三年)

项　目	金　额	备　注
管理费		
广告费		
设备维护费		
租金		
转产费		
ISO 资格认证		□ISO 9001　□ISO 14000
市场准入开拓		□本地　□区域　□国内　□亚洲　□国际
产品研发		P1(　)　P2(　)　P3(　)　P4(　)　P5(　)
其他		
合计		

附表 3-21　利润表(第三年)

项　目	上年数	本年数
销售收入		
直接成本		
毛利		
综合费用		
折旧前利润		
折旧		
支付利息前利润		
财务费用		
税前利润		
所得税		
净利润		

附表 3-22　资产负债表(第三年)

项　目	金　额	项　目	金　额
流动资产:		负债:	
现金		短期负债	
应收账款		一年内到期的长期负债	
在制品		应交税金	
产成品		长期负债	
原材料			
流动资产合计		负债合计	
固定资产:		所有者权益:	
土地和建筑		股东资本	
机器与设备		利润留存	
在建工程		年度净利	
固定资产合计		所有者权益合计	
资产总计		负债和所有者权益总计	

附表 3-23　商业情报人员用表（第三年）

组　别	所有者权益	现　金	长/短期贷款	应收款	产品研发	生产线	库存商品	市场开拓	原材料（含在途）

附表 3-24　年终总结表（第三年）

1. 在本年的企业经营中学会了什么？

2. 在本年的企业经营中哪个环节较顺利？

3. 在本年的企业经营中遇到的困境是什么？

4. 下一年将如何改进？

(4) 模拟企业第四年用到的相关企业报表如附表 3-25～附表 3-32 所示。

附表 3-25 经营流程表(第四年)

第 组 第 四 年				
(1) 新年度规划会议		╳	╳	╳
(2) 广告投放		╳	╳	╳
(3) 参加订货会/登记销售订单		╳	╳	╳
(4) 参加竞单会/登记销售订单		╳	╳	╳
(5) 支付税金		╳	╳	╳
(6) 支付长期贷款利息		╳	╳	╳
(7) 更新长期贷款/归还长期贷款		╳	╳	╳
(8) 申请长期贷款		╳	╳	╳
(9) 季初现金盘点				
(10) 更新短期贷款/还本付息/申请短期贷款				
(11) 原材料入库				
(12) 下原材料订单				
(13) 购买/租用厂房				
(14) 更新生产/完工入库				
(15) 投资新生产线/租赁生产线/变卖生产线/生产线转产				
(16) 紧急采购原材料(随时)				
(17) 开始下一批生产				
(18) 更新应收款				
(19) 紧急采购产成品(随时)				
(20) 按订单交货				
(21) 产品研发投资				
(22) 厂房出售(买转租)/退租/租转买				
(23) 支付管理费				
(24) 其他现金收支情况				
(25) 期末现金对账				
(26) 缴纳违约订单罚款	╳	╳	╳	
(27) 支付设备维护费	╳	╳	╳	
(28) 计提折旧	╳	╳	╳	
(29) 新市场开拓/ISO 资格认证投资	╳	╳	╳	
(30) 结账	╳	╳	╳	

附表 3-26　现金预算表（第四年）

项　目	1Q	2Q	3Q	4Q
期初库存现金				
支付上年应交税金				
支付长期贷款利息				
支付到期长期贷款				
支付广告费				
短期贷款还款付息				
支付租金/购买厂房				
原材料采购支付				
生产线投资				
转产费				
支付的加工费				
收到现金前的所有支出				
贴现费用				
应收账款到期				
产品研发投资				
支付管理费				
设备维护费用				
市场开拓投资				
ISO 认证投资				
其他				
期末库存现金余额				

附表 3-27　订单登记表（第四年）

项　目	订单 1	订单 2	订单 3	订单 4	订单 5	订单 6	合　计
市场							
产品							
数量							
销售额							
账期							
成本							
毛利							

附表 3-28 综合费用表(第四年)

项　　目	金　　额	备　　注
管理费		
广告费		
设备维护费		
租金		
转产费		
ISO 资格认证		□ISO 9001　□ISO 14000
市场准入开拓		□本地　□区域　□国内　□亚洲　□国际
产品研发		P1(　)　P2(　)　P3(　)　P4(　)　P5(　)
其他		
合计		

附表 3-29 利润表(第四年)

项　　目	上 年 数	本 年 数
销售收入		
直接成本		
毛利		
综合费用		
折旧前利润		
折旧		
支付利息前利润		
财务费用		
税前利润		
所得税		
净利润		

附表 3-30 资产负债表(第四年)

项　　目	金　　额	项　　目	金　　额
流动资产:		负债:	
现金		短期负债	
应收账款		一年内到期的长期负债	
在制品		应交税金	
产成品		长期负债	
原材料			
流动资产合计		负债合计	
固定资产:		所有者权益:	
土地和建筑		股东资本	
机器与设备		利润留存	
在建工程		年度净利	
固定资产合计		所有者权益合计	
资产总计		负债和所有者权益总计	

附表 3-31　商业情报人员用表(第四年)

组　别	所有者权益	现　金	长/短期贷款	应收款	产品研发	生产线	库存商品	市场开拓	原材料(含在途)

附表 3-32　年终总结表(第四年)

1. 在本年的企业经营中学会了什么?

2. 在本年的企业经营中哪个环节比较顺利?

3. 在本年的企业经营中遇到的困境是什么?

4. 下一年将如何改进?

(5) 模拟企业第五年用到的相关企业报表如附表 3-33～附表 3-40 所示。

附表 3-33　经营流程表(第五年)

第　组　第　五　年				
(1) 新年度规划会议				
(2) 广告投放				
(3) 参加订货会/登记销售订单				
(4) 参加竞单会/登记销售订单				
(5) 支付税金				
(6) 支付长期贷款利息				
(7) 更新长期贷款/归还长期贷款				
(8) 申请长期贷款				
(9) 季初现金盘点				
(10) 更新短期贷款/还本付息/申请短期贷款				
(11) 原材料入库				
(12) 下原材料订单				
(13) 购买/租用厂房				
(14) 更新生产/完工入库				
(15) 投资新生产线/租赁生产线/变卖生产线/生产线转产				
(16) 紧急采购原材料(随时)				
(17) 开始下一批生产				
(18) 更新应收款				
(19) 紧急采购产成品(随时)				
(20) 按订单交货				
(21) 产品研发投资				
(22) 厂房出售(买转租)/退租/租转买				
(23) 支付管理费				
(24) 其他现金收支情况				
(25) 期末现金对账				
(26) 缴纳违约订单罚款				
(27) 支付设备维护费				
(28) 计提折旧				
(29) 新市场开拓/ISO 资格认证投资				
(30) 结账				

附表 3-34　现金预算表(第五年)

项　　目	1Q	2Q	3Q	4Q
期初库存现金				
支付上年应交税金				
支付长期贷款利息				
支付到期长期贷款				
支付广告费				
短期贷款还款付息				
支付租金/购买厂房				
原材料采购支付				
生产线投资				
转产费				
支付的加工费				
收到现金前的所有支出				
贴现费用				
应收账款到期				
产品研发投资				
支付管理费				
设备维护费用				
市场开拓投资				
ISO 认证投资				
其他				
期末库存现金余额				

附表 3-35　订单登记表(第五年)

项　　目	订单 1	订单 2	订单 3	订单 4	订单 5	订单 6	合　　计
市场							╳
产品							╳
数量							╳
销售额							
账期							╳
成本							
毛利							

附表 3-36　综合费用表(第五年)

项　目	金　额	备　注
管理费		
广告费		
设备维护费		
租金		
转产费		
ISO 资格认证		□ISO 9001　□ISO 14000
市场准入开拓		□本地　□区域　□国内　□亚洲　□国际
产品研发		P1(　)　P2(　)　P3(　)　P4(　)　P5(　)
其他		
合计		

附表 3-37　利润表(第五年)

项　目	上年数	本年数
销售收入		
直接成本		
毛利		
综合费用		
折旧前利润		
折旧		
支付利息前利润		
财务费用		
税前利润		
所得税		
净利润		

附表 3-38　资产负债表(第五年)

项　目	金　额	项　目	金　额
流动资产：		负债：	
现金		短期负债	
应收账款		一年内到期的长期负债	
在制品		应交税金	
产成品		长期负债	
原材料			
流动资产合计		负债合计	
固定资产：		所有者权益：	
土地和建筑		股东资本	
机器与设备		利润留存	
在建工程		年度净利	
固定资产合计		所有者权益合计	
资产总计		负债和所有者权益总计	

附表 3-39　商业情报人员用表（第五年）

组　别	所有者权益	现　金	长/短期贷款	应收款	产品研发	生产线	库存商品	市场开拓	原材料（含在途）

附表 3-40　年终总结表（第五年）

1. 在本年的企业经营中学会了什么？

2. 在本年的企业经营中哪个环节比较顺利？

3. 在本年的企业经营中遇到的困境是什么？

4. 下一年将如何改进？

(6) 模拟企业第六年用到的相关企业报表如附表 3-41～附表 3-48 所示。

附表 3-41　经营流程表(第六年)

第　组　第　六　年				
(1) 新年度规划会议				
(2) 广告投放				
(3) 参加订货会/登记销售订单				
(4) 参加竞单会/登记销售订单				
(5) 支付税金				
(6) 支付长期贷款利息				
(7) 更新长期贷款/归还长期贷款				
(8) 申请长期贷款				
(9) 季初现金盘点				
(10) 更新短期贷款/还本付息/申请短期贷款				
(11) 原材料入库				
(12) 下原材料订单				
(13) 购买/租用厂房				
(14) 更新生产/完工入库				
(15) 投资新生产线/租赁生产线/变卖生产线/生产线转产				
(16) 紧急采购原材料(随时)				
(17) 开始下一批生产				
(18) 更新应收款				
(19) 紧急采购产成品(随时)				
(20) 按订单交货				
(21) 产品研发投资				
(22) 厂房出售(买转租)/退租/租转买				
(23) 支付管理费				
(24) 其他现金收支情况				
(25) 期末现金对账				
(26) 缴纳违约订单罚款				
(27) 支付设备维护费				
(28) 计提折旧				
(29) 新市场开拓/ISO 资格认证投资				
(30) 结账				

附表 3-42　现金预算表（第六年）

项　目	1Q	2Q	3Q	4Q
期初库存现金				
支付上年应交税金				
支付长期贷款利息				
支付到期长期贷款				
支付广告费				
短期贷款还款付息				
支付租金/购买厂房				
原材料采购支付				
生产线投资				
转产费				
支付的加工费				
收到现金前的所有支出				
贴现费用				
应收账款到期				
产品研发投资				
支付管理费				
设备维护费用				
市场开拓投资				
ISO 认证投资				
其他				
期末库存现金余额				

附表 3-43　订单登记表（第六年）

项　目	订单 1	订单 2	订单 3	订单 4	订单 5	订单 6	合　计
市场							
产品							
数量							
销售额							
账期							
成本							
毛利							

附表 3-44　综合费用表（第六年）

项　　目	金　　额	备　　注
管理费		
广告费		
设备维护费		
租金		
转产费		
ISO 资格认证		□ISO 9001　□ISO 14000
市场准入开拓		□本地　□区域　□国内　□亚洲　□国际
产品研发		P1(　)　P2(　)　P3(　)　P4(　)　P5(　)
其他		
合计		

附表 3-45　利润表（第六年）

项　　目	上 年 数	本 年 数
销售收入		
直接成本		
毛利		
综合费用		
折旧前利润		
折旧		
支付利息前利润		
财务费用		
税前利润		
所得税		
净利润		

附表 3-46　资产负债表（第六年）

项　　目	金　　额	项　　目	金　　额
流动资产：		负债：	
现金		短期负债	
应收账款		一年内到期的长期负债	
在制品		应交税金	
产成品		长期负债	
原材料			
流动资产合计		负债合计	
固定资产：		所有者权益：	
土地和建筑		股东资本	
机器与设备		利润留存	
在建工程		年度净利	
固定资产合计		所有者权益合计	
资产总计		负债和所有者权益总计	

附表 3-47 商业情报人员用表(第六年)

组 别	所有者权益	现 金	长/短期贷款	应收款	产品研发	生产线	库存商品	市场开拓	原材料(含在途)

附表 3-48 年终总结表(第六年)

1. 你对本次模拟经营实训的成果满意吗?为什么?

2. 在本次训练中你有什么遗憾?

3. 在本次训练中你有什么经验和大家分享?

4. 你对自己的团队有什么希望和建议?

2. 辅助报表

除上述表格外,模拟企业在经营过程中还会用到生产计划表、采购计划表和竞单表,具体如附表 3-49、附表 3-50 和附表 3-51 所示。

附表 3-49　生产计划表

生产线		第一年				第二年				第三年			
		一季度	二季度	三季度	四季度	一季度	二季度	三季度	四季度	一季度	二季度	三季度	四季度
1	产品生产												
	原材料												
2	产品生产												
	原材料												
3	产品生产												
	原材料												
4	产品生产												
	原材料												
5	产品生产												
	原材料												
6	产品生产												
	原材料												
7	产品生产												
	原材料												
8	产品生产												
	原材料												
9	产品生产												
	原材料												
10	产品生产												
	原材料												
合计	完工产品												
	原材料												

续表

生产线		第四年				第五年				第六年			
		一季度	二季度	三季度	四季度	一季度	二季度	三季度	四季度	一季度	二季度	三季度	四季度
1	产品生产												
	原材料												
2	产品生产												
	原材料												
3	产品生产												
	原材料												
4	产品生产												
	原材料												
5	产品生产												
	原材料												
6	产品生产												
	原材料												
7	产品生产												
	原材料												
8	产品生产												
	原材料												
9	产品生产												
	原材料												
10	产品生产												
	原材料												
合计	完工产品												
	原材料												

附表 3-50　采购计划表

第　一　年	一季度				二季度				三季度				四季度			
原　材　料	R1	R2	R3	R4	R1	R2	R3	R4	R1	R2	R3	R4	R1	R2	R3	R4
订购数量																
采购入库																
完成记录																
第　二　年	一季度				二季度				三季度				四季度			
原　材　料	R1	R2	R3	R4	R1	R2	R3	R4	R1	R2	R3	R4	R1	R2	R3	R4
订购数量																
采购入库																
完成记录																
第　三　年	一季度				二季度				三季度				四季度			
原　材　料	R1	R2	R3	R4	R1	R2	R3	R4	R1	R2	R3	R4	R1	R2	R3	R4
订购数量																
采购入库																
完成记录																
第　四　年	一季度				二季度				三季度				四季度			
原　材　料	R1	R2	R3	R4	R1	R2	R3	R4	R1	R2	R3	R4	R1	R2	R3	R4
订购数量																
采购入库																
完成记录																
第　五　年	一季度				二季度				三季度				四季度			
原　材　料	R1	R2	R3	R4	R1	R2	R3	R4	R1	R2	R3	R4	R1	R2	R3	R4
订购数量																
采购入库																
完成记录																
第　六　年	一季度				二季度				三季度				四季度			
原　材　料	R1	R2	R3	R4	R1	R2	R3	R4	R1	R2	R3	R4	R1	R2	R3	R4
订购数量																
采购入库																
完成记录																

附表 3-51 竞单表(第____组)

第一年本地市场				第一年区域市场				第一年国内市场				第一年亚洲市场				第一年国际市场			
产品	广告	9K	14K	产品	广告	9K	14K	产品	广告	9K	14K	产品	广告	9K	14K	产品	广告	9K	14K
P1				P1				P1				P1				P1			
P2				P2				P2				P2				P2			
P3				P3				P3				P3				P3			
P4				P4				P4				P4				P4			
P5				P5				P5				P5				P5			
第二年本地市场				第二年区域市场				第二年国内市场				第二年亚洲市场				第二年国际市场			
产品	广告	9K	14K	产品	广告	9K	14K	产品	广告	9K	14K	产品	广告	9K	14K	产品	广告	9K	14K
P1				P1				P1				P1				P1			
P2				P2				P2				P2				P2			
P3				P3				P3				P3				P3			
P4				P4				P4				P4				P4			
P5				P5				P5				P5				P5			
第三年本地市场				第三年区域市场				第三年国内市场				第三年亚洲市场				第三年国际市场			
产品	广告	9K	14K	产品	广告	9K	14K	产品	广告	9K	14K	产品	广告	9K	14K	产品	广告	9K	14K
P1				P1				P1				P1				P1			
P2				P2				P2				P2				P2			
P3				P3				P3				P3				P3			
P4				P4				P4				P4				P4			
P5				P5				P5				P5				P5			

续表

第四年本地市场				第四年区域市场				第四年国内市场				第四年亚洲市场				第四年国际市场			
产品	广告	9K	14K	产品	广告	9K	14K	产品	广告	9K	14K	产品	广告	9K	14K	产品	广告	9K	14K
P1				P1				P1				P1				P1			
P2				P2				P2				P2				P2			
P3				P3				P3				P3				P3			
P4				P4				P4				P4				P4			
P5				P5				P5				P5				P5			
第五年本地市场				第五年区域市场				第五年国内市场				第五年亚洲市场				第五年国际市场			
产品	广告	9K	14K	产品	广告	9K	14K	产品	广告	9K	14K	产品	广告	9K	14K	产品	广告	9K	14K
P1				P1				P1				P1				P1			
P2				P2				P2				P2				P2			
P3				P3				P3				P3				P3			
P4				P4				P4				P4				P4			
P5				P5				P5				P5				P5			
第六年本地市场				第六年区域市场				第六年国内市场				第六年亚洲市场				第六年国际市场			
产品	广告	9K	14K	产品	广告	9K	14K	产品	广告	9K	14K	产品	广告	9K	14K	产品	广告	9K	14K
P1				P1				P1				P1				P1			
P2				P2				P2				P2				P2			
P3				P3				P3				P3				P3			
P4				P4				P4				P4				P4			
P5				P5				P5				P5				P5			